中南财经政法大学中央高校基本科研业务费专项资金咨助（2722022BY014）

我国金融
区块链政策实施的
经济后果研究

王嘉鑫　著

中国财经出版传媒集团
经济科学出版社
Economic Science Press

图书在版编目（CIP）数据

我国金融区块链政策实施的经济后果研究/王嘉鑫
著 . -- 北京：经济科学出版社，2022.9
ISBN 978 - 7 - 5218 - 4079 - 7

Ⅰ.①我…　Ⅱ.①王…　Ⅲ.①区块链技术－应用－金
融－研究－中国　Ⅳ.①F832

中国版本图书馆 CIP 数据核字（2022）第 184566 号

责任编辑：纪小小
责任校对：李　建
责任印制：范　艳

我国金融区块链政策实施的经济后果研究
王嘉鑫　著
经济科学出版社出版、发行　新华书店经销
社址：北京市海淀区阜成路甲 28 号　邮编：100142
总编部电话：010 - 88191217　发行部电话：010 - 88191522
网址：www. esp. com. cn
电子邮箱：esp@ esp. com. cn
天猫网店：经济科学出版社旗舰店
网址：http://jjkxcbs. tmall. com
北京季蜂印刷有限公司印装
710 × 1000　16 开　14.75 印张　240000 字
2022 年 11 月第 1 版　2022 年 11 月第 1 次印刷
ISBN 978 - 7 - 5218 - 4079 - 7　定价：62.00 元
（图书出现印装问题，本社负责调换。电话：010 - 88191510）
（版权所有　侵权必究　打击盗版　举报热线：010 - 88191661
QQ：2242791300　营销中心电话：010 - 88191537
电子邮箱：dbts@ esp. com. cn）

近年来，我国金融区块链（financial blockchain）迎来了爆发式增长。权威数据咨询机构（iiMedia Research）的报告指出，2019 年全球区块链行业支出约 29 亿美元，其中金融业支出占比近 30%，位列首位；从投资规模看，美国规模占比最大（40%），中国次之（15%）；从全球专利申请数看，中国申请专利 2.2 万件，占比达 63%，领跑全球。① 金融区块链是区块链技术在金融领域的应用，通过"分布式数据存储""加密算法""点对点传输""共识机制"等技术手段，区块链技术促进金融市场逐渐呈现出"扁平化网络化""服务模式便利化""参与主体多元化"等特点，大大拓宽了企业的融资渠道。为实现区块链技术助力金融发展，加速信贷资源流通，推动中国经济发展，近些年，各地方政府纷纷开展区块链融资试点工作，通过搭建"区块链+融资平台"，不断深化区块链技术在融资领域的应用。在此背景下，以金融区块链为代表的金融科技应用成效，特别是其信贷传导机制在公司层面的通畅程度，引起了学者们的广泛关注。已有文献指出，科学技术助力金融发展利好明显，对客户信息挖掘（Lin et al.，2013）、非财务信息解读（Huang et al.，2018）、住房贷款审批（Fuster et al.，2019）等信贷活动起到了重要作用。可是，金融科技为何能够影响如此之广，又会对我国上市公司带来什么样的影响，这些问题亟待学术界予以及时跟进研究。

根据工业和信息化部（以下简称"工信部"）《中国区块链技术和应用

---

① 艾媒报告.2019-2020 全球区块链技术布局与商业投资趋势研究报告［R］.https：//report.iimedia.cn/repo3-0/38925.html.

发展白皮书》的定义，区块链是指分布式数据存储、点对点传输、共识机制、加密算法等计算机技术的新型应用模式。《区块链：定义未来金融与经济新格局》一书指出，"区块链的优势在于能够用去中心化的方式解决网络交易的身份识别和个人征信，以及使用点对点的交易避免了传统集中式的清算结构"。正如《国富论》指出：市场就像一只"看不见的手"，能够最有效率地实现社会价值最大化。也就是说，市场的去中心化特点能大大激发发展的活力。区块链试图打破以往金融体系中需要银行作为中心化角色的局面，利用区块链无须通过第三方，直接实现点到点的互联、快速且成本低廉的支付，可以大大提高金融行业的运作效率。以区块链、云计算、人工智能等为代表的信息技术手段为金融发展输入源源不断的动力，这种新型金融业态正在成为推动人类社会从工业文明向数字文明的新引擎。

随着数字经济与数字社会的发展，各行各业都面临数字化的转型升级，同时对金融科技的基础设施也提出了适应新型金融业态、模式或服务的新需要。在此背景下，各省份纷纷出台金融区块链指导政策。例如，北京市发布的金融区块链政策包括：《关于支持北京金融科技与专业服务创新示范区（西城区域）建设措施》《中关村国家自主创新示范区促进科技金融深度融合创新发展支持资金管理办法》《北京市促进金融科技发展规划（2018－2022年）》《关于构建首都绿色金融体系的实施办法的通知》《北京市"十三五"时期金融业发展规划的通知》5项措施。上海市杨浦区通过的《促进区块链发展的若干政策规定（试行）》还对区块链行业的发展给予了12条政策补贴，包括开办费补贴、办公用房补贴等。河南省印发的《中国（河南）自由贸易试验区建设专项方案的通知》明确提出，鼓励自贸试验区设立金融区块链公司等。由此看出，中央和地方政府对金融区块链给予了高度重视，这为区块链技术助力企业经营发展营造了良好的政策环境，也为本书设置了良好的研究环境。

鉴于此，本书将研究设置在地方政府搭建"区块链＋融资平台"场景下，运用机器学习等技术手段，以上市公司为视角，考察我国金融区块链政策实施的经济后果。本书共分为八章，包括第一章"金融区块链相关研究综述"、第二章"金融区块链与企业信贷配置"、第三章"金融区块链与企业资本结构"、第四章"金融区块链与企业创新"、第五章"金融区块链与企业会计稳健性"、第六章"金融区块链与政府隐性债务金融化转移"、第七章"金融区块链实施经济后果的案例分析"（其中该章为本书的案例研究部分，中南财经政法大学会计学院研究生郑淳丰、王晓彤、潘玟竹、罗诗洁、袁莺、张曼玉等，共同参加了案例调研，为本章的撰写做了助研工作）、第八章"研究结论与政策建议"。

本书研究结论如下：

第一，关系借贷易滋生金融腐败、授信不公问题，导致信贷错配，融资难、融资贵持续加重。那么，金融区块链催生出的新型融资模式能否缓解上述难题？当前研究仍停留在定性层面，且关系借贷与金融区块链数据披露有限。本书将研究设置在地方政府搭建金融区块链平台场景下，运用新闻共现性分析构建关系借贷指标，从关系借贷视角考察金融区块链对信贷配置效率的影响、机制和经济后果。研究发现：地方政府搭建金融区块链缓解了辖区内企业的融资约束。金融区块链搭建后，相比于关系借贷企业，非关系借贷企业面临的融资约束程度更低。影响机制分析表明，一方面，相对未在金融区块链辖区的企业，在金融区块链辖区的企业的违规行为更少、内部控制质量更好、代理成本更小；另一方面，相对未在金融区块链辖区的企业，在金融区块链辖区的企业的会计信息披露质量、股票流动性更好。研究表明，金融区块链主要通过监管机制与信息机制两个渠道影响企业信贷配置。此外，经济后果分析表明，金融区块链的信贷配置优化作用有助于企业投资效率和公司价值的提升。本书在理论上拓展区块链与财务的交叉研究，实践上为金融科技更好助力经济发展提供政策依据。

第二，如何有效降低企业的财务杠杆率是促进经济健康发展的关键。金融区块链作为新型金融服务模式能否优化资本结构？本书以2018年开始我国城市分批次试点金融区块链为背景，以2007～2020年上海证券交易所、深圳证券交易所（以下简称"沪深两市"）A股上市公司为样本，构建多时点双重差分模型检验金融区块链对企业财务杠杆率的影响。研究发现金融区块链有助于企业降低财务杠杆率，降杠杆作用在大规模企业、研发投入较大的企业及东部地区企业更显著。机制分析表明，金融区块链通过降低融资约束、提升企业价值促进银行信贷资源的合理配置及企业的股权融资从而有效降低财务杠杆率。本书研究丰富了金融区块链经济后果的研究文献，对企业优化资本结构及供给侧结构性降杠杆提供了经验证据。

第三，企业作为我国研发活动的主体，在实体经济中发挥着重要作用，但企业创新往往面临严重的融资约束，在此背景下，金融区块链近几年在企业融资领域得到应用。本书以金融区块链为切入点，选取 2007～2020 年沪深两市 A 股上市公司为研究样本，构建多时点双重差分模型检验金融区块链对企业创新的影响。研究发现，金融区块链有助于企业创新，而且这种效应在高资产负债率、低业务复杂度和有薪酬激励的企业中更加显著。基于作用路径的检验发现，金融区块链通过缓解企业的融资约束以及提高信息透明度，从而促进企业创新。本书揭示了金融区块链对企业创新的影响及作用机理，提供了金融区块链影响企业创新的直接证据。

第四，随着数字经济的迅速发展，区块链技术在金融领域的应用也逐渐走进人们的视野。自 2018 年以来，我国通过推进建设供应链区块链金融平台、跨境贸易区块链平台等政策，使得金融区块链实现业务落地。基于此，本书以金融区块链的应用为切入点，采用多时点双重差分法检验金融区块链对企业会计稳健性的影响。研究发现，金融区块链应用会显著降低企业的会计稳健性水平，并且这种效应主要集中在国有控股、低成长性、杠杆水平较高的企业。基于作用路径的检验发现，金融区块链缓解了企业面临的融资约束、促使管理层改变融资决策，从而导致会计稳健性降低。本书揭示了金融区块链降低会计稳健性的作用机理，并为金融区块链的经济后果提供直接证据。

第五，凯恩斯的"财政赤字"理论为政府举债拉动经济增长奠定了理论基础，所积累的政府隐性债务日益膨胀，在经济下行压力背景下，政府隐性债务风险可能发生金融化转移。本书通过检验地方政府实施金融区块链政策对政府隐性债务风险金融化转移的影响，以分析金融科技究竟是金融稳定的"保护盾"还是"扰动器"。研究发现，金融区块链政策的实施显著抑制而非加速了政府隐性债务风险的金融化转移。其作用渠道是提高了区域金融发展水平、降低了地方政府的机会主义倾向，最终抑制了政府隐性债务风险金融化转移。在异质性讨论中，本书发现金融区块链对政府隐性债务风险外溢的抑制作用在银行分支机构多、城投债信用利差高与地方城镇化水平低的样本中更为显著。本书为金融区块链在促进区域金融发展、抑制机会主义行为方面的作用补充了微观证据，为金融科技助力金融服务稳步发展提供了理论依据。

第六，近年来，区块链技术凭借其高效率、高安全性和高透明度的特点得到各行业的广泛关注。疫情暴发后，社会对无接触式的经济活动需求大大增加，政府、企业、金融机构和学者们都在探索区块链运用到金融领域的方式。中小企业作为我国国民经济发展和保持就业稳定的基石，疫情暴发后面临巨大的生存危机，其对资金的迫切需求普遍得不到满足，研究中小企业的融资难题有极大的现实意义。因此，本书聚焦中小企业，探究如何将区块链运用到企业的信贷和融资领域，从而助力其长效高质量发展。A企业是一家饮料制造公司，处于饮料制造业的中游环节，其主营业务是对鲜果进行加工制造。A企业的业务流程主要是从上游企业获取鲜果等原料进行加工，再提供给其下游企业销售。由于疫情的影响，A企业及其上下游企业的生产经营受到冲击，解决其资金短缺问题成为十分迫切的需求。第七章案例章节主要包括6个部分。一是介绍了本案例的选题背景和意义，总结评述已有的文献。二是通过对A企业的资产构成、所处行业、全国居民消费价格指数等内外部信息的分析，梳理出A企业的融资模式与实施效果。三是结合疫情的冲击，分析了A企业在传统信贷模式下因银企间信息不对称、银行风险管理困难、信贷业务流程复杂、缺乏有效抵押物和融资渠道受限这五个方面的影响面临的融资困境。四是根据区块链去中心化、自动执行、不可篡改、信息共享和多渠道融合的特点，梳理出金融区块链在疫情下与A企业融资相结合解决案例公司融资困境的内部机制。五是分析了A企业在信贷配置优化后如何通过动态适应环境、保障其研发投入以及着眼长效布局来实现企业的高质量发展，为企业未来做出展望。六是总结了本章结论并提出不足和展望。本案例分析在理论上丰富了金融区块链在信贷配置应用上的相关研究以及企业通过合理配置信贷资源助力自身高质量发展方面的相关研究。在实践上，有助于梳理危机情形下企业面临的困境，引起社会对寻找解决中小企业融资困境的方案和范式的思考，警醒中小企业保持适当的冗余和资本来应对疫情等一些未知的风险所带来的冲击。

本书的创新点主要包括：

第一，研究问题选择的特色。本书以"金融区块链政策实施的经济后果"作为核心研究问题,有助于弥合"宏观金融区块链政策与微观企业行为"之间的理论与实践断层问题,有助于加深学界对金融科技如何助力企业发展的认识。理论上,当前宏微观领域研究面临的一个重点和难点在于如何深入分析宏观经济政策到微观企业行为的中间传导机制。特别是在金融区块链领域,大量文献通过案例调查和理论分析方式定性研究了区块链技术在金融领域运用的理论基础与应用前景,而鲜有涉及金融区块链如何影响企业的经营发展。实践中,我国经济总量已位列世界第二,高精尖技术也处于世界领先之列,但是在微观企业层面依然普遍存在诸如融资难、融资贵、创新不足等问题,企业生存与发展经受巨大挑战。随着区块链技术的日新月异,众多互联网、金融巨头和传统行业纷纷布局区块链,积极探索区块链技术应用落地场景,期望以技术创新推动资本市场发展,缓解企业在经营与发展中的切实问题。可遗憾的是,面对社会各界给予的高度期望,截至目前,学术界对区块链的微观机理和传导机制的认识尚不清晰。因此,本书理清和解构金融区块链如何影响企业的经营发展,具有一定的理论和现实意义。

第二,分析框架选择的特色。与传统的金融学、会计学不同,本书借助地方政府搭建"区块链 + 融资平台"这一研究场景,选取具有信贷配置、企业创新等视角来考察金融区块链政策实施的经济后果,其中涉及管理学、金融学、经济学、财务学与计算机技术等多学科融合。

第三,研究方法选择的特色。当前金融区块链、关系借贷领域研究普遍面临区块链研究理论上定性和个案研究较多而实证研究缺乏、关系借贷数据披露有限等问题。针对上述研究方法问题,首先,本书以地方政府出台的区块链指导政策为载体,通过人工阅读收集金融区块链数据,有助于衡量过往区块链研究中难以观察的变量。其次,以新闻文本为语料载体,运用共现性分析法衡量关系借贷,有助于提升数据可获得性,以及克服传统诸如贷款规模、申请贷款次数、贷款时间等单维度指标衡量的片面性问题。

王嘉鑫

2022 年 4 月于武汉

目 录
CONTENTS

金融区块链相关研究综述

近年来，金融科技领域发展迅速。区块链技术作为最前沿的计算范式，以其去中心化、不可篡改等特点为金融领域的发展带来了颠覆性的影响，引起了世界各国政府部门、金融机构、学术界的广泛关注。当前，研究者大多停留在理论层面探讨区块链在供应链金融、企业征信、贸易结算、金融法治化等领域的应用前景与实施效果（黄锐，2016；冯文芳和申风平，2017；陈海俊和张倩，2017；常健和罗伟恒，2018；张路，2019；蔡恒进和郭震，2019）。为更加聚焦研究主题，本章重点从金融区块链对资本市场的影响和其他金融科技对资本市场的影响两个方面进行文献综述。主要代表性文献如表 1-1 所示。

表 1-1   金融区块链的主要代表性文献

金融科技	研究视角	代表性文献
金融区块链	融资服务	Eyal，2017；Owen et al.，2019；朱娟，2018；冯文芳和申风平，2017；邓柯，2018；焦通等，2019
	风险控制	Lemieux，2016；Walch，2018；Spithoven，2019；袁康和邓阳立，2019；韩俊华等，2019
	资源整合	Petersen et al.，2018；刘彤，1999；刘定华和李金泽，2002；徐忠和邹传伟，2018；刘满凤和赵珑，2019；孙增乐，2019；庄伊婷和朱欣雅，2019；朱晓武，2019
	信息环境优化	Tse et al.，2017；Jang and Lee，2017；李兴伟，2011；马毅，2014；王继业等，2017；邵宇，2017；魏凯琳和高启耀，2018；刘耀宗和刘云恒，2018

金融科技	研究视角	代表性文献
其他金融科技	信息共享技术	Sharpe, 1990；Pagano and Jappelli, 1993；Hauswald and Marquez, 2003；Djankov et al., 2007；Doblas – Madrid and Minetti, 2013；Peria and Singh, 2014；Bennardo et al., 2015；Liberti et al., 2017；Sutherland, 2018；张艳伟, 2015
	互联网金融技术	Demirguc – Kunt and Klapper, 2013；焦瑾璞等, 2015；张号栋等, 2017；任碧云和王雨秋, 2019；刘锦怡和刘纯阳, 2020
	信息技术声誉	Rindova, 1997；Bharadwaj, 2000；Roberts and Dowling, 2002；Bhatt and Grover, 2005；Rindova et al., 2005；Anderson et al., 2006；Brazel and Agoglia, 2007；Kobelsky et al., 2008；Kohli and Grover, 2008；Stratopoulos and Lim, 2010；Walker, 2010；Chen et al., 2011；Lim et al., 2013；Kim et al., 2018

第一节　金融区块链对资本市场影响的研究

第一，金融区块链与融资服务。埃亚尔（Eyal，2017）认为，传统的融资模式可能存在信息审查失真、效率低下、金融服务成本较高等问题。区块链技术的分布式存储、不可篡改、时间戳验证等共享属性（朱娟，2018），可以帮助银行优化金融基础结构、降低信息不对称的程度、提高金融服务效率并降低成本（冯文芳和申风平，2018）。此外，区块链也能帮助金融业简化程序，减少官僚作风，加快服务速度（Nordrum，2017）。欧文等（Owen et al.，2019）研究发现，一般而言，企业计划向银行贷款，银行需要对企业各项资质进行审查，对于银行来说贷款前审查成本较高，并可能存在因与企业舞弊而导致银行审查不充分的问题，但是基于区块链技术，银行在贷款前调查、贷款中审核则可以通过电子化流程处理，同时依托区块链不可篡改的属性（邓柯，2018；焦通等 2019），能极大地提高银行审查的质量，提升金融服务效率。

第二，金融区块链与风险控制。袁康和邓阳立（2019）指出，以区块链、人工智能等为代表的金融技术手段广泛应用于金融市场，有助于增强数据的深度和广度，为银行提供更加全面的数据信息，减少金融风险的发生与扩散。在区块链下，通过链上的不同区块完成溯源工作，流通资金经过的每个环节、每个经手人都将被实时记录，利用区块链技术的分布式记账与不可篡改性，能够加强数据安全性与防范金融风险（Walch，2018）。同时，由于引入多方利益相关者监管（如供应商、评级机构、会计师事务所、律所、机构投资者等），金融机构在区块链中也能够实现多方交叉验证，更好地进行贷前信用分析、贷时审查控制、贷后监控管理直至贷款安全收回（Spithoven，2019；韩俊华等，2019）。勒米厄（Lemieux，2016）研究发现，银行通过金融科技开展线上客户供应链业务验证，能够有效解决风险控制中最为关键的供应链上下游客户身份识别、供应链"三流"数据监控、背景核查和抵质押物管理等问题，进而更好地进行信用评级，提供符合企业、行业特点的融资产品，较好地控制风险。

第三，金融区块链与资源整合。在传统融资中，银行等金融机构主要依赖于企业提供的纸质单据审核办理业务，缺乏其他核验渠道（刘彤，1999；刘定华和李金泽，2002）。同时，由于各金融机构间独自开展业务，企业资质信息涉及实物流、资金流、信息流，交易链条长、涉及范围广，且金融机构与其他机构之间信息不共享、不对称，往往存在真实性和重复融资等核查难题，这些都是导致金融机构放贷难、企业融资难的重要因素，且在中小企业中这种情况尤为严重（刘满凤和赵珑，2019）。金融区块链通过大数据技术可以发挥资源整合作用，实现物流、资金流、信息流实现"三流合一"（Petersen et al.，2018；孙增乐，2019；庄伊婷和朱欣雅，2019）。一方面，金融区块链将整合税务、工商、不动产、社保、环保等各类企业政务数据，同时数据能动态更新，实现信用数据真实、准确、有效、及时，有效打破银企双方信任"瓶颈"，解决了企业融资信任问题（朱晓武，2019）。另一方面，通过政府公信力背书，使得交易各方放心地将其商务流信息接入区块链平台，彻底消除信任对金融发展形成的阻碍（徐忠和邹传伟，2018）。

第四，金融区块链与信息环境优化。数据是金融的基础，融资数据尤其复杂，涉及征信、审计、供应链、保险等多个行业（魏凯琳和高启耀，2018）。传统融资数据面临以下问题：信息冗余、"数据孤岛"、数据不安全、信息不对称、追溯困难等（马毅，2014）。这些问题使金融大数据的处理效率低下、成本过高，并可能令投资者蒙受损失（李兴伟，2011）。

使用区块链技术，在数据共享方面，通过建立去中心化的数据共享平台，可以降低共享成本，解决"数据孤岛"问题（Jang and Lee，2017；王继业等，2017）。在金融公正性方面，消除信息不对称问题，减少欺骗行为，提升金融公正性（邵宇，2017）。在数据安全方面，可以提升攻击难度，防止泄密（Tse et al.，2017；刘耀宗和刘云恒，2018）。

第二节 其他金融科技对资本市场影响的研究

针对金融区块链对微观市场主体影响的研究，与本书研究主题连接最紧密的是信息共享技术、互联网金融技术、信息技术声誉对资本市场影响这三支文献，具体如下：

首先，从信息共享技术对资本市场的影响来看，信息共享技术（information sharing technology）是指不同层次、不同部门信息系统间，信息和信息产品的交流与共用，就是把信息这一种在互联网时代中重要性越趋明显的资源与其他人共同分享，以便更加合理地达到资源配置，节约社会成本，创造更多财富的目的（张艳伟，2015）。帕加诺和贾佩利（Pagano and Jappelli，1993）指出，当贷款人无法仅仅通过对借款人的第一手资料进行有效筛选和监测时就会产生信息共享的需求。现有文献从理论与实证分析的角度研究了在资本市场中信息共享技术的效益性。豪斯瓦尔德和马奎兹（Hauswald and Marquez，2003）认为，信息共享的好处是从其他贷款机构获得丰富的信息可以减少筛选和监测成本。夏普（Sharpe，1990）、利贝蒂等（Liberti et al.，2017）指出，信息共享不仅可以减少贷款人冗余的信息收集工作，还可以通过缓解与建立新关系相关的逆向选择问题，从而进行更有效的竞争。此外，通过广泛宣传付款业绩，信息共享也可以对借款人的行为进行约束，从而降低贷款风险（Doblas – Madrid and Minetti，2013；Bennardo et al.，2015）。詹科夫等（Djankov et al.，2007）研究发现，一国所拥有信息共享机构的数量与国家整体的信贷呈正相关性，与国家整体的违约率呈负相关性。佩里亚和辛格（Peria and Singh，2014）指出，发展中国家对信息共享技术的应用有助于提升企业的信贷配置效率。萨瑟兰（Sutherland，

2018）研究发现，信息共享技术能够降低信贷契约的关系转换成本，并且对于那些年轻、规模小或者没有违约记录的企业而言尤为显著。在信息共享之后，贷款人从关系合约中转换出来，主要表现在两个方面：新关系中的合约到期日更短；贷款人更不愿意给那些违约借款人提供资金。

其次，以互联网金融技术对资本市场的影响来看，综观现有文献，这类研究着重考察互联网金融技术应用于惠普金融所产生的经济效益。普惠金融通过将"中小微弱"群体纳入主流金融服务中，提高了交易媒介使用、风险管理等诸多金融能力（Franklin et al.，2012）。普惠金融需要通过批量化、高效率、低成本的手段加以实现（焦瑾璞等，2015），而互联网的"泛在性"特征极大地降低了数字普惠金融的供给和使用成本（刘锦怡和刘纯阳，2020）。与传统的金融服务相比，普惠金融强调服务的广度，因而德米吉克·昆特和克拉珀（Demirguc – Kunt and Klapper，2013）指出，普惠金融应以账户和服务的普及率为衡量指标。张号栋等（2017）基于2015年中国家庭金融调查（CHFS）数据，研究发现在京津冀地区，普惠金融有助于降低城镇居民失业概率和提高城镇居民人力资本投资。任碧云和王雨秋（2019）研究发现，普惠金融能够促进互联网信贷和互联网保险发展，为贫困户创造了更多经济机会，具有减贫效应。李建军和李俊成（2020）基于中国家庭金融调查数据，研究了普惠金融对创业的影响，发现普惠金融的发展对创业起到了显著的促进作用，且居民金融能力的提升在其中起到了重要机制作用。

最后，从信息技术声誉对资本市场的影响来看，随着信息技术在企业中的战略地位日益提高，信息技术声誉开始成为企业的一种重要的无形资产（Bhatt and Grover，2005），并受到越来越多的学者的关注。信息技术声誉是企业"软实力"的象征，有助于企业获得外界对公司产品和服务的认可（Walker，2010；Chen et al.，2011）。既有研究表明，公司拥有的信息技术声誉与盈利能力、市场表现、权益资本成本、财务报告质量与银行贷款条款等密切相关（Bharadwaj，2000；Roberts and Dowling，2002；Anderson et al.，2006；Brazel and Agoglia，2007；Kobelsky et al.，2008；Kim et al.，2018）。从现有研究来看，信息技术声誉的提升并不是一蹴而就的，这其中会涉及公司自身的投入、技术服务机构和信息使用者。第一，公司需要一定的投入向外传递积极信号以获得进一步的投资，以支持其信息技术的研发（Lim et al.，2013）。第二，信息技术的部署需要高效的资源分配能力和健全的组织管理流程（Lim et al.，2011），并且技术更新较快，后期投入大（Kohli and Grover，2008；Stratopoulos and Lim，2010）。第三，选择恰当的技术服务机构能够促进公司内部的信息技术能力转化为信息技术声誉，并提高这一信息的可靠性和权威性（Rindova，1997）。第四，信息使用者需要评估信息技术声誉的影响，一般来说，持续的信息技术能力才能称为一种声誉信息，而偶尔产生的信息技术能力可能不足以称为声誉信息，从而无法产生相应的经济后果（Rindova et al.，2005）。

第二章

金融区块链与企业信贷配置

第一节　金融区块链与企业信贷配置的研究背景

伴随中国经济持续快速增长，我国资本市场"融资难、融资贵"问题日益凸显。为此，自2012年起，党中央、国务院陆续出台了一系列法律法规。习近平主席多次就"解决民营企业特别是小微企业融资问题""扩大金融市场准入，拓宽民营企业融资途径""营造稳定公平透明的营商环境"等作出重要指示。可是，与中央大力整治不相称的是，金融扭曲和信贷错配问题依然是"久治不愈"的"顽疾"。针对这一现象，基于宏观视角的研究认为，我国的金融体系尚未成熟，利率市场化改革仍在进行（饶品贵和姜国华，2013；王红建等，2018），银行在进行信贷决策时更多受到政府行政干预的影响（祝继高等，2020）。基于微观视角的研究认为，由于利率管制与信贷歧视的存在，"民营中小微"群体通过正常渠道获取信贷支持的难度较大（战明华等，2013），导致企业缺乏通过改善基本面状况、缓解信贷风险来获取信贷融资的动力。在此情况下，企业为争夺贷款这一稀缺资源，关系借贷（relationship lending）就成为一个重要的替代性选择。

虽然基于国外成熟金融市场的研究表明，关系借贷有助于银行借助客户私人关系获取信贷"软信息"，进而缓解银企间的信息不对称（Petersen and Rajan，1995），可是，对处于金融市场尚不发达的我国而言，关系借贷作为一项隐性担保，是影响银行授信与否的重要识别工具。为应对信贷资源紧缺问题，企业通常会钻营银企关系，以获得宝贵的贷款资源。企业贷款时有时请银行职员吃喝、送礼、给回扣，已成金融行业多年来公开的"秘密"。从信贷资源的垄断性来看，融资渠道的相对单一性与资本供给的相对短缺性会使得银行拥有较大信贷资源配置权，同时金融监督的相对薄弱又导致资源配置过程中的不透明化，致使关系借贷成为滋生金融腐败的温床。从信贷业务的烦琐性来看，信贷服务中的烦琐流程无疑会增加银行职员利用权力游走灰色空间的可能，在市场机制尚未健全的情况下，贷款在高层的审批与基层的发放过程中都存在巨大不确定性，关系借贷既有可能减少授信流程中的不确定性，加快贷款支付，也有可能使原本难以获得的贷款变为企业的资金。从关系借贷引发的危害来看，关系在建立、维护过程中都需要利益输送，对于企业而言是一笔不小的额外支出，加之本身就不低的贷款利息，极大地提高了企业"地下"财务成本，这无疑进一步加重了融资难、融资贵问题，企业几乎没有什么利润可言。因此，关系借贷严重扰乱了市场秩序，损害了实体经济的健康发展。

基于上述分析，本章将研究设置在地方政府搭建"金融区块链平台"场景下，运用新闻共现性分析技术手段，构建关系借贷指标，从关系借贷视角考察金融区块链对信贷配置效率的影响、具体机制与经济后果。研究发现，地方政府搭建金融区块链缓解了辖区内企业的融资约束。金融区块链搭建后，相比于关系借贷企业，非关系借贷企业面临的融资约束更小。研究结果表明，金融区块链有助于提升信贷配置效率，且在做了一系列内生性和稳健性检验后，上述结果依然成立。进一步地，本章检验了金融区块链作用于信贷配置的影响机制，一方面，相对未在金融区块链辖区的企业，在金融区块链辖区的企业的违规行为更少、内部控制质量更好、代理成本更小；另一方面，相对未在金融区块链辖区的企业，在金融区块链辖区的企业的会计信息披露质量、股票流动性更好。研究表明，金融区块链主要通过监管机制与信息机制两个渠道影响企业信贷配置。此外，经济后果分析表明，金融区块链的搭建提升了企业投资效率和公司价值。

本章的研究贡献主要体现在以下方面：第一，以关系借贷为视角，通过识别"区块链+融资平台"具体通过何种机制作用于信贷配置效率，拓展金融区块链与信贷融资的交叉研究。当前，大量文献采用定性方式研究了区块链在金融领域运用的理论基础与应用前景（蔡恒进和郭震，2019），鲜有实证研究关注金融区块链技术是否会以及如何影响信贷配置效率。第二，现有关系借贷的文献多基于贷款规模、申请贷款次数、贷款时间、资产可抵押性等展开研究（Behr et al.，2011；何韧等，2012）。本章基于互联网大数据搜索引擎，以新闻文本为载体，采用共现性分析（Co-occurrence Analysis）的方法进行关系借贷的衡量，在提升数据可获得性的同时，也克服了传统单维度指标衡量的片面性问题。

第二节　文献综述与研究假设

一、文献综述

大量文献研究发现，关系（如社会关系、私人关系、政治关联等）在资源配置中扮演着相当重要的角色（俞俊利和金鑫，2019）。这些研究主要包括：

第一，从社会关系和私人关系如何影响资本市场来看，科恩等（Cohen et al.，2008）研究发现，当共同基金经理与公司董事会成员具有教育关联（校友关系）时，基金经理会赋予关联公司更多的资源配置权重，并且会产生更好的投资业绩表现。科恩等（2010）的研究表明，个人关系与社会网络能够影响分析师获取公司信息的能力。蔡等（Cai et al.，2016）研究发现，上市公司与华尔街的社会关联会降低公司股票的买卖价差。彭红枫等（2014）研究发现，上市公司会借助政治关联和银行关系获得融资的便利性，并且建立政治关联会导致企业过度投资，而银行关系则不会。杨玉龙（2018）研究发现，首次公开募股（IPO）企业高管与股票发行审核委员会委员之间存在校友关系可以提高此类企业的审核通过率。

第二，从社会关系和私人关系如何影响公司治理机制来看，弗拉卡西和泰特（Fracassi and Tate，2012）研究发现，强势的首席执行官（CEO）更倾向于任命与 CEO 具有社会联系的董事。英格堡等（Engelberg et al.，2013）

研究发现，CEO 社会关系网络会对高管薪酬产生重要影响。与之相反，黄和金（Hwang and Kim，2009）研究发现，社会关系较差的 CEO 薪酬相对较低，薪酬业绩敏感性更强，CEO 聘期与经营业绩之间的相关性更高。上述研究说明，当关系在社会资源配置以及经济决策中发挥重要作用时，独立于社会关系网络之外的人将会遭受损失。

第三，从社会关系如何影响公司行为来看，弗拉卡西（Fracassi，2017）研究发现，社会关系密切的两家公司之间更有可能发生相互投资行为。石井和轩（Ishii and Xuan，2014）研究发现，社会关系还会对并购绩效产生影响。黄和金（2012）研究发现，CEO 与审计委员会成员的社会关系会对会计创新产生重要影响。

第四，从政治关联如何影响企业行为来看，一部分研究表明，政治关联以及政府控制会扭曲市场，降低社会整体经济效益（Caprio et al.，2013）。洪（Hong，2018）研究发现，国家开发银行将政府信贷发放给国有企业会对同行业的民营企业产生挤出效应。另一部分研究则表明，政治关联可以作为法律保护的替代机制来保护企业产权免受政府损害（潘红波等，2008），并且还可以通过压力传导机制促进企业对社会责任的投资（张琦等，2019）。

从上述文献可知，现有研究主要存在以下不足：金融区块链研究数据较为缺乏，针对金融区块链如何影响信贷配置的实证研究较少；对关系借贷的衡量仍然较为困难，现有指标在可靠性、数据可得性方面存在一定的局限性。针对上述不足，本章将基于我国地方政府组建金融区块链这一现实背景，并利用计算机技术获取关系借贷层面的数据，考察金融区块链、关系借贷与信贷配置的关系、影响机制与经济后果，丰富金融区块链和关系借贷的研究文献。

二、研究假设

（一）金融区块链与信贷配置

根据工信部《中国区块链技术和应用发展白皮书》的定义，区块链是指分布式数据存储、点对点传输、共识机制、加密算法等计算机技术的新型应用模式。金融区块链能够充分发挥区块链技术"多方监管""信息共享""交易溯源""资源整合"的属性。概括而言，金融区块链在信贷市场中主要发挥以下作用：①信息透明化。所有相关参与方都通过一个公共账本分享信息并进行信贷行为，提高决策的效率和精确性。②交易智能合约化。所有与信贷相关的交易行为通过智能合约实现，只有满足条件交易才会执行，降低履约风险。③纸质文件电子化。所有纸质文件实现电子化，提高信贷流程效率并降低操作风险。④信息加密可追溯。所有上链信息均被加密且可追溯，确保数据的真实性和准确性，同时也降低了审核的难度和成本。⑤参与方操作协同。所有相关参与方共同维护流程节点，确保信息同步。⑥数据分布式储存。信息和数据的分布式存储确保数据的完整性。

尽管企业获取外部融资存在银行贷款、公司债券、股权融资、商业信贷等多种途径，但就我国现实情况而言，居于主导地位的依然是银行贷款。银行在进行信贷配置决策时主要考虑信贷风险的影响，其风险来源包括信息风险和信用风险。其中，信息风险属于方差效应，是指因信息不对称而导致客户信息存在不准确性、滞后性和不确定性。信用风险属于均值效应，指客户因基本面恶化不愿或无力履行合同条件，致使银行遭受损失的可能性。承接这一分析框架，本书认为，金融区块链的搭建主要从信息风险和信用风险两个方面影响信贷配置，具体分析如下：

首先，从信息风险视角来看，金融区块链的搭建有助于银行将信贷资源分配给高质量信息产出的企业，以缓解信息风险。信息不对称理论指出，资本市场中资金需要者与资金提供者之间彼此并不了解，信息不对称等摩擦因素会导致企业在获取外部融资时需要付出一部分"溢价"（Jaffee and Russell, 1976）。迈尔斯（Myers, 1984）构建的信号传递理论认为，高质量的信息披露能够降低资金提供者获取企业公开信息的处理成本，有助于更好地评价企业的运营、发展情况，由此降低了评估企业未来发展的不确定性，最终导致资金提供者更愿意为企业的发展提供更好的融资支持。"区块链 + 融资平台"解决了传统信贷行为中"信息孤岛"问题。区块链平台上银行与各参与方的系统相互连接，能够进行信息共享。由于整个链上信息的透明化，银行可以及时了解整个交易流程中所有的信息流和进展情况。同时，

"区块链+融资平台"的搭建会导致银行对高质量信息的刚性需求上升。大型金融机构为应对行业竞争增加了对于高质量信息的依赖，小型金融机构为避免被逐出市场会将贷款发放给披露更高质量信息的企业，此时，在市场中形成了一种信息有用性竞争的现象。因此，金融区块链的搭建能够提高信息透明度，使得银行面临的信息风险降低。

其次，从信用风险视角来看，金融区块链的搭建有助于银行将信贷资源分配给基本面较好的企业，以缓解信用风险。前文已述，金融区块链的搭建能够将多方利益主体统一整合，对核心企业实施"多头监管"，发挥"群体治理效应"。克拉内等（Crane et al.，2019）研究发现，如果企业的各利益相关者都是独立行动，那么利益的分散化会削弱公司治理，因为小份额利益主体就没有动机监督企业，相反，当这些利益主体组成共同体时，他们之间会相互合作发挥治理效应。埃德曼斯（Edmans，2009）研究发现，在"多头监管"下，出于自身利益的考虑，管理层会更加忌惮监管者的信息挖掘能力，导致事前机会主义行为的减少。阿德马蒂和普弗莱德（Admati and Pfleiderer，2009）的研究也表明，当群体成员对公司不满意时，可以通过共同退出威胁来达到公司治理的目的。这些研究都说明"多头监管"体系有助于提升公司治理水平，而更好的公司治理会促进实施更好的经营管理决策，如提升投资效率、推动企业创新等（靳庆鲁等，2015），提升企业价值，这无疑有助于公司基本面的改善，缓解银行可能面临的公司基本面恶化的信用风险。因此，金融区块链的搭建能够优化公司治理，使得银行面临的信用风险降低。

已有研究指出，资本市场中资金需要者与资金提供者之间彼此并不了解，信息风险、信用风险等摩擦因素会导致企业在获取外部融资时需要付出一部分"溢价"，由于外部资金成本高于内部资金成本，企业投资受到限制，进而产生融资约束（Jaffee and Russell，1976）。正如上文所论述的一样，如果金融区块链的搭建从整体上有助于优化信贷配置，银行面临信息风险和信用风险的下降能够促进企业获取更多信贷融资的机会、增加融资效率、减少融资成本，此时企业面临的融资约束会显著下降。因此，本书提出以下研究假设：

H2-1：地方政府搭建金融区块链缓解了辖区内企业的融资约束。

（二）金融区块链、关系借贷与信贷配置

伯杰（Berger，2002）认为，信贷技术可划分为以下四种类型：财务报表型技术、资产保证型技术、信用评分型技术以及关系型贷款技术。银行运用前三种贷款技术做出贷款决策，主要通过从公开市场上取得的"硬"信息，被称为交易型贷款技术。针对关系型贷款技术，银行主要借助借款人长期关系互动而收集信息含量更高的"软"信息，因而第四种贷款技术又被称作关系借贷。已有研究发现，关系型贷款技术与中小企业的融资可获得性显著相关，中小企业有强烈动机与银行建立和维护私人关系，以获得融资的便利性（翁舟杰，2018），因为关系借贷能够发挥隐性契约的功能，能够在持续保证企业的信贷可得性的同时，还能让银行经理收货私人利益（De Mitri et al.，2010）。

中国社会是一个讲究"关系"的人情社会，关系借贷在信贷市场中扮演着重要角色。对于企业而言，贷款是企业获取稳定、持续的外部资金的重要来源，而贷款资金具有稀缺性，与银行之间关系密切不仅影响贷款可获得性，也会对公司价值、公司风险、管理层晋升等产生重要影响（吕越等，2015）。

可是，在金融市场发展不充分、业务竞争相对激烈的国家，信贷资源的稀缺性会导致银行拥有较大的权力，信贷垄断成为滋生信贷寻租的温床（Allen et al.，2005）。在我国银行业存在着"关系"的"信贷文化"，部分企业钻营银企关系，通过贿赂银行人员获得宝贵的信贷资源以促进自身的发展（南旭光和孟卫东，2009）。谢平和陆磊（2003）使用问卷调查研究发现，有45.5%的调查者指出企业在得到贷款的过程中需要给银行信贷员"回扣"，并且这一问题在农户和个体工商户中表现得更为明显。在关系借贷中，"租金"会被银行用于企业授信的识别工具（Fungáčová et al.，2015）。金融机构通过寻租制造稀缺，提高贷款成本，扭曲信贷资源定价，导致了信贷资源错配。更为严重的是，由于关系借贷衍生的寻租行为影响一国发展中最稀缺的资金资源的配置，因而对经济增长的影响比一般的人员腐败更加直接（李富有和孙晨辉，2012）。

本书认为，金融区块链的搭建有助于缓解关系借贷的信贷资源错配问题，其理由如下：

首先，从信用背书视角。在制度相对缺失的转型经济中，信用往往需要依靠非正式制度的背书。关系作为一种非正式制度，被认为是资本市场中正式制度的一种替代机制。已有研究发现，银企关系对于贷款中的信用背书有着重要影响（郝项超和张宏亮，2011）。区块链技术能够基于现实法律和合规要求把围绕正式制度构建的债权关系映射到链上，淡化基于非正式制度产生的私人关系。由于区块链的资源整合和共识机制设计，链上数据不可篡改、可溯源、可承载价值，企业背书效用能够沿着各利益相关群体的融资链路传递到银行，解决企业信用背书难问题。因此，从信用背书视角分析，金融区块链对关系借贷信贷配置的影响可以起到信用背书作用。

其次，以风险管控视角。已有研究发现，关系借贷产生的一个重要原因是银行为了进行风险管控（Petersen and Rajan，1995）。企业最为核心的"软信息"缺失会造成银行风控难度大、成本高，因而银行也需要通过关系借贷拉近银企之间的距离，以方便银行职员获取企业的"软信息"。可是，随着"区块链+融资平台"的运行，政府、企业和金融机构之间的信息渠道被打通，该平台整合了多部门涉企信息，并将相关信息进行上链存储，实现企业数据的多元采集、互通共享、多方利用，让入驻金融机构能够便捷查询到入驻企业的动态信息，解决困扰金融机构的风险管控难题，进而削弱了银行借助关系借贷实施风险管控的动机。因此，从风险管控视角分析，金融区块链对关系借贷信贷配置的影响可以起到风险管控作用。

最后，从银行业优化视角。长期以来，我国银行业面临较为严重的不充分竞争问题（尹志超等，2015）。随着银行规模的做大，其市场垄断地位越高，就越不利于企业融资。罗纳德·麦金农（1997）的金融抑制理论认为，在不充分银行竞争下，贷款资源的配给会受关系偏好等非市场化因素的影响。那么在银行业不充分竞争的环境中，企业通过关系借贷获取贷款融资的动机就较强烈。金融区块链搭建后，一方面，处于行业弱势地位的商业银行可以借助区块链技术，实现建设信用机制、提高支付清算效率，从而通过流程改进、节约成本来提升银行绩效，获取行业份额；另一方面，随着区块链带来的新型融资服务模式，商业银行也不再依赖传统的资产负债业务来赚取利润，新业务的拓展能够避免商业银行的市场份额被国有银行一步步占领。

彼德森和拉詹（Petersen and Rajan，1995）指出，提高银行竞争有助于形成一种开放有序的市场环境，在开放有序的市场环境中，银行将拥有更多的自由裁量权，其选择放贷企业的原则也会更遵循市场化规则（邓路等，2016）。因此，从银行业优化视角分析，金融区块链对关系借贷信贷配置的影响可以起到银行业优化作用。

综合上述分析，本书提出以下研究假设：

H2-2：金融区块链搭建后，相比于关系借贷企业，非关系借贷企业面临的融资约束程度更低。

第三节　样本选择与模型设定

一、样本选择

本章以2007～2019年沪深两市 A 股上市公司作为初始样本，之所以选择2007作为起始年度是因为我国于2007年开始实施新的会计准则。在初始样本基础上，本章执行了以下筛选程序：剔除金融类上市公司样本；剔除年末 ST、PT、当年退市公司样本；剔除变量缺失样本，最终得到27 471个公司年度观测值。进一步地，本章中笔者手工查找了293个地级市在样本期间发布的与金融区块链相关的政策，并从中收集搭建金融区块链平台的数据。本章采用的企业财务数据及企业特征数据源于 CSMAR 数据库。此外，为缓解极端值对结果的影响，本章对全部连续变量进行了1%分位数与99%分位数的 Winsorize 处理。

二、模型与变量定义

为检验研究假设 H2-1，本书设定了如下模型：

$$Financing_{i,t} = \beta_0 + \beta_1 Blockchain_{i,t} + \beta_2 X_{i,t} + \varepsilon_{i,t} \qquad (2.1)$$

其中，Financing 为企业融资约束，参照现有学者（Kaplan and Zingals，

1997）的方法，本章以 SA 指数作为代理变量，具体公式为：Financing = $-0.737 \times Size + 0.043 \times Size^2 - 0.040 \times Age^2$，其中，Size 为企业规模的自然对数，Age 为企业成立时间。该指标越大，表明企业的融资约束程度越低。此外，本章还采用 WW 指数作为融资约束的代理变量（Whited and Wu，2006），进行稳健性检验。Blockchain 为金融区块链，参照陈胜蓝和刘晓玲（2018）的做法，如果上市公司位于搭建金融区块链平台的地级市辖区内，则取值为 1，否则为 0。模型（2.1）中，β_1 为待检验系数，若 β_1 显著为负，表明金融区块链有助于降低企业的融资约束，研究假设 H2-1 得到验证。

X 为一系列控制变量，包括：公司规模（Size）、总资产收益率（ROA）、固定资产比率（Fixed）、资产负债率（Lev）、营业收入增长率（Growth）、产权性质（SOE）、两职合一（Duality）、上市年龄（Age）、股权集中度（Top1）、成长性（BM）、独立董事占比（Ind）。同时，本章还控制了年度固定效应（Year）和行业固定效应（Industry）。本章所有回归模型标准误差均经过企业层面 Cluster 群聚调整，以获取更加稳健的 t 统计量。具体变量定义参照表 2-1。

表 2-1　　　　　　　　　　　变量定义表

变量类型	变量符号	变量定义
被解释变量	Financing	企业融资约束，参照 Kaplan and Zingals（1997）的方法，本章以 SA 指数作为代理变量。该指标越大，表明企业的融资约束程度越低
主要解释变量	Blockchain	金融区块链，如果上市公司位于搭建金融区块链平台的地级市辖区内，则取值为 1，否则为 0
	NonRelationship	非关系借贷企业，采用基于数据挖掘的共现性分析方法计算而来，具体参照指标定义部分
控制变量	Size	企业规模，总资产的自然对数
	ROA	总资产净利润率，净利润除以总资产
	Fixed	固定资产比率，固定资产净额除以总资产
	Lev	资产负债率，总负债除以总资产
	Growth	营业收入增长率，（本期主营业务收入－上期主营业务收入）÷上期主营业务收入

变量类型	变量符号	变量定义
控制变量	SOE	产权性质，依据最终控制人性质，国有企业取值为1，民营企业取值为0
	Duality	两职合一，若董事长和总经理由同一人担任为1，否则为0
	Age	上市年龄，上市年限的自然对数
	Top1	股权集中度，第一大股东持股占总股本的比例
	BM	成长性，公司账面市值比
	Ind	独立董事占比，独立董事占全部董事总人数的比例
	Year	年度固定效应
	Industry	行业固定效应

为检验研究假设 H2－2，本书设定了如下模型：

$$\text{Financing}_{i,t} = \beta_0 + \beta_1 \text{Blockchain}_{i,t} \times \text{NonRelationship}_{i,t} + \beta_2 \text{Blockchain}_{i,t}$$
$$+ \beta_3 \text{Relationship}_{i,t} + \beta_4 X_{i,t} + \varepsilon_{i,t} \tag{2.2}$$

其中，NonRelationship 为非关系借贷企业，若为非关系借贷企业，定义为1，否则为0。针对银企间的关系借贷，已有研究主要使用问卷调查数据（马九杰和毛昇昕，2005）、贷款规模、次数和时间（Petersen and Rajan，1995；Behr et al.，2011）、银企地理距离（Cotugno et al.，2013）、公司高管银行背景（杜颖洁和杜兴强，2013）等来衡量，总体上这些指标存在数据来源有限、指标可靠性不佳等方面的缺陷，同时，也有研究发现，使用这些传统指标作为关系借贷的代理变量，关系借贷和贷款可得性之间并不存在必然的正相关关系（何韧等，2012）。

本章参照库尔特等（Coulter et al.，1998）、何（He，1999）的方法，采用基于数据挖掘的共现性分析方法（co-occurrence analysis）衡量关系借贷。该方法有以下优势：其一，以新闻媒体报道的文本为语料库来进行关系借贷的衡量，其素材来源广泛，无须借助问卷调查等内部资料，提升了数据可获得性；其二，通过文本挖掘特定银行和特定公司共同出现在新闻报道的频数来测度银企之间的密切来往程度，该指标更契合于中国的信贷市场背景；其三，该方法能够观察到企业为维系银行关系而进行的各项具体活动，例如企业高管出席银行举办的客户沙龙、商业活动等（见图 2－1）。

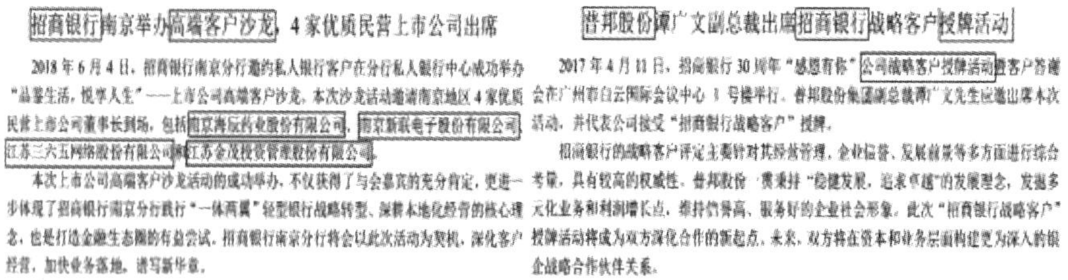

招商银行南京举办高端客户沙龙，4家优质民营上市公司出席

2018年6月4日，招商银行南京分行邀约私人银行客户在分行私人银行中心成功举办“品鉴生活，悦享人生”——上市公司高端客户沙龙。本次沙龙活动邀请南京地区4家优质民营上市公司董事长到场，包括南京海辰药业股份有限公司、南京新联电子股份有限公司、江苏三六五网络股份有限公司和江苏金茂投资管理股份有限公司。

本次上市公司高端客户沙龙活动的成功举办，不仅获得了与会嘉宾的充分肯定，更进一步体现了招商银行南京分行践行“一体两翼”轻型银行战略转型、深耕本地化经营的核心理念，也是打造金融生态圈的有益尝试。招商银行南京分行将会以此次活动为契机，深化客户经营，加快业务落地，谱写新华章。

普邦股份谭广文副总裁出席招商银行战略客户授牌活动

2017年4月11日，招商银行30周年“感恩有你”公司战略客户授牌活动暨客户答谢会在广州市白云国际会议中心1号楼举行。普邦股份集团副总裁谭广文先生应邀出席本次活动，并代表公司接受“招商银行战略客户”授牌。

招商银行的战略客户评定主要针对其经营管理、企业信誉、发展前景等多方面进行综合考量，具有较高的权威性。普邦股份一贯秉持“稳健发展，追求卓越”的发展理念，发掘多元化业务和利润增长点，维持信誉高、服务好的企业社会形象。此次“招商银行战略客户”授牌活动将成为双方深化合作的新起点。未来，双方将在资本和业务层面构建更为深入的银企战略合作伙伴关系。

图 2－1　新闻报道搜索关系借贷示例

资料来源：《招商银行南京分行成功举办上市公司高端客户沙龙》，http：//js. news. 163. com/18/0605/12/DJHODI8B042499E4. html；《招商银行广州分行举办战略客户答谢会暨授牌仪式》，https：//www. sohu. com/a/136018423_425169。

关系借贷指标构建过程具体如下：首先，运用百度新闻搜索，使用银行和上市公司名称作为关键词进行两两配对，将收集到的语料素材导入数据库；其次，使用共现性分析处理搜索结果，按照上市公司代码—银行代码—新闻发布年度，计算银行 i 和上市公司 j 在 t 年度的共现新闻数；最后，统计“企业—年度”信息，完成关系借贷指标计算。

模型（2.2）中，交乘项系数 β_1 为待检验系数，若 β_1 显著为负，表明金融区块链搭建后，相比于关系借贷企业，非关系借贷企业面临的融资约束程度更低，研究假设 H2－2 得到验证。其他变量同上。

第四节　实证结果与分析

一、描述性统计

表 2－2 列示了主要变量的描述性统计结果。可以观察到，被解释变量企业融资约束（Financing）的均值为 3. 1942，标准差为 0. 1045，最小值为 2. 6701，最大值为 3. 2883，表明样本企业的融资约束存在比较大的差异。解释变量 Blockchain 的均值为 0. 0935，表明样本期间内在已搭建金融区块链

地级市辖区内上市公司占比约为9%。NonRelationship 的均值为 0.9646，表明样本期间内与银行保持密切关系的企业占比并不高。控制变量方面，企业规模（Size）的均值为 22.0927，标准差为 1.2771，最小值为 19.7200，最大值为 26.0480，波动幅度较大，意味着企业的公司规模各异。资产负债率（Lev）的均值为 0.4389，表明企业整体的负债水平并不高。总资产收益率（ROA）、固定资产比率（Fixed）、营业收入增长率（Growth）的均值分别为 0.0367、0.2251、0.1887，表明绝大多数企业的经营状况良好。独立董事占比（Ind）的均值为 0.3727，表明平均而言样本企业的独立董事占董事会比例约为 37%。产权性质（SOE）均值为 0.3974，说明样本中约有 40% 的企业是国有企业。其他变量的统计结果与现有文献无显著差异，在此不一一赘述。

表 2 - 2　　　　　　　　　　主要变量的描述性统计

变量	样本量	均值	标准差	P25	中位数	P75	最小值	最大值
Financing	27 471	3.1942	0.1045	3.1649	3.2298	3.2604	2.6701	3.2883
Blockchain	27 471	0.0935	0.2911	0.0000	0.0000	0.0000	0.0000	1.0000
NonRelationship	27 471	0.9646	0.1848	1.0000	1.0000	1.0000	0.0000	1.0000
Size	27 471	22.0927	1.2771	21.1680	21.9157	22.8223	19.7200	26.0480
ROA	27 471	0.0367	0.0602	0.0138	0.0357	0.0649	-0.2530	0.1932
Fixed	27 471	0.2251	0.1672	0.0943	0.1911	0.3217	0.0021	0.7201
Lev	27 471	0.4389	0.2066	0.2747	0.4354	0.5954	0.0546	0.8956
Growth	27 471	0.1887	0.4397	-0.0148	0.1155	0.2812	-0.5635	2.8858
SOE	27 471	0.3974	0.4894	0.0000	0.0000	1.0000	0.0000	1.0000
Duality	27 471	0.2484	0.4321	0.0000	0.0000	0.0000	0.0000	1.0000
Age	27 471	2.7864	0.3664	2.5649	2.8332	3.0445	1.6094	3.4657
Top1	27 471	0.3492	0.1492	0.2313	0.3299	0.4511	0.0878	0.7482
BM	27 471	0.6142	0.2422	0.4282	0.6142	0.7997	0.1165	1.1303
Ind	27 471	0.3727	0.0526	0.3333	0.3333	0.4286	0.3125	0.5714

表 2 - 3 列示了主要变量之间的 Pearson 相关系数矩阵。从中可以发现，Financing 与 Blockchain 显著为负，表明金融区块链有助于降低企业的融资约

束程度；NonRelationship 与 Financing 显著为正，表明非关系借贷企业面临更严重的融资约束，以上结果初步验证了本章的研究结论，但更加准确的估计结果还有待主回归分析检验。

表 2 - 3 主要变量之间的 Pearson 相关系数

变量	Financing	Blockchain	NonRelationship	Size	ROA	Fixed	Lev
Financing	1						
Blockchain	-0.079 ***	1					
NonRelationship	0.035 **	-0.129 ***	1				
Size	-0.593 ***	0.086 ***	-0.037 ***	1			
ROA	0.028 **	-0.043 ***	0.024 *	-0.00200	1		
Fixed	-0.060 ***	-0.120 ***	0.0190	0.045 ***	-0.057 ***	1	
Lev	-0.249 ***	0.00500	-0.025 *	0.528 ***	-0.355 ***	0.0200	1
Growth	0.0220	-0.050 ***	0.0230	0.030 **	0.191 ***	-0.106 ***	0.024 *
SOE	-0.188 ***	-0.028 **	0.00500	0.339 ***	-0.059 ***	0.193 ***	0.247 ***
Duality	0.057 ***	0.044 ***	0	-0.154 ***	0.00300	-0.082 ***	-0.122 ***
Age	0.066 ***	0.165 ***	-0.0150	0.146 ***	-0.099 ***	-0.045 ***	0.142 ***
Top1	-0.202 ***	-0.0160	0	0.235 ***	0.126 ***	0.089 ***	0.088 ***
BM	-0.312 ***	0.121 ***	-0.0140	0.594 ***	-0.234 ***	0.092 ***	0.469 ***
Ind	-0.115 ***	0.053 ***	-0.027 **	0.065 ***	-0.025 *	-0.066 ***	0.0120
变量	Growth	SOE	Duality	Age	Top1	BM	Ind
Growth	1						
SOE	-0.054 ***	1					
Duality	0.0100	-0.293 ***	1				
Age	-0.053 ***	0.069 ***	-0.054 ***	1			
Top1	0.027 *	0.270 ***	-0.093 ***	-0.125 ***	1		
BM	-0.041 ***	0.255 ***	-0.130 ***	0.126 ***	0.164 ***	1	
Ind	-0.0140	-0.0150	0.112 ***	-0.024 *	0.053 ***	-0.00900	1

注：括号内数字为双尾检验的 t 值；标准误差经过企业层面 Cluster 群聚调整；*** 、** 、* 分别表示在 1% 、5% 、10% 水平上显著。

二、实证结果分析

（一）金融区块链与企业融资约束

表 2 - 4 列出了金融区块链是否影响企业融资约束的检验结果。第（1）列为未引入基准回归模型控制变量，但加入年度和行业固定效应的回归结果，结果显示，金融区块链（Blockchain）与企业融资约束（Financing）的相关系数为 - 0.0081，在 1% 水平上显著为负。第（2）列为引入基准回归模型控制变量且控制年度和行业固定效应的回归结果，本书发现，金融区块链（Blockchain）与企业融资约束（Financing）的相关系数为 - 0.0078，依然在 1% 水平上显著为负，表明金融区块链的搭建有助于缓解企业的融资约束，支持了研究假设 H2 - 1。

表 2 - 4　　　　　　　　　金融区块链与企业融资约束

变量	（1）	（2）
	Financing	Financing
Blockchain	- 0.0081 *** （ - 3.0838 ）	- 0.0078 *** （ - 2.9717 ）
Size		0.0114 *** （ 3.5581 ）
ROA		0.0063 （ 0.4571 ）
Fixed		- 0.0384 *** （ - 3.1860 ）
Lev		0.0059 （ 0.6506 ）
Growth		0.0106 *** （ 8.6343 ）
SOE		- 0.0007 （ - 0.1193 ）

变量	(1)	(2)
	Financing	Financing
Duality		−0. 0035 (−1. 5651)
Age		0. 0712 *** (11. 5175)
Top1		−0. 0325 ** (−2. 3257)
BM		−0. 0146 *** (−2. 8839)
Ind		−0. 0509 ** (−2. 5476)
常数项	3. 1837 *** (296. 3142)	2. 8279 *** (43. 3299)
年度固定效应	YES	YES
行业固定效应	YES	YES
观测值数量	27 471	27 471
R^2	0. 0356	0. 0288

注：括号内数字为双尾检验的 t 值；标准误差经过企业层面 Cluster 群聚调整；*** 、** 分别表示在1% 、5% 水平上显著。

(二) 金融区块链、关系借贷与企业融资约束

由于关系借贷企业与非关系借贷企业在数量和基本量上存在较大差异，这可能会影响本章的研究结论，因此，本章采用倾向得分匹配方法（PSM），从非关系借贷企业中构造一组与关系借贷企业最为接近的样本作为匹配的控制组。首先，整理出一系列特征变量，包括公司规模、总资产收益率、固定资产比率、资产负债率、营业收入增长率、产权性质、两职合一、上市年龄、股权集中度、成长性、独立董事占比；其次，为关系借贷企业寻找对应的控制组样本，通过 Logistic 模型计算得出每个观测值的倾向性评分；最后，

采用最相邻匹配法进行控制组的选取和匹配，得到与每个关系借贷企业样本特征最为接近的非关系借贷企业样本。

表2-5报告了金融区块链、关系借贷与企业融资约束的检验结果。第（1）列为未引入基准回归模型控制变量，但加入年度和行业固定效应的回归结果，本章发现，交乘项 Blockchain × NonRelationship 与企业融资约束（Financing）的相关系数为 -0.0179，在5%水平上显著为负。第（2）列为引入基准回归模型控制变量且控制年度和行业固定效应的回归结果，本章发现，交乘项 Blockchain × NonRelationship 与企业融资约束（Financing）的相关系数为 -0.0169，依然在5%水平上显著为负，表明金融区块链搭建后，相比于关系借贷企业，非关系借贷企业面临的融资约束程度更低。此外，本章还发现，非关系借贷企业（NonRelationship）与企业融资约束（Financing）的相关系数显著为正，意味着相比于关系借贷企业，非关系借贷企业面临着更严重的融资约束，这与前文预期相符。以上检验结果支持了研究假设 H2-2。

表2-5　　　　　　　金融区块链、关系借贷与企业融资约束

变量	(1)	(2)
	Financing	Financing
Blockchain	-0.0032 (-0.3916)	-0.0035 (-0.4376)
NonRelationship	0.0143 *** (3.6030)	0.0129 *** (3.2538)
Blockchain × NonRelationship	-0.0179 ** (-2.0404)	-0.0169 ** (-2.0354)
Size		-0.0430 *** (-9.6271)
ROA		0.0696 ** (2.3599)
Fixed		-0.0717 *** (-3.6996)

续表

变量	(1) Financing	(2) Financing
Lev		0. 0384 ** (2. 4785)
Growth		0. 0115 *** (4. 1007)
SOE		0. 0064 (1. 1539)
Duality		− 0. 0048 (− 1. 0884)
Age		0. 0583 *** (6. 8101)
Top1		− 0. 0115 (− 0. 6195)
BM		0. 0283 *** (2. 5850)
Ind		− 0. 0972 *** (− 2. 7434)
常数项	3. 2266 *** (171. 3860)	4. 0167 *** (42. 3601)
年度固定效应	YES	YES
行业固定效应	YES	YES
观测值数量	5 173	5 173
R^2	0. 1035	0. 4115

注：括号内数字为双尾检验的 t 值；标准误差经过企业层面 Cluster 群聚调整； *** 、 ** 分别表示在1% 、5% 水平上显著。

三、稳健性检验

(一) 内生性问题

第一，倾向得分匹配法。本章研究可能存在内生性问题，即不同企业间的资源禀赋、治理水平等可能存在明显差异而导致选择性偏差。本章采用倾向匹配后样本能够更加有效地控制上述内生性问题。为此，本章在基准模型（1）和基准模型（2）基础上，采用倾向匹配法对实验组和对照组进行匹配：首先，从公司规模、负债水平、盈利能力、成长性、公司治理状况等方面选取了一系列特征变量作为配对变量，包括公司规模、总资产收益率、固定资产比率、资产负债率、营业收入增长率、产权性质、两职合一、上市年龄、股权集中度、成长性、独立董事占比；其次，分别对各年进行非重复匹配，以确保不同实验组样本不会匹配到同一个对照组样本，以市场监督管理局组建前一年为匹配年度进行1:3、1:4、1:6最近邻匹配；最后，通过probit模型估计将其预测值作为得分进行最近邻匹配，如果两个样本得分相同或接近，则表明公司特征接近，完成匹配后，进行回归估计。表2-6的第（1）～第（6）列分别报告了1:3、1:4、1:5最近邻匹配检验结果。结果显示，经过PSM后的检验结果与主回归一致，本章的研究结论依然稳健。

表2-6　　　　　　　　　　　　PSM检验结果

变量	(1) Financing	(2) Financing	(3) Financing	(4) Financing	(5) Financing	(6) Financing
Blockchain	-0.0198*** (-2.9152)	-0.0056 (-0.6581)	-0.0152** (-2.4968)	-0.0032 (-0.3993)	-0.0155*** (-3.0805)	-0.0048 (-0.6114)
NonRelationship		0.0161*** (3.5559)		0.0144*** (3.4652)		0.0124*** (3.3044)
Blockchain × NonRelationship		-0.0252** (-2.5288)		-0.0188** (-2.1111)		-0.0148* (-1.8419)
Size	-0.0511*** (-9.6939)	-0.0512*** (-9.7398)	-0.0469*** (-9.8146)	-0.0469*** (-9.8430)	-0.0393*** (-9.3112)	-0.0393*** (-9.3273)
ROA	0.0880*** (2.7101)	0.0871*** (2.6683)	0.0801*** (2.7920)	0.0782*** (2.7082)	0.0789*** (2.8258)	0.0777*** (2.7689)
Fixed	-0.0734*** (-3.2898)	-0.0735*** (-3.2914)	-0.0700*** (-3.4347)	-0.0704*** (-3.4499)	-0.0699*** (-3.9119)	-0.0702*** (-3.9232)
Lev	0.0387** (2.0847)	0.0403** (2.1815)	0.0429** (2.5736)	0.0439*** (2.6399)	0.0364** (2.4864)	0.0369** (2.5247)

变量	（1）Financing	（2）Financing	（3）Financing	（4）Financing	（5）Financing	（6）Financing
Growth	0.0164 *** （4. 2913）	0.0160 *** （4. 2369）	0.0145 *** （4. 2912）	0.0142 *** （4. 2393）	0.0099 *** （3. 9159）	0.0097 *** （3. 8610）
SOE	0.0065 （1. 0318）	0.0071 （1. 1140）	0.0032 （0. 5399）	0.0037 （0. 6084）	0.0025 （0. 4573）	0.0028 （0. 5080）
Duality	0.0001 （0. 0269）	− 0.0001 （− 0. 0185）	− 0.0020 （− 0. 4204）	− 0.0021 （− 0. 4497）	− 0.0021 （− 0. 4944）	− 0.0022 （− 0. 5174）
Age	0.0612 *** （6. 4506）	0.0593 *** （6. 2180）	0.0581 *** （6. 4449）	0.0567 *** （6. 2679）	0.0586 *** （7. 0696）	0.0575 *** （6. 9369）
Top1	− 0.0046 （− 0. 2177）	− 0.0043 （− 0. 2024）	− 0.0080 （− 0. 4112）	− 0.0075 （− 0. 3884）	− 0.0122 （− 0. 6799）	− 0.0120 （− 0. 6733）
BM	0.0504 *** （3. 7481）	0.0501 *** （3. 7286）	0.0454 *** （3. 7169）	0.0449 *** （3. 6836）	0.0293 *** （2. 8558）	0.0290 *** （2. 8292）
Ind	− 0.1142 ** （− 2. 5465）	− 0.1159 *** （− 2. 5916）	− 0.1119 *** （− 2. 9279）	− 0.1123 *** （− 2. 9463）	− 0.0997 *** （− 3. 0054）	− 0.0996 *** （− 3. 0078）
常数项	4.1587 *** （37. 1038）	4.1518 *** （37. 1981）	4.0930 *** （40. 4675）	4.0844 *** （40. 5583）	3.9431 *** （44. 3251）	3.9342 *** （44. 3929）
年度固定效应	YES	YES	YES	YES	YES	YES
行业固定效应	YES	YES	YES	YES	YES	YES
观测值数量	3 620	3 620	4 421	4 421	5 890	5 890
R^2	0.4270	0.4264	0.4243	0.4235	0.3920	0.3916

注：括号内数字为双尾检验的 t 值；标准误差经过企业层面 Cluster 群聚调整；*** 、 ** 、 * 分别表示在 1% 、 5% 、 10% 水平上显著。

第二，Heckman 两步法检验。为进一步控制研究结果的内生性问题，参照雷诺克斯等（Lennox et al. ，2012）、金和张（Kim and Zhang，2015）等人的方法，本章采用基于处理效应模型的 Heckman 两步法进行检验。表 2 - 7 报告了基于 Heckman 两步法的金融区块链与企业融资约束检验结果。第（1）列为第一阶段的回归结果，其中本章选择同年度同行业实行金融区块链的公司数占总公司数比例（Numb）作为排他性约束变量，并同时控制基准回归模型的控制变量。可以看出，排他性约束变量 Numb 的相关系数为 5.0771，在 1% 水平上显著为正，说明同年度同行业实行金融区块链的公司数量占比会影响本公司实施金融区块链的选择，符合排他性约束变量的条件。第（2）列为加入逆米尔斯比率（IMR）的第二阶段回归结果，可以看出，在控制样本选择性偏误后，金融区块链（Blockchain）与企业融资约束（Financing）的相关系数为 −0.0216，依然在 1% 水平上显著为负，进一步验证研究假设 H1。特别地，Blockchain 和 IMR 的 VIFs 值分别为 9.22 和 6.05，均小于 10，不存在严重的多重共线性问题，说明本章处理效应模型的变量选择是恰当的。

表 2 − 7   Heckman 两步法检验结果

变量	第一阶段	第二阶段
	Blockchain	Financing
Blockchain		−0.0216 *** （−3.4705）
Numb	5.0771 *** （63.5619）	
IMR		0.0061 * （1.6845）
常数项	−4.1103 *** （−11.4251）	3.5902 *** （225.0235）
观测值数量	27 471	27 471
年度固定效应	YES	YES
行业固定效应	YES	YES
R^2		0.1077
PseudoR^2	0.4849	
VIFs 检验		
Blockchain	9.22	
IMR	6.05	

注：括号内数字为双尾检验的 t 值；标准误差经过企业层面 Cluster 群聚调整；***、* 分别表示在 1%、10% 水平上显著。

（二）其他稳健性检验

第一，替换因变量。为了进一步验证本章研究结论的稳健性，本章参照怀特和吴（Whited and Wu，2006）的方法，使用 WW 指数替代 SA 指数作为企业融资约束的代理变量，具体公式为：$WW = -0.091 \times CF - 0.062 \times DIVPOS + 0.021 \times TLTD - 0.044 \times LNTA + 0.102 \times ISG - 0.035 \times SG$，其中，CF 为经营活动产生的现金流量净额与总资产的比值；DIVPOS 为是否分红的虚拟变量，分红时取值为 1，其余为 0；TLTD 是长期负债与总资产之比；LNTA 是总资产的自然对数；ISG 是企业所处行业的营业收入增长率；SG 是企业的营业收入增长率，该数值越大，表明企业融资约束越高。表 2-8 第（1）列和第（2）列为替换因变量之后的回归结果。可以看出，对于研究假设 H2-1，金融区块链 Blockchain 的系数为 -0.0016，在 5% 水平上显著为负；对于研究假设 H2-2，金融区块链与非关系信贷的交乘项 Blockchain × NonRelationship 的系数为 -0.0056，在 5% 水平上显著为负，说明文本的研究结论是稳健的。

表 2-8 　　　　　　　　　　　　其他稳健性检验

变量	替换因变量		控制地区因素		个体固定效应		更换变量
	（1）	（2）	（3）	（4）	（5）	（6）	（7）
	Financing	Financing	Financing	Financing	Financing	Financing	Financing
Blockchain	-0.0016** (-2.1580)	0.0012 (0.4978)	-0.0047* (-1.8764)	-0.0002 (-0.0241)	-0.0077*** (-2.8278)	0.0056 (0.7722)	-0.0177*** (-3.1943)
NonRelationship		-0.0005 (-0.5023)		0.0124*** (3.1475)		0.0116*** (3.1345)	0.0017*** (2.7637)
Blockchain × NonRelationship		-0.0056** (-2.2179)		-0.0141* (-1.6808)		-0.0150** (-1.9886)	-0.0033* (-1.9456)
控制变量	YES	YES	YES	YES	YES	YES	YES
常数项	0.0369*** (5.7963)	-0.0030 (-0.2682)	3.7506*** (3.6227)	7.5375* (1.8582)	2.4945*** (30.2853)	3.2893*** (18.5265)	4.0257*** (42.3127)

续表

变量	替换因变量		控制地区因素		个体固定效应		更换变量
	(1)	(2)	(3)	(4)	(5)	(6)	(7)
	Financing	Financing	Financing	Financing	Financing	Financing	Financing
年度固定效应	YES	YES	YES	YES	YES	YES	YES
行业固定效应	YES	YES	YES	YES	YES	YES	YES
观测值数量	27 471	5 118	27 463	5 171	27 471	5 173	5 173
R^2	0.8532	0.8711	0.0416	0.4225	0.0993	0.0929	0.4120

注：括号内数字为双尾检验的 t 值；标准误差经过企业层面 Cluster 群聚调整；***、**、* 分别表示在 1%、5%、10% 水平上显著。

第二，控制地区因素。由于实施金融区块链的企业可能在地区分布上存在一定的差异，本书进一步控制省份地区因素与省份固定效应，其中包括 Growth（省 GDP 增长率）、FirstGDP（省第一产业占 GDP 比重）、SecondGDP（省第二产业占 GDP 比重）、ThirdGDP（省第三产业占 GDP 比重）、PerGdp（省人均 GDP）、FixInv（省房地产开发固定资产投资占比）、POP（省总人口数的自然对数）、CPI（省居民消费价格指数）、Revenue（省一般预算收入的自然对数）、Expenditure（省一般预算支出的自然对数）、FDI（省进出口总额的自然对数），表 2 - 8 第（3）列和第（4）列为控制地区因素之后的回归结果。可以看出，对于研究假设 H2 - 1，金融区块链 Blockchain 的系数为 - 0.0047，在 10% 水平上显著为负；对于研究假设 H2 - 2，金融区块链与非关系信贷的交乘项 Blockchain × NonRelationship 的系数为 - 0.0141，在 10% 水平上显著为负，说明文本的研究结论是稳健的。

第三，控制个体固定效应。为了缓解潜在的随个体变化的遗漏变量问题，本书进一步控制公司个体固定效应，表 2 - 8 第（5）列和第（6）列为控制个体固定效应之后的回归结果。可以看出，对于研究假设 H2 - 1，金融区块链 Blockchain 的系数为 - 0.0077，仍在 1% 水平上显著为负；对于研究假设 H2 - 2，金融区块链与非关系信贷的交乘项 Blockchain × NonRelationship 的系数为 - 0.0150，仍在 5% 水平上显著为负，说明文本的研究结论是稳健的。

第四，关系借贷更换连续变量。为了进一步验证本章研究研究假设 H2 的稳健性，本章将关系借贷变量 NonRelationship 替换为连续型变量，即关系借贷数量的相反数，重新进行模型 2 的回归。表 2 - 8 第（7）列为关系借贷更换连续变量之后的回归结果，可以看出金融区块链与非关系信贷的交乘项 Blockchain × NonRelationship 的系数为 - 0.0033，仍在 10% 水平上显著为负，说明文本的研究结论是稳健的。

第五，安慰剂检验。本章检验结果可能会受到某种偶然性因素的驱动，而并不能反映真实因果关系，也就是说，即便没有金融区块链，本章的研究结论可能也依然成立。为解决这一问题，本章采用反事实验证因果关系的方法——安慰剂检验（placebo tests）。具体做法为，首先随机分配实验组和控制组，将解释变量的顺序打乱，然后随机抽取一定数量的样本，并分配到实验组和控制组，最后进行 5 000 次的模拟实验，如果检验发现交乘项 Treat × After 的系数不再显著，则说明安慰剂检验成功。表 2 - 9 报告了不同统计量下（标准差、均值、5th percentile、25th percentile、50th percentile、75th percentile 和 95th percentile）Treat × After 的相关系数和 T 值。结果显示，统计量均不显著，排除了偶然性因素的干扰，再次验证了研究结论。

表 2 - 9		安慰剂检验						
变量	N	Mean	S. D.	P25	P50	P75	Min	Max
Coefficient of Blockchain	5 000	- 0.0000	0.0013	- 0.0009	- 0.0000	0.0009	- 0.0046	0.0047
T - stat for Blockchain	5 000	0.0054	1.0041	- 0.6623	- 0.0133	0.6798	- 3.3317	3.3700

第五节　进一步分析

一、机制检验

依据前文阐述的主要逻辑，金融区块链主要通过治理机制缓解信用风险，以及通过信息机制缓解信息风险，接下来，本章具体围绕监管机制和信息机制展开分析。

（一）监管机制

前文中，本章提出金融区块链能够发挥优化监管功能，主要体现为金融区块链对债权人监管的改进：在金融区块链中，通过链上的不同区块完成溯源工作，流通资金经过的每个环节、每个经手人都将被实时记录，利用区块链技术的分布式记账与不可篡改性，能够加强数据安全与防范金融风险（Walch，2018）。同时，由于引入多方利益相关者监管（如供应商、评级机构、会计师事务所、律所、机构投资者等），金融机构在区块链中也能够实现多方交叉验证，更好地进行贷前信用分析、贷时审查控制、贷后监控管理直至贷款安全收回（Spithoven，2019；韩俊华等，2019）。勒米厄（2016）研究发现，银行通过金融科技开展线上客户供应链业务验证，能够有效解决风险控制中最为关键的供应链上下游客户身份识别、供应链"三流"数据监控、背景核查和抵质押物管理等问题，进而更好地进行信用评级，提供符合企业、行业特点的融资产品，较好地控制风险。为检验金融区块链在信贷配置中的监管机制，本章设定了如下模型：

$$Supervision_{i,t} = \beta_0 + \beta_1 Blockchain_{i,t} + \beta_2 X_{i,t} + \varepsilon_{i,t} \qquad (2.3)$$

其中，Supervision 表示监管机制，本章采用企业违规行为、内部控制质量和代理成本来衡量金融区块链发挥监管功能的效果。这里，企业违规行为为企业发生违规的数量，内部控制质量为"迪博内部控制指数"，代理成本采用管理费用率衡量。

表 2-10 报告了金融区块链在信贷配置中的监管机制检验结果。可以观察到，金融区块链（Blockchain）与企业违规、代理成本两个指标相关系数均显著为负，金融区块链（Blockchain）与内部控制质量的相关系数显著为正，表明金融区块链有助于提升债务人监管水平，缓解了信贷配置中的信用风险。以上结果支持了监管机制。

表 2 - 10　　　　　金融区块链在信贷配置中的监管机制检验结果

变量	(1)	(2)	(3)
	企业违规	内部控制质量	代理成本
Blockchain	-0.0267 ** (-2.4080)	0.0697 ** (2.1787)	-0.0076 *** (-4.3332)
控制变量	YES	YES	YES
常数项	0.2579 *** (2.8896)	5.8130 *** (32.2703)	0.3854 *** (16.6821)
年度固定效应	YES	YES	YES
行业固定效应	YES	YES	YES
观测值数量	27 471	27 057	27 470
R^2	0.0598	0.1194	0.3093

注：*** 、** 分别表示在1%、5%水平上显著。

（二）信息机制

前文中，本章提出金融区块链能够发挥优化信息透明度功能，主要体现为金融区块链对贷款业务流程的改进：其一，通过相关信息的上链存储，进而实现数据的不可篡改、数据加密，有效解决信息在业务传递过程中的失真问题；其二，实现数据的分布式存储和加密，多元采集、多方利用，有效解决数据传递不及时问题；其三，去中心化模式保证了信息系统互通共享，使得参与各方信息透明化。信贷市场透明化有助于降低银行的信息风险，优化信贷配置。为检验金融区块链在信贷配置中的信息机制，本章设定了如下模型：

$$Information_{i,t} = \beta_0 + \beta_1 Blockchain_{i,t} + \beta_2 X_{i,t} + \varepsilon_{i,t} \qquad (2.4)$$

其中，Information 表示信息机制，本章采用企业的会计信息披露质量和股票流动性衡量信息机制。针对会计信息披露质量，本章选用盈余信息视角衡量信息披露质量，理由是，会计信息在企业信息披露中占据核心地位，同时也是债权人、投资者等利益相关者最为关注的信息，而会计信息的核心则是盈余信息。参照陈大鹏等（2019）的方法，本章使用 DD 模型估算的应计盈余管理（Dechow and Dichev，2002）、McNichols 模型估算的应计盈余管理

（McNichols，2002）和真实盈余管理（Roychowdhury，2006）三个指标衡量会计信息披露质量。针对股票流动性，微观金融领域的研究通常使用个股的交易情况来量化股票市场上交易者对企业价值信息的不对称程度，并基于日频交易数据来测算非流动性比率指标作为信息不对称程度的代理变量（Amihud，2002）。借鉴于蔚等（2012）的方法，本书使用股票的非流动性比率（LR）衡量信息不对称程度，具体计算如下：

$$LR_{i,t} = -\frac{1}{D_{i,t}} \sum_{k=1}^{D_{i,t}} \sqrt{\frac{V_{i,t}(k)}{|r_{i,t}(k)|}} \qquad (2.5)$$

其中，$V_{i,t}(k)$ 为 i 企业 t 年度第 k 个交易日的成交量，$r_{i,t}(k)$ 为股票收益率，$D_{i,t}$ 为当年交易天数。股票流动性越差，该指标的数值越大，信息不对称程度越高。

表 2-11 报告了金融区块链在信贷配置中的信息机制检验结果。可以看到，金融区块链（Blockchain）与企业会计信息披露质量的三个指标相关系数均显著为负，金融区块链（Blockchain）与股票流动性的相关系数显著为负，表明金融区块链有助于降低信息不对称程度，缓解信贷配置中的信息风险。以上结果支持了信息机制。

表 2-11　　　　金融区块链在信贷配置中的信息机制检验结果

变量	(1) DD 模型应计 盈余管理	(2) McNichols 模型 应计盈余管理	(3) 真实盈余管理	(4) 非流动性比率
Blockchain	-0.0189*** (-2.6552)	-0.0177*** (-2.6935)	-0.0160** (-2.4679)	-0.0000* (-1.9069)
控制变量	YES	YES	YES	YES
常数项	0.2121*** (3.3199)	0.0966* (1.6480)	0.0150 (0.2282)	0.0104*** (63.8845)
年度固定效应	YES	YES	YES	YES
行业固定效应	YES	YES	YES	YES
观测值数量	22 979	22 979	24 556	27 460
R^2	0.1095	0.1137	0.0839	0.5499

注：***、**、*分别表示在1%、5%、10%水平上显著。

二、经济后果分析

（一）投资效率

承接前文分析，金融区块链搭建后，债权人拥有了更好的信用，不太可能违约或宣告破产，这降低了客户更换供应商的风险（Goldman et al.，2013）。在这种情况下，客户更愿意与企业签订长期采购合同，此时企业面临的需求不确定性更低。已有文献发现，需求不确定性会影响投资效率（Cohen and Li，2020）。需求不确定性较低的公司更容易预测和规划未来，因此他们能够在客户专有资产上进行更有效率的投资，促进与其主要客户的专有交易。相反，公司面临较高需求不确定性时，为了避免未来需求较高时发生的库存短缺问题，可能会在当期加大生产规模，导致对客户专有资产过度投资和产能过剩。如果未来的实际需求比预期更低，或者客户与供应商的关系提前终止，将加剧产能过剩问题。因此，本书预期，金融区块链的信贷配置优化作用有助于企业投资效率的提升。为检验上述预期，在模型（2.1）基础上，本书采用最优预期投资法估计的残差测算投资效率（Richardson，2006）。表 2－12 的第（1）～（3）列报告了检验结果，结果显示，金融区块链（Blockchain）与投资效率的相关系数显著为负，表明金融区块链的搭建提高了企业的投资效率，同时本书还发现，相对于投资不足，金融区块链更可能缓解过度投资问题，其能有效解决上下游客户身份识别、供应链"三流"数据监控、背景核查和抵质押物管理等问题，进而更好地进行信用评级，提供符合企业、行业特点的融资产品。

表 2－12　经济后果分析检验

变量	（1）投资效率	（2）过度投资	（3）投资不足	（4）企业价值
Blockchain	－0.0025 ** （－2.1650）	－0.0042 * （－1.8011）	－0.0014 （－1.4522）	0.0689 * （1.7606）
控制变量	YES	YES	YES	YES

变量	（1）投资效率	（2）过度投资	（3）投资不足	（4）企业价值
常数项	0.0518 *** （4.0377）	0.0486 * （1.7375）	0.0880 *** （10.5496）	3.3701 *** （13.6796）
年度固定效应	YES	YES	YES	YES
行业固定效应	YES	YES	YES	YES
观测值数量	24 290	9 042	15 248	22 982
R^2	0.1106	0.1733	0.0976	0.6795

注：括号内数字为双尾检验的 t 值；标准误差经过企业层面 Cluster 群聚调整；***、**、*分别表示在1%、5%、10%水平上显著。

（二）公司价值

本书认为，金融区块链的搭建有助于提升辖区内企业的公司价值，原因有二：第一，金融区块链搭建后，更加透明的信贷融资环境能够通过降低资本成本，直接提升公司价值（Lamber and Verrecchi，2007）；第二，金融区块链搭建后，"多方监管""信息共享"式的信贷监管环境有助于降低监督成本、提高管理层监督效率、限制公司内部攫取私利的空间，间接提升公司价值（薛有志等，2014）。据此，本书预期，金融区块链的信贷配置优化作用有助于企业价值的提升。为检验上述预期，在模型（2.1）基础上，参照余明桂等（2016）的方法，以上市公司托宾 Q 值衡量公司价值，同时还控制了上年度的托宾 Q 值。表2-12的第（4）列报告了检验结果，结果显示，金融区块链（Blockchain）与公司价值的相关系数显著为正，表明金融区块链的搭建提高了企业价值。

第六节　结论与启示

伴随区块链技术的迅速发展以及国家政策的支持，区块链与金融正在大范围地结合。很多地方政府都已布局金融区块链版图，并在这个赛道上持续发力。可是，综观现有文献，对此类问题的研究仍局限于：理论上定性研究和个案分析，缺乏从资本市场入手去量化金融区块链应用的经济影响；侧重从技术进步层面进行单方面分析，忽视金融区块链对银企间关系借贷及其信贷配置效率的影响；关系借贷数据披露有限，以实证数据支撑关系借贷的相关研究仍十分匮乏。

为此，本章将研究设置在地方政府大力发展"金融区块链"背景下，运用新闻共现性分析技术手段，构建关系借贷指标，考察金融区块链对信贷配置效率的影响、具体机制与经济后果。结果表明，首先，地方政府搭建金融区块链缓解了辖区内企业的融资约束；金融区块链搭建后，相比于关系借贷企业，非关系借贷企业面临的融资约束更低。其次，影响机制分析发现，金融区块链主要通过监管机制与信息机制两个渠道影响企业信贷配置。具体而言，一方面，相对未在金融区块链辖区的企业，在金融区块链辖区的企业的违规行为更少、内部控制质量更高、代理成本更小；另一方面，相对未在金融区块链辖区的企业，在金融区块链辖区的企业的会计信息披露质量、股票流动性更好。最后，经济后果分析发现，金融区块链的信贷配置优化作用有助于企业投资效率和公司价值的提升。

本章的研究在政策层面也具有重要的启示作用。切合当前我国大力发展金融科技的背景，有助于从信贷配置角度评估金融区块链影响金融的实现方式的政策效果。首先，由于信息不对称问题的存在，在使用传统的金融工具进行信贷配置的过程中，不可避免地会面临严重的逆向选择和道德风险问题，导致配置效率低下。而区块链技术在金融领域的应用，可以提升配置过程中信息的真实性与透明性，在提升信息可信度的同时降低了信息的获取成本，提升决策者的决策效率，并可在一定程度上建立一种去中心化的信任机制，从而优化了信贷配置效率。其次，区块链的使用增加了企业操纵或伪造信息的成本，同时提升了监管部门对企业违规行为的监管水平，从而可以大大减少公司管理者的机会主义行为，进一步提升了公司治理水平，如减少公司的盈余管理、提升公司内部控制质量等，进而有助于消除信贷中的违规腐败现象。最后，在国家大力发展金融科技背景下，应该进一步加大区块链普及。而作为一种新兴技术，金融区块链在数据存储、规模扩展、管理成本以及如何与传统的业务相结合方面还存在一定问题，因此相关部门和企业应当提前做好金融区块链制度准备，以更好地应对挑战。

第三章

金融区块链与企业资本结构

第一节　金融区块链与企业资本结构的研究背景

习近平总书记在 2017 年的中央经济工作会议上指出：现阶段，我国经济发展的基本特征是由高速增长阶段转向高质量发展阶段。企业是市场经济活动的主要参与者，在我国经济发展方式转变中发挥重要作用，需要得到资金的支持和政策的支撑。国务院办公厅为进一步优化营商环境、更好服务市场主体，提出优化动产担保融资服务等改革措施；中央和地方出台多项支持举措，力求优化营商环境、促进企业创新、畅通融资渠道。为了解决企业融资难题，新型融资方式不断涌现，如应收账款融资、预付款融资、保理、仓单质押融资、订单融资等（李健等，2020）。习近平总书记在 2019 年的中央政治局集体学习中强调要推动区块链和实体经济深度融合，解决中小企业贷款融资难、银行风控难、部门监管难等问题。区块链能够提高数据质量、降低信息不对称等，在企业融资方面备受关注。在政府的引导下，多地已搭建金融区块链平台，助力企业高质量发展。

2014 年以来，联合国、国际货币基金组织，以及美国、英国、日本等国家对区块链的发展给予高度关注，发布系列报告积极探索和推动区块链的应用。工信部在 2016 年发布《中国区块链技术和应用发展白皮书》，结合区块链应用场景和技术架构，首次提出区块链标准体系框架建议。与之相关的理论和运用在诸多领域得以创新发展，区块链产业在金融领域的运用集中为企业融资、供应链金融、跨境支付、数字货币，且不断延展赋能工业互联网、电子商务、生态治理、教育培训等关注经济和民生的领域。随着金融供给侧改革的逐步推进，金融与区块链结合以服务实体经济是大势所趋（潘爱玲等，2021）。区块链使金融部门和企业受益，带来更高的透明度和更快的交易速度。中国人民银行在2018年建立贸易金融区块链平台，致力于营造面向全国、辐射全球的开放共享的贸易金融环境，跨境业务取得显著成效。目前，关于各国如何建立明确、统一的政策指导区块链用于跨境业务的研究较少，还有待完善。

2016年中央经济工作会议指出，以"三去一降一补"① 五大任务为抓手，推动供给侧结构性改革取得初步成效。企业管理层基于降杠杆的理念，审慎地处理长期发展与短期业绩的关系。国家金融与发展实验室的研究数据显示，非金融企业部门的宏观杠杆率在2016～2018年从157.6%下降到151%；后逐年上升，截至2020年底，高达162.3%。② 从微观视角，与杠杆率相对应的是企业的资本结构。高杠杆必定带来高风险，债务增长速度过快增加企业还债压力，降低企业的经营投资能力，甚至可能导致破产；可能导致银行不良贷款率激增，引发债务危机（王红建等，2018）。去杠杆、稳杠杆的任务道阻且艰。《中国金融政策报告2021》指出，目前金融市场运行的底层结构在相当大的基础上还依托于传统的体系，金融的高质量发展立足于科技创新，科技金融在未来的一段时间内仍要着力发展。金融区块链平台的搭建是区块链技术在金融领域的创新运用，由此引申而来的问题是：金融区块链如何影响企业的资本结构决策？在多大程度上改变财务杠杆率？

基于上述背景，本章以2007～2020年沪深两市A股非金融上市公司为样本，采用双重差分法实证分析了金融区块链与企业资本结构的关系。研究发现：金融区块链显著降低企业的财务杠杆率。同时，对大规模企业、研发投入较高企业、东部地区企业而言，金融区块链对降杠杆的促进作用更强。进一步研究表明，金融区块链降低企业财务杠杆率的具体机制为：降低企业的融资约束、提高企业价值水平。

---

① "三去一降一补"指去产能、去库存、去杠杆、降成本、补短板。
② 国家金融与发展实验室官方网站，http：//114.115.232.154：8080/。

本章的主要贡献是：第一，丰富了金融区块链经济后果的研究文献。虽然现有文献从金融视角（徐忠等，2018；Omar et al.，2020）探究区块链的运用，但鲜有文章研究金融区块链对企业财务行为的影响。本书采用双重差分模型检验金融区块链对企业财务杠杆的降低作用，从资本结构视角提供了金融区块链影响企业财务决策的经验证据，有利于人们以更多样的视角去评价金融区块链的经济效果。第二，从企业外部环境的视角丰富了资本结构的研究。企业资本结构的调整不仅取决于企业内部因素，还会受外部政策的影响。基于外部视角的文献发现企业所得税、汇率、货币政策对资本结构有影响。本书发现金融区块链影响了企业资本结构决策，从外部政策环境视角对企业资本结构领域的研究做了补充。第三，研究了金融区块链优化企业资本结构的具体路径。从企业财务杠杆率调整角度为金融区块链服务于实体经济的有效性做出了证明，对如何利用金融区块链等新型融资模式优化企业资本结构进而实现经济高质量发展等宏观目标提供了参考。

第二节 文献综述、理论分析与研究假设

一、文献综述

区块链由中本（Nakamoto）在 2008 年提出，有分布式记账、不可篡改、透明可溯、智能合约等特征，不同的特点可运用到不同的场景中。区块链在金融领域的运用主要包括商业银行信贷、直接融资以及供应链金融三个方面。首先，企业利用区块链可以在短时间内收集和整合信息提交给银行，促进融资效率的提升；不可篡改、透明可溯的特点如定心丸般缓解银行的疑虑，银行不必大费周折核验企业提供的证明材料。由于核查成本下降、信任度增加、收不回贷款的风险降低，银行资金供给量会提高。其次，初创公司倾向于股权融资而非通过商业银行信贷。缺乏现金流、抵押品，企业的经营、盈利能力受到银行的质疑，企业希望成功 IPO 上市以获得更多资金来发展壮大，但得经过中介机构，使得融资速度缓慢且代价高。金融区块链的所

有区块位于同一条链上，可以查看和追溯每一条交易记录且没有任何中介的参与。初创公司可以放弃昂贵的 IPO，选择发行基于区块链的代币，并根据投资比例分配给投资者，加快融资速度的同时降低成本（Ante et al.，2018）。最后，区块链技术与供应链金融相结合的运用场景已普遍分布。企业的生产经营活动离不开供应链，链上汇聚了企业的物流、资金流、信息流。供应链上参与主体数量多，各方信息交流存在障碍，企业不易通过应收账款等融资。基于区块链智能合约的特点，应收账款、预付账款的协议可自动修改或执行，企业因此节约了沟通、谈判的人力、物力资源，且资金流转得到加速。目前，发行区块链代币进行直接融资由于监管制度尚未完善在我国运用较少，因此区块链普遍用于商业银行信贷及供应链金融，有效缓解企业融资难题。对区块链的研究逐渐从金融领域扩大到企业适用条件等方面，如王等（Wang et al.，2019）构建政府、银行、企业的风险分担模型，提出低风险、高质量的中小企业更能从区块链的信贷模式中受益；李健等（2020）基于从定性到定量分析的综合集成方法论体系，将区块链的影响量化，证明区块链技术更适合产品库存高、产品利润率高的企业使用。

资本结构的形成与调整受企业内外部多种因素的影响。有关国内资本结构的研究主要集中在三个方面：一是从静态角度探究企业资本结构的影响要素，普遍认为有企业规模、获利能力、资产有形性、行业杠杆中值，且在上述因素对企业资本结构影响方向上不存在分歧，其中不同行业的资本结构有明显的差异，进行实证研究应尽量控制行业特征（陆正飞等，1998；李善民等，2003）。二是从动态视角考察资本结构调整与公司治理之间的关系。代理问题的出现源于企业内部治理制度。所有权和经营权的分离使股东与管理层在企业经营目标上存在冲突，董事会的制衡及非 CEO 高管的监督在一定程度上能够缓解两者的矛盾，促进企业加速向最优资本结构调整（张博等，2021；戴雨晴等，2021）。三是研究企业融资理论的适用性。MM 定理基于完美的资本市场假设，难以用于现实世界的企业融资决策。尤克蒂等（Yukti et al.，2020）分析了 1999～2019 年的 183 篇文章，发现权衡理论在解释企业资本结构决策时占据主导地位。负债的利息可以在税前抵减利润，具有"税盾"的作用。但追求"税盾"带来收益最大化的同时，应该考虑财务危机的成本，不能盲目借贷，以免现金流短缺难以还债。李心合等

（2014）指出，优序融资理论和权衡理论解释我国企业资本结构决策具有局限性，针对经营性负债与金融性负债的异质性假说更符合中国国情。学术界对企业各种融资理论进行激烈讨论，尽管各理论在假设条件和适用范围上具有局限性，但对于解释某一因素的影响机制具有说服力。

对现有文献梳理后发现：第一，现有研究多探讨区块链在金融领域的运用（徐忠等，2018；Omar et al.，2020）及如何优化以服务具有不同生产特点的企业（Wang et al.，2018；李健等，2020），但少有文章对区块链如何影响企业融资进行系统梳理及理论创新。大多数文献定性分析区块链的发展现状、运用前景，缺乏定量计量方法的运用，且国内外相关出版书籍较少。第二，近年来，诸多学者在静态影响要素的基础上，利用多种资本结构决策理论实证和解释宏观因素对资本结构的影响，但仅限于常规要素如经济政策不确定性（王朝阳等，2018），未涉及金融区块链；且大多以单一理论去解释，没有用系统方法来归纳总结。第三，随着供应链金融模式的普及，已有学者从财务杠杆率调整角度分析该模式的优劣性及如何创新改善来更好地服务于企业财务决策。2018 年以来，各城市纷纷搭建金融区块链平台开展试点工作，目前未有学者研究其对企业资本结构的影响路径。因此本章利用 2007～2020 年中国 297 个城市开展试点的数据，运用 DID 模型对金融区块链政策的实施效果进行统计计量，并对降低企业财务杠杆率路径进行归纳总结。本章创新之处在于将区块链试点这一宏观因素聚焦到企业微观财务杠杆决策上，并非停留在区块链促进金融领域发展这一宏观层面上。

二、理论分析与研究假设

区块链可创建真实、可信赖的协议和交易记录，去中心化的特点赋予链上各参与方自由访问数据、查看交易记录等信息的能力，极大地增强了信息的透明度（Marcella，2017；Treleaven et al.，2017）。不可更改的信息始终留存，便捷查询和印证，降低了银行和企业间的信息不对称程度。银行保险监督管理委员会（以下简称"中国银保监会"）统计数据显示，截至 2020 年底，商业银行不良贷款率为 1.84%，较 2019 年底的 1.86% 稍有下降，但信贷风险未有效规避。[①] 银行积极探寻新型有效的融资模式以更好地进行信贷供给。区块链技术搭建起银行和企业间的桥梁，保证企业的财务数据真实可靠，增强了银行对借款企业经营现状、偿债能力、竞争发展能力等的识别和信任，因此受到青睐。融资供给端的信贷风险降低在一定程度上提高了资金的供应量，缓解融资需求端的获取不足困境。李健等（2020）运用 VaR 风险计量方法分析得出当风险容忍度相同时，银行运用区块链技术后的质押率上限提高，企业可获得的贷款额度提升。商业银行给予企业贷款后，会持续关注企业的项目投资，发挥风险识别和监督的作用来有效防止企业滥用资金。因此，企业获取贷款的数量和用处会受到约束，使财务杠杆率保持在合理的范围内。

基于权衡理论，当债务上升后，企业享受"税盾"收益的同时，会衡量财务困境成本。区块链作为一项新技术，发展尚未成熟，仍在探索中不断解决安全问题和降低不确定性风险。企业运用区块链技术的前提是建立基础设施设备和培养专业技术人才，而这两方面会消耗企业大量资金。由于犯错容忍度低，企业一旦中途放弃或者出现错误，会浪费大量资金，影响当前正常的生产经营活动。区块链平台是否与企业内部系统兼容协调、数据互通，链上各方如何相互运行还有待考察（R. Lewis et al.，2017）。区块链上除了金融部门外，还连接着企业的上下游中小企业，与这些企业的业务往来会反映在链上。一方面企业的部分财务信息源于这些企业，可能面临数据来源虚假的风险；另一方面企业是银行与上下游企业的信息中介，间接承担了对这些企业融资的担保责任。对于中小企业来说，改变常规状态以使用基于区块链的贷款体系具有复杂性和挑战性，贷款意愿可能不强烈。为了预防使用金融区块链平台可能带来的多重风险交织而陷入财务困境，企业的获贷能力即使大幅提升，也会理性借贷，倾向于保守的资本结构。

基于信息不对称理论，企业发行股票会给投资者传递股价高估的信号，发行股票被视为一种利好使得企业股价下跌。因为在两权分离的现代企业投融资活动中，管理者拥有企业内幕信息并选择性披露，而投资者只能根据管

---

① 中国银行保险监督管理委员会官网统计数据，http://www.cbirc.gov.cn/cn/view/pages/index/index.html。

理者提供的信息进行决策。以不对称信息理论为基础，并考虑各种融资方式的交易成本，融资优序理论被提出。该理论认为为了避免价值下跌，企业一般遵循内部融资—债务—股权的融资顺序。实际上，我国上市公司偏好于股权融资，企业运用金融区块链平台，在一定程度上缓解了外部投资者和管理层之间的信息不对称情况，有利于改变企业债务在前股权在后的融资顺序，上市公司发行股票的可能性大大增强。利用区块链交易数据的不可变和自动化决策，企业可以协调复杂的关系，在交易过程中更好地利用资源来实现企业的价值，从而提高组织的运营效率（Mohammad et al.，2020）。基于委托代理理论，外部投资者通过契约来约束管理层追求企业价值最大化而非利润最大化。金融区块链平台赋予的真实信息共享机制有利于投资者对管理层经营情况的掌握和保障自己的合法利益。交易数据等信息的披露在一定程度上克制了管理层滥用职权谋求私利或者盲目投资扩张。企业内部治理问题得到缓解，代理成本降低。总之，企业股权融资的意愿和能力提高，从而有效降低财务杠杆率。

综上，本章认为金融区块链平台的搭建能够提高企业的融资效率和融资能力。债权融资的增加助力企业在短期内获得急需的大量资金，把握项目投资机会，扩大生产规模，提高市场竞争力。为了保持竞争能力，企业通常会适当增加杠杆。良好的业绩和发展能力传递出企业未来拥有乐观的发展前景，使投资者更有意愿投资。因此，本书提出如下假设：

H3 - 1：金融区块链有助于企业降低财务杠杆率。

第三节 研究设计

一、数据来源与样本筛选

本章选择 2007～2020 年沪深两市 A 股上市公司为研究对象，并对数据做以下处理：剔除金融类上市公司样本；剔除公司年末为 ST 或 PT 的样本数据；剔除财务数据缺失公司。最终得到 24 227 条"企业—年度"观测值。为了避免极端值的影响，将所有连续变量进行 1% 的缩尾处理。上市公司财报数据均源于 CSMAR 数据库，搭建金融区块链平台的城市数据为手工整理。

二、模型设定与变量定义

基于部分省市搭建金融区块链平台这一政策冲击，本书采用多时点双重差分模型来研究金融区块链与企业财务杠杆率的关系，为了验证假设 H3 – 1，本书构建如下模型：

$$\text{Lev}_{it} = \beta_0 + \beta_1 \text{Blockchain}_{it} + \beta_2 \sum \text{Control}_{i,t-1} + \sum \text{Industry} + \sum \text{Year} + \varepsilon_{it}$$

$$(3.1)$$

模型（3.1）中，Lev_{it} 表示企业 i 在 t 年的资本结构，参考法码和弗伦奇（Fama and French，2002）、丁剑平等（2020）的方法，分别使用账面杠杆率和市值杠杆率来衡量。账面杠杆率是长短期债务之和与总资产账面价值的比率，市值杠杆率是长短期债务之和与总资产市场价值的比率。其中，总资产市场价值 = 股票市场价值 + 负债账面价值。由于搭建金融区块链平台的城市在 2018~2020 年具有分批性，因此参考梁若冰等（2021）运用多时点双重差分方法，设立 Blockchain 哑变量。具体来说，将 2018 年搭建金融区块链平台的北京等 11 个城市的企业在 2018 年以前取 0，否则取 1；将 2019 年新增大连等 10 个城市的企业在 2019 年以前取 0，否则取 1；将 2020 年新增松原市等 4 个城市的企业在 2020 年以前取 0，否则取 1。该变量不仅区分实验组和控制组，还控制了政策实施年度。若 Blockchain 的系数 β_1 显著为负，表明金融区块链有助于企业降低财务杠杆率，则假设 H3 – 1 得到验证；反之，假设 H3 – 1 不成立。

$\sum$ Control 为系列控制变量，为缓解与财务杠杆的内生性，均滞后一期。由于企业资本结构决策具有惯性，财务杠杆率会受自身前一期值所影响，当年的变化是在前一年的基础而产生的，因此参照邓明（2019），在控制变量中加入上期财务杠杆率（L lev）。参考已有研究（巫岑等，2019；王晓亮等，2020），控制变量还选取了企业规模（Size）、盈利能力（EBIT）、现金流比率（Cashflow）、账面市值比（BM）、资产收益率（ROA）、有形资产占比（Tang）、非债务税盾（Dep）、产权性质（SOE）、公司成立年限（Firmage）、股权集中度（Top10）、独立董事比例（Db）、高管薪酬（Excom）。此外，模型控制了年度固定效应（Year Fixed Effects）和行业固定效应（Industry Fixed Effects）以便控制对政策的实施时间和实施效果存在差异的相关影响。具体定义如表3－1所示。

表3－1　　　　　　　　　　　　变量定义

变量名称	变量符号	变量定义
账面杠杆率	Lev1	长短期债务之和÷总资产账面价值
市值杠杆率	Lev2	长短期债务之和÷总资产市场价值
金融区块链哑变量	Blockchain	2018年试点城市的企业在2018年以前取0，否则取1；2019年新增试点城市的企业在2019年以前取0，否则取1；2020年新增试点城市的企业在2020年以前取0，否则取1
企业分组哑变量	Treat	企业所在城市搭建金融区块链平台取1，否则取0
企业规模	Size	总资产的自然对数
盈利能力	EBIT	息税前利润÷总资产
现金流比率	Cashflow	经营活动产生现金流÷总资产
账面市值比	BM	账面价值÷总市值
资产收益率	ROA	净利润÷平均总资产
有形资产占比	Tang	（固定资产净额＋存货）÷总资产
非债务税盾	Dep	（固定资产折旧＋无形资产摊销）÷总资产
产权性质	SOE	国有企业取1，非国有企业取0
公司成立年限	Firmage	（当年年份－成立年份＋1）取对数
股权集中度	Top10	前十大股东持股比例之和
独立董事比例	Db	独立董事人数占董事会人数的比例
高管薪酬	Excom	企业前三位高管薪酬总额取自然对数
上期财务杠杆率	L lev	被解释变量的上期值

第四节　实证结果与分析

一、描述性统计

表 3 - 2 列示了主要变量的描述性统计结果。其中，Lev1 和 Lev2 的最小值分别为 0.044、0.014，最大值分别为 0.883、0.823，表明不同企业债务融资差异较大。Blockchain 均值为 0.098，表明试点企业占样本的 9.8%。ROA 最小值、中位数、最大值分别为 -0.238、0.036、0.186，表明样本中少部分企业是亏损的。Tang 的均值和中位数分别为 0.382、0.372，表明大部分企业可用于贷款抵押的有形资产占比偏小。SOE 的均值为 0.424，说明样本中国有企业占比为 42.4%。

表 3 - 2　　　　　　　　　　主要变量的描述性统计

变量名	标准差	均值	最小值	P25	中位数	P75	最大值
Lev1	0.205	0.433	0.044	0.275	0.431	0.587	0.883
Lev2	0.202	0.291	0.014	0.126	0.249	0.421	0.823
Blockchain	0.297	0.098	0.000	0.000	0.000	0.000	1.000
Size	1.313	22.158	19.764	21.201	21.980	22.918	26.168
EBIT	0.060	0.054	-0.211	0.029	0.052	0.082	0.224
Cashflow	0.071	0.045	-0.175	0.006	0.045	0.087	0.243
BM	1.131	1.054	0.095	0.381	0.675	1.255	6.704
ROA	0.058	0.036	-0.238	0.014	0.036	0.065	0.186
Tang	0.182	0.382	0.027	0.246	0.372	0.508	0.808
Dep	0.015	0.023	0.001	0.011	0.020	0.032	0.072
SOE	0.494	0.424	0.000	0.000	0.000	1.000	1.000
Firmage	0.395	2.772	1.386	2.565	2.833	3.045	3.466
Top10	0.155	0.585	0.228	0.474	0.593	0.704	0.904
Db	0.053	0.372	0.308	0.333	0.333	0.429	0.571
Excom	0.755	14.227	12.326	13.747	14.228	14.696	16.224

二、回归结果分析

金融区块链对财务杠杆率影响的检验如表 3 - 3 所示。结果显示：在第（1）列中，金融区块链与账面杠杆率的系数在 1% 水平上显著为负（ - 0.006，t = - 2.911）；在第（2）列中，金融区块链与市值杠杆率的系数在 1% 水平上显著为负 （ - 0.006，t = - 3.044）。平均而言，相比对照组，在金融区块链政策颁布后，实验组的账面杠杆率和市值杠杆率均下降了 0.6%，该结果支持本章的假设 H3 - 1。

表 3 - 3　　　　　　　　　　金融区块链与财务杠杆率

变量	(1)	(2)
	Lev1	Lev2
Blockchain	- 0.006 *** (- 2.911)	- 0.006 *** (- 3.044)
Size	0.005 *** (6.261)	0.015 *** (20.012)
EBIT	- 0.016 (- 0.284)	- 0.031 (- 0.636)
Cashflow	- 0.124 *** (- 11.642)	- 0.119 *** (- 12.904)
BM	0.003 *** (5.389)	0.001 (1.051)
ROA	- 0.046 (- 0.682)	0.064 (1.152)
Tang	0.006 (1.293)	0.013 *** (3.408)
Dep	- 0.065 (- 1.212)	- 0.053 (- 1.148)
SOE	- 0.001 (- 0.882)	0.002 (1.458)

续表

变量	(1) Lev1	(2) Lev2
Firmage	-0.006 *** (-3.594)	-0.001 (-0.642)
Top10	0.008 * (1.956)	-0.018 *** (-5.064)
Db	-0.007 (-0.686)	-0.001 (-0.070)
Excom	0.000 (0.432)	-0.004 *** (-4.203)
L lev	0.855 *** (169.541)	0.847 *** (146.523)
Year Fixed Effects	YES	YES
Industry Fixed Effects	YES	YES
Constant	-0.018 (-1.110)	-0.345 *** (-21.963)
N	24 227	24 227
R^2	0.854	0.870

注：括号内数字为双尾检验的 t 值；***和*分别表示在1%、10%水平上显著。

三、异质性分析

（一）公司规模的异质性影响

不同规模的企业在运用金融区块链的过程中有不同的特点。第一，我国信贷资源主要集中在以银行为主的金融机构中，银行向企业贷款获得固定利息不会遵循"高风险高收益"的原则，因此倾向于经营稳定的大规模企业。金融区块链增加企业信息的透明度，将优质小规模企业呈现给银行，并降低银行为其提供服务的成本。因此，相比大规模企业，小规模企业获得银行贷款增幅相对较大。第二，通常规模越小的企业财务杠杆率越低，且股权融资偏好更强（肖泽忠等，2008），在金融区块链改善融资环境的背景下，资金需求少量、频繁、急切的特点促使其优先选择向银行贷款。而大规模企业面临较大的降杠杆压力，金融区块链驱动企业合理选择融资模式去杠杆、稳定财务状况。因此，本书认为金融区块链促使大规模企业降低财务杠杆率的效果更好。为了检验企业规模大小对金融区块链降低财务杠杆率的影响，本书按照总资产是否大于分行业、分年度的总资产中位数将企业分为大规模组和小规模组。结果显示，大规模组的 Blockchain 与 Lev1、Lev2 的系数分别在10%、5%水平上显著为负，而小规模组未通过检验，表明金融区块链的降杠杆效应对大规模企业更明显（见表3-4）。

表3-4   规模的异质性检验

变量	（1）	（2）	（3）	（4）
	大规模企业	小规模企业	大规模企业	小规模企业
	Lev1	Lev1	Lev2	Lev2
Blockchain	-0.004* (-1.824)	-0.005 (-1.092)	-0.005** (-2.044)	-0.004 (-1.098)
Size	0.003** (2.111)	-0.005** (-2.013)	0.009*** (6.426)	0.011*** (7.172)
EBIT	-0.050 (-0.456)	0.126 (1.284)	0.017 (0.223)	-0.096* (-1.685)
Cashflow	-0.106*** (-6.939)	-0.128*** (-7.660)	-0.110*** (-8.529)	-0.082*** (-8.005)
BM	0.003*** (4.614)	0.006** (2.066)	0.002*** (3.053)	-0.008** (-2.001)
ROA	-0.075 (-0.559)	-0.168 (-1.430)	-0.085 (-0.966)	0.146** (2.248)
Tang	-0.007 (-0.881)	0.017** (2.018)	0.009 (1.403)	0.033*** (5.906)

续表

变量	（1） 大规模企业 Lev1	（2） 小规模企业 Lev1	（3） 大规模企业 Lev2	（4） 小规模企业 Lev2
Dep	−0.060 （−0.735）	−0.145 （−1.570）	−0.070 （−0.953）	−0.128** （−2.117）
SOE	0.001 （0.353）	0.002 （0.760）	0.005*** （2.763）	0.002 （0.898）
Firmage	0.003 （1.190）	−0.008*** （−3.058）	0.007*** （2.658）	−0.008*** （−4.292）
Top10	−0.003 （−0.422）	0.009 （1.308）	−0.031*** （−5.153）	−0.011** （−2.008）
Db	−0.003 （−0.234）	−0.007 （−0.401）	−0.006 （−0.456）	0.007 （0.566）
Excom	−0.002 （−1.415）	0.000 （0.245）	−0.007*** （−5.318）	−0.000 （−0.404）
L lev	0.760*** （87.675）	0.844*** （97.282）	0.774*** （97.500）	0.792*** （72.629）
Year Fixed Effects	YES	YES	YES	YES
Industry Fixed Effects	YES	YES	YES	YES
Constant	0.077** （2.237）	0.187*** （3.524）	−0.154*** （−4.994）	−0.264*** （−8.373）
N	14 454	11 076	13 980	10 526
R^2	0.836	0.809	0.860	0.817

注：括号内数字为双尾检验的 t 值；***、** 和 * 分别表示在 1%、5%、10%水平上显著。

（二）研发投入的异质性影响

企业创新活动周期长，使需要持续投入大量资金进行研发，而低担保、投入产出比不确定性大及银企之间的信息不对称会导致企业融资困难（翟胜宝等，2018）。金融区块链使银行获得高度保密的项目研发内容相对容易，以便衡量收益与风险。银行信任企业后，会相对降低贷款门槛，提高信贷额度。研发投入较高的企业更加有意愿运用金融区块链获得充足的资金。企业缓解了融资难题，创新动力和能力提高，便能展现竞争优势，吸引外部投资者的投资。因此，本书认为金融区块链降低财务杠杆率的效果在研发投入较高的企业更显著。为此，分行业、分年度计算研发投入占总资产的比率，依据中位数将企业分为高研发投入和低研发投入两组。结果显示，高研发投入组的 Blockchain 与 Lev1、Lev2 的系数分别在 5%、1% 水平上显著为负，而低研发投入组未通过检验，表明金融区块链的降杠杆效果对研发投入较高的企业更明显（见表 3－5）。

表 3－5　　　　　　　　　　研发投入的异质性检验

变量	(1)	(2)	(3)	(4)
	高研发投入	低研发投入	高研发投入	低研发投入
	Lev1	Lev1	Lev2	Lev2
Blockchain	−0.007** (−2.272)	−0.004 (−1.411)	−0.008*** (−2.894)	−0.003 (−1.162)
Size	0.005*** (3.976)	0.005*** (4.671)	0.016*** (15.010)	0.016*** (15.013)
EBIT	0.145 (1.267)	0.025 (0.283)	−0.023 (−0.300)	−0.102* (−1.664)
Cashflow	−0.132*** (−7.678)	−0.117*** (−8.233)	−0.117*** (−8.750)	−0.094*** (−8.993)
BM	0.004*** (3.700)	0.003*** (3.597)	0.003** (2.075)	0.001 (0.809)
ROA	−0.194 (−1.409)	−0.099 (−0.916)	0.060 (0.718)	0.128* (1.850)
Tang	−0.003 (−0.305)	0.006 (0.866)	0.021*** (2.991)	0.012** (2.469)
Dep	−0.024 (−0.265)	−0.098 (−1.390)	−0.207*** (−2.899)	−0.022 (−0.382)

变量	（1） 高研发投入 Lev1	（2） 低研发投入 Lev1	（3） 高研发投入 Lev2	（4） 低研发投入 Lev2
SOE	0.003 (1.241)	−0.000 (−0.239)	0.005 ** (2.449)	0.002 (0.902)
Firmage	−0.005 ** (−2.176)	−0.003 (−1.273)	−0.002 (−1.130)	−0.001 (−0.581)
Top10	−0.004 (−0.622)	0.014 ** (2.521)	−0.028 *** (−5.199)	−0.015 *** (−2.891)
Db	0.005 (0.281)	−0.009 (−0.692)	−0.019 (−1.465)	0.003 (0.276)
Excom	0.003 * (1.719)	−0.002 (−1.399)	−0.003 * (−1.908)	−0.003 *** (−2.677)
L lev	0.803 *** (91.937)	0.853 *** (117.280)	0.781 *** (86.711)	0.838 *** (118.132)
Year Fixed Effects	YES	YES	YES	YES
Industry Fixed Effects	YES	YES	YES	YES
Constant	−0.026 (−0.951)	−0.001 (−0.053)	−0.346 *** (−13.953)	−0.369 *** (−16.641)
N	11 367	14 163	10 940	13 566
R^2	0.848	0.830	0.872	0.863

注：括号内数字为双尾检验的 t 值；***、** 和 * 分别表示在 1%、5%、10% 水平上显著。

（三）地区的异质性影响

地区经济发展水平的不同导致政策制度、金融监管、科技人才等方面的差异。相比于中西部地区，东部地区的经济发展水平高，金融市场较为发达、各项制度更为完善、金融科技设施和人才更多。金融机构数量多、质量高有利于向市场投放充足的资金，银行之间的竞争能够缓解对企业的所有权歧视，保证了政策得到深入贯彻落实。监管力度增大促进金融风险的防范和化解，提供稳定的市场环境，提高企业运用金融区块链的意愿。科技人才则能紧跟国际发展对金融区块链基础理论进行研究及结合本国实际情况创新运用模式。因此，东部地区对推动金融区块链的持续运用与发展更有优势，本书假设金融区块链降低财务杠杆率的效果在东部地区更好。为了探究金融区块链对财务杠杆率的区域差异，本书按照企业所在省份，将全样本分为东部地区和中西部地区两组。结果显示，东部地区组的 Blockchain 与 Lev1、Lev2 的系数均在 5% 水平上显著为负，而中西部地区组未通过检验，表明金融区块链的降杠杆效应在东部地区更明显（见表 3-6）。

表 3-6 地区的异质性检验

变量	（1）东部地区 Lev1	（2）中西部地区 Lev1	（3）东部地区 Lev2	（4）中西部地区 Lev2
Blockchain	-0.007 ** (-2.568)	-0.004 (-0.915)	-0.006 ** (-2.387)	-0.006 (-1.344)
Size	0.002 *** (2.818)	0.006 *** (4.555)	0.014 *** (16.325)	0.016 *** (11.096)
EBIT	0.015 (0.172)	0.082 (0.776)	-0.005 (-0.081)	-0.155 ** (-2.113)
Cashflow	-0.130 *** (-9.736)	-0.123 *** (-6.299)	-0.101 *** (-9.981)	-0.118 *** (-8.049)
BM	0.002 *** (3.677)	0.003 *** (3.456)	0.001 * (1.880)	0.002 * (1.726)
ROA	-0.048 (-0.468)	-0.191 (-1.420)	0.029 (0.459)	0.184 ** (2.160)
Tang	0.002 (0.313)	-0.004 (-0.490)	0.015 *** (3.120)	0.010 (1.565)
Dep	-0.058 (-0.946)	-0.001 (-0.007)	-0.138 *** (-2.660)	0.057 (0.812)

续表

变量	(1) 东部地区 Lev1	(2) 中西部地区 Lev1	(3) 东部地区 Lev2	(4) 中西部地区 Lev2
SOE	−0.003 * (−1.679)	0.001 (0.318)	−0.000 (−0.114)	0.004 ** (2.147)
Firmage	−0.004 ** (−2.185)	−0.005 * (−1.712)	−0.001 (−0.509)	−0.000 (−0.173)
Top10	0.016 *** (3.472)	0.008 (1.197)	−0.012 *** (−2.792)	−0.023 *** (−3.655)
Db	−0.004 (−0.336)	−0.004 (−0.263)	−0.008 (−0.737)	0.004 (0.259)
Excom	0.002 (1.336)	−0.002 (−1.045)	−0.003 ** (−2.455)	−0.003 ** (−2.211)
L lev	0.869 *** (145.475)	0.873 *** (94.111)	0.835 *** (124.370)	0.859 *** (93.648)
Year Fixed Effects	YES	YES	YES	YES
Industry Fixed Effects	YES	YES	YES	YES
Constant	−0.012 (−0.666)	−0.018 (−0.621)	−0.336 *** (−18.056)	−0.373 *** (−13.047)
N	16 480	9 050	15 821	8 685
R^2	0.843	0.838	0.869	0.872

注：东部地区包括北京、天津、河北、山东、江苏、上海、浙江、福建、广东和海南10个省份。中西部地区包括山西、内蒙古、安徽、江西、河南、湖北、湖南、广西、重庆、四川、贵州、云南、西藏、陕西、甘肃、青海、宁夏、新疆18个省份。

括号内数字为双尾检验的 t 值；*** 、** 和 * 分别表示在1%、5%、10%水平上显著。

第五节　稳健性检验

为确保研究结论更加可靠，本节还进行了稳健性检验，具体如下：

第一，替换被解释变量。在主回归中本书以长短期债务之和与总资产账面价值、总资产市场价值的比值衡量财务杠杆率，为了进一步检验研究结果，参照丁剑平等（2020），设置总负债与总资产账面价值的比值（Lev3）、总负债与总资产市场价值的比值（Lev4）来表示财务杠杆。由表 3 - 7 可知，回归系数均在 1% 水平上显著为负 （ - 0.005，t = - 3.136； - 0.007，t = - 4.290），验证了假设 H3 - 1。

表 3 - 7　　　　　　　　　　　替换因变量

变量	（1）	（2）
	Lev3	Lev4
Blockchain	- 0.005 *** （ - 3.136）	- 0.007 *** （ - 4.290）
Size	0.002 *** （3.818）	0.015 *** （21.425）
EBIT	- 0.030 （ - 0.598）	- 0.035 （ - 0.756）
Cashflow	- 0.120 *** （ - 11.987）	- 0.122 *** （ - 14.095）
BM	0.004 *** （6.546）	0.001 （1.164）
ROA	- 0.019 （ - 0.315）	0.056 （1.098）
Tang	0.003 （0.842）	0.015 *** （3.946）
Dep	- 0.034 （ - 0.716）	- 0.035 （ - 0.817）
SOE	- 0.002 ** （ - 2.193）	0.002 （1.406）
Firmage	- 0.008 *** （ - 5.268）	- 0.001 （ - 0.847）

变量	(1)	(2)
	Lev3	Lev4
Top10	0.014 *** (3.983)	-0.019 *** (-5.864)
Db	-0.001 (-0.106)	0.005 (0.572)
Excom	0.001 (1.532)	-0.003 *** (-4.104)
L lev	0.884 *** (201.979)	0.851 *** (148.468)
Year Fixed Effects	YES	YES
Industry Fixed Effects	YES	YES
Constant	0.009 (0.612)	-0.350 *** (-23.532)
N	28 551	28 551
R^2	0.858	0.869

注：括号内数字为双尾检验的 t 值；*** 、** 分别表示在 1%、5% 水平上显著。

第二，安慰剂检验。为了检验是否存在金融区块链外的政策或随机性因素对回归结果进行干扰，本章运用反事实验证方法——安慰剂检验。借鉴塔恩等（Tan et al.，2020），将解释变量随机排列后选取样本，构造虚假的解释变量 random_Blockchain 进行回归，并重复进行 2 000 次。由于实验组并不是真正位于搭建金融区块链平台的城市，因此预计 random_Blockchain 不会对财务杠杆率产生显著负影响。表 3 - 8 为不同统计量下（5 分位数、25 分位数、中位数、75 分位数与 95 分位数） random_Block-chain 的系数与 T 值。结果显示，系数显著为 0，因此可以排除其他随机因素的干扰。

表 3 - 8　　　　　　　　　　　安慰剂描述性统计

Panel A　以 Lev1 为因变量重复 2 000 次

变量	Obs	Mean	SD	P5	P25	Median	P75	P95
random_Blockchain	2 000	- 0.000	0.002	- 0.003	- 0.001	- 0.000	0.001	0.003
T 值	2 000	- 0.015	0.992	- 1.657	- 0.649	- 0.035	0.643	1.622

Panel B　以 Lev2 为因变量重复 2 000 次

变量	Obs	Mean	SD	P5	P25	Median	P75	P95
random_Blockchain	2 000	0.000	0.001	- 0.002	- 0.001	0.000	0.001	0.002
T 值	2 000	- 0.001	1.006	- 1.626	- 0.693	0.009	0.676	1.632

另外，虚构政策发生时点，将 2007 ~ 2017 年作为样本区间，第一、第二、第三批城市开展金融区块链试点的时间假设为 2015 年、2016 年、2017 年，运用多时点双重差分重新回归。由表 3 - 9 可知，回归系数均为正数且不显著，证明确实是金融区块链而不是其他因素对企业财务杠杆率产生影响。

表 3 - 9　　　　　　　　　　　虚构样本期间

变量	(1)	(2)
	Lev1	Lev2
Blockchain	0.001 (0.550)	0.003 (1.583)
Size	0.006 *** (6.341)	0.019 *** (21.012)
EBIT	- 0.020 (- 0.318)	- 0.072 (- 1.351)
Cashflow	- 0.118 *** (- 9.837)	- 0.108 *** (- 10.857)
BM	0.006 *** (5.872)	- 0.003 ** (- 2.048)
ROA	- 0.055 (- 0.743)	0.085 (1.375)

续表

变量	(1)	(2)
	Lev1	Lev2
Tang	0.007 (1.297)	0.018 *** (4.117)
Dep	−0.059 (−0.986)	0.006 (0.111)
SOE	0.000 (0.106)	0.002 (1.522)
Firmage	−0.006 *** (−3.180)	−0.001 (−0.608)
Top10	0.007 (1.564)	−0.017 *** (−4.326)
Db	−0.002 (−0.159)	0.010 (0.992)
Excom	0.000 (0.358)	−0.003 *** (−3.375)
L lev	0.847 *** (142.240)	0.832 *** (115.451)
Year Fixed Effects	YES	YES
Industry Fixed Effects	YES	YES
Constant	−0.036 * (−1.925)	−0.421 *** (−23.403)
N	18 479	18 479
R^2	0.854	0.863

注：括号内数字为双尾检验的 t 值；*** 、** 和 * 分别表示在1%、5%、10%水平上显著。

第三，PSM – DID 检验。利用倾向得分匹配（PSM）重新匹配对照组。以 Blockchain 为因变量，企业规模（Size）、盈利能力（EBIT）、有形资产占比（Tang）、资产负债率行业中位数（Lev_med）作为协变量并控制年度和行业固定效应，以所在城市未搭建金融区块链平台的企业为配对样本，运用 Logit 模型计算出预测值，再分别以 1∶2、1∶3、1∶4 最近邻匹配的方法为实验组匹配出控制值，然后以此匹配后的样本进行双重差分回归，重新检验金融区块链的降杠杆效应。由表 3 - 10 可知，Blockchain 与 Lev1 在 1∶2、1∶3、1∶4 下的回归系数均在 5% 水平上显著为负，系数为 - 0.006（t = - 2.254）、- 0.006（t = - 2.441）和 - 0.005（t = - 2.555）；Blockchain 与 Lev2 在 1∶2、1∶3、1∶4 下的回归系数均在 1% 水平上显著为负，系数为 - 0.007（t = - 2.578）、- 0.007（t = - 2.886）和 - 0.007（t = - 3.306）。结果表明在控制内生性问题和改变样本规模后，金融区块链仍然能够显著降低财务杠杆率。

表 3 - 10　　　　　　　　　　PSM - DID 检验结果

变量	(1)	(2)	(3)	(4)	(5)	(6)
	1∶2	1∶2	1∶3	1∶3	1∶4	1∶4
	Lev1	Lev2	Lev1	Lev2	Lev1	Lev2
Blockchain	- 0.006 **	- 0.007 ***	- 0.006 **	- 0.007 ***	- 0.005 **	- 0.007 ***
	(- 2.254)	(- 2.578)	(- 2.441)	(- 2.886)	(- 2.555)	(- 3.306)
Size	0.006 ***	0.015 ***	0.004 ***	0.015 ***	0.004 ***	0.015 ***
	(5.109)	(15.947)	(4.594)	(17.411)	(4.866)	(18.130)
EBIT	- 0.172 **	0.025	- 0.070	- 0.004	- 0.042	- 0.007
	(- 2.144)	(0.401)	(- 1.022)	(- 0.080)	(- 0.663)	(- 0.127)
Cashflow	- 0.115 ***	- 0.113 ***	- 0.115 ***	- 0.107 ***	- 0.118 ***	- 0.110 ***
	(- 8.084)	(- 9.396)	(- 9.449)	(- 10.237)	(- 10.222)	(- 11.149)
BM	0.004 ***	0.001	0.004 ***	0.001	0.004 ***	0.001
	(4.198)	(1.164)	(5.172)	(1.305)	(6.026)	(1.391)
ROA	0.142	- 0.002	0.030	0.025	- 0.005	0.029
	(1.481)	(- 0.027)	(0.373)	(0.406)	(- 0.072)	(0.498)
Tang	- 0.002	0.007	- 0.002	0.011 **	0.001	0.012 ***
	(- 0.269)	(1.221)	(- 0.401)	(2.421)	(0.173)	(2.688)
Dep	0.026	- 0.025	0.005	- 0.056	- 0.031	- 0.069
	(0.337)	(- 0.395)	(0.082)	(- 1.009)	(- 0.537)	(- 1.308)

续表

变量	(1)	(2)	(3)	(4)	(5)	(6)
	1:2	1:2	1:3	1:3	1:4	1:4
	Lev1	Lev2	Lev1	Lev2	Lev1	Lev2
SOE	−0.001 (−0.448)	0.001 (0.957)	−0.001 (−0.590)	0.002 (1.134)	−0.001 (−0.525)	0.002 (1.379)
Firmage	−0.004* (−1.815)	−0.001 (−0.746)	−0.005*** (−2.617)	−0.002 (−0.895)	−0.004** (−2.455)	−0.002 (−1.155)
Top10	0.008 (1.544)	−0.019*** (−4.017)	0.010** (2.204)	−0.016*** (−3.916)	0.010** (2.364)	−0.018*** (−4.588)
Db	−0.021 (−1.564)	−0.003 (−0.269)	−0.005 (−0.439)	−0.005 (−0.452)	−0.006 (−0.572)	0.002 (0.170)
Excom	−0.001 (−0.491)	−0.004*** (−3.606)	−0.000 (−0.346)	−0.004*** (−3.992)	0.000 (0.007)	−0.004*** (−4.042)
L lev	0.840*** (115.645)	0.841*** (108.379)	0.858*** (143.918)	0.846*** (126.412)	0.857*** (156.138)	0.846*** (134.722)
Year Fixed Effects	YES	YES	YES	YES	YES	YES
Industry Fixed Effects	YES	YES	YES	YES	YES	YES
Constant	−0.017 (−0.735)	−0.342*** (−16.427)	0.001 (0.045)	−0.331*** (−17.948)	−0.003 (−0.188)	−0.333*** (−19.258)
N	14 340	13 800	18 660	17 950	21 208	20 457
R^2	0.844	0.871	0.846	0.870	0.848	0.869

注：括号内数字为双尾检验的 t 值；***、** 和 * 分别表示在 1%、5%、10% 水平上显著。

第六节 机制分析

由理论分析可知，金融区块链通过影响企业的融资约束和企业价值降低了财务杠杆率。为了检验上述两条影响路径，本书构造如下中介效应模型来验证金融区块链影响财务杠杆率的路径。

$$\text{Lev}_{it} = \beta_0 + \beta_1 \text{Blockchain}_{it} + \beta_2 \sum \text{Control}_{i,t-1} + \sum \text{Industry} + \sum \text{Year} + \varepsilon_{it}$$

$$(3.2)$$

$$\text{M}_{it} = \alpha_0 + \alpha_1 \text{Blockchain}_{it} + \alpha_2 \sum \text{Control}_{i,t-1} + \sum \text{Industry} + \sum \text{Year} + \varepsilon_{it}$$

$$(3.3)$$

$$\text{Lev}_{it} = \gamma_0 + \gamma_1 \text{Blockchain}_{it} + \gamma_2 \text{M}_{it} + \gamma_3 \sum \text{Control}_{i,t-1}$$
$$+ \sum \text{Industry} + \sum \text{Year} + \varepsilon_{it} \qquad (3.4)$$

其中，M_{it} 表示各个中介变量（融资约束、企业价值），β、α、γ 为回归系数。首先依次验证模型（3.2）中的系数 β_1、模型（3.3）中的系数 α_1 和模型（3.4）中的系数 γ_2，如果三个系数均显著，则说明中介效应显著，否则利用 bootstrap 法进行再验证；然后验证模型（3.4）中的系数 γ_1，如果显著则表示金融区块链与财务杠杆率的直接效应也显著，否则只有中介效应成立；最后比较 γ_1 与 $\alpha_1\gamma_2$ 的符号，如果两者同号，则认为金融区块链起到了部分中介的作用，此时中介效应占比为 $\dfrac{\alpha_1\gamma_2}{\beta_1}$。如果两者异号，则认为是遮掩效应，此时中介效应占比为 $\left|\dfrac{\alpha_1\gamma_2}{\beta_1}\right|$。

一、融资约束路径

从交易成本经济学视角出发，区块链技术的运用解决了传统融资低效率等问题，能够降低验证成本、网络成本等，有助于企业融资。金融区块链通过缓解信息不对称、提高数据质量，有效降低银行的信贷风险和外部投资者的代理成本。银行的信贷供给量、外部投资者的投资意愿均有效增加，金融区块链可以有效降低企业的融资约束。参照王嘉鑫等（2020），融资约束用以我国上市公司数据重新计算的 SA 指数来度量。计算公式为：$\text{SA} = -8.008 \times \text{Size} + 0.151 \times \text{Size}^2 - 0.010 \times \text{Age}^2$。计算依据中只包含企业规模（Size）和年龄（Age）两个变量，无其他财务指标，较好地排除了其他变量的内生性干扰。本书 SA 指数取绝对值，越小则意味着上市公司面临的融资约束程度越低。表 3－11 第（2）、第（5）列结果显示，Blockchain 的系数在5%水平上显著为负，表明金融区块链可以显著降低企业的融资约束。第（3）、第（6）列中SA的系数均在1%水平上显著为正（0.005，t=8.117；0.009，t=14.061），表明缓解融资约束可促进财务杠杆率的降低。融资约束是金融区块链影响财务杠杆率的部分中介因子通过了Sobel检验。

表3－11　　　　　　　　　融资约束为中介变量的检验结果

变量	(1) Lev1	(2) SA	(3) Lev1	(4) Lev2	(5) SA	(6) Lev2
Blockchain	− 0.006 *** (− 2.911)	− 0.076 ** (− 2.552)	− 0.005 *** (− 2.672)	− 0.006 *** (− 3.044)	− 0.076 ** (− 2.529)	− 0.006 *** (− 2.679)
SA			0.005 *** (8.117)			0.009 *** (14.061)
Size	0.005 *** (6.261)	1.057 *** (52.699)	− 0.001 (− 1.121)	0.015 *** (20.012)	1.060 *** (53.255)	0.005 *** (4.921)
EBIT	− 0.016 (− 0.284)	− 1.683 ** (− 2.564)	− 0.022 (− 0.384)	− 0.031 (− 0.636)	− 1.430 ** (− 2.173)	− 0.036 (− 0.728)
Cashflow	− 0.124 *** (− 11.642)	− 0.236 *** (− 2.990)	− 0.121 *** (− 11.291)	− 0.119 *** (− 12.904)	− 0.235 *** (− 2.980)	− 0.114 *** (− 12.468)
BM	0.003 *** (5.389)	− 0.109 *** (− 9.889)	0.004 *** (6.010)	0.001 (1.051)	− 0.111 *** (− 8.469)	0.002 ** (2.448)
ROA	− 0.046 (− 0.682)	3.111 *** (4.381)	− 0.051 (− 0.748)	0.064 (1.152)	2.810 *** (3.949)	0.048 (0.868)
Tang	0.006 (1.293)	0.047 (0.646)	0.006 (1.325)	0.013 *** (3.408)	0.061 (0.859)	0.014 *** (3.585)
Dep	− 0.065 (− 1.212)	− 2.432 ** (− 2.425)	− 0.054 (− 0.992)	− 0.053 (− 1.148)	− 2.562 ** (− 2.550)	− 0.039 (− 0.831)
SOE	− 0.001 (− 0.882)	0.243 *** (4.680)	− 0.001 (− 0.883)	0.002 (1.458)	0.244 *** (4.718)	0.002 (1.575)

续表

变量	(1)	(2)	(3)	(4)	(5)	(6)
	Lev1	SA	Lev1	Lev2	SA	Lev2
Firmage	−0.006 *** (−3.594)	0.076 (0.899)	−0.026 *** (−8.437)	−0.001 (−0.642)	0.104 (1.245)	−0.037 *** (−12.497)
Top10	0.008 * (1.956)	0.383 *** (4.719)	0.008 ** (2.000)	−0.018 *** (−5.064)	0.370 *** (4.504)	−0.016 *** (−4.397)
Db	−0.007 (−0.686)	−0.195 (−1.262)	−0.005 (−0.464)	−0.001 (−0.070)	−0.200 (−1.289)	0.003 (0.304)
Excom	0.000 (0.432)	0.069 *** (4.062)	−0.000 (−0.046)	−0.004 *** (−4.203)	0.070 *** (4.065)	−0.005 *** (−5.119)
L lev	0.855 *** (169.541)	0.102 (1.476)	0.851 *** (167.646)	0.847 *** (146.523)	0.059 (0.686)	0.837 *** (141.524)
Year Fixed Effects	YES	YES	YES	YES	YES	YES
Industry Fixed Effects	YES	YES	YES	YES	YES	YES
Constant	−0.018 (−1.110)	78.820 *** (156.942)	−0.384 *** (−8.316)	−0.345 *** (−21.963)	78.727 *** (157.477)	−0.971 *** (−20.987)
N	24 227	24 227	24 227	24 227	24 227	24 227
R^2	0.854	0.613	0.855	0.870	0.616	0.872
Sobel	Z = −2.741 < −0.97			Z = −2.633 < −0.97		

注：括号内数字为双尾检验的 t 值；*** 、** 和 * 分别表示在 1%、5%、10% 水平上显著。

二、企业价值路径

金融区块链使企业资源利用更加清晰、摆脱传统的所有权架构；提高企业的投资、运营效率和能力，凸显良好的发展前景。在竞争激烈的资本市场中，企业良好的业绩有利于吸引资本市场投资者的关注和投资，股权融资的增加有助于企业降低财务杠杆率。托宾 Q 值为公司总市值与总负债之和除以总资产，常用于衡量企业的经营业绩。本书参照张叶青等（2021）选择托宾 Q 值作为企业价值的代理变量（见表 3 - 12）。第（2）、第（5）列结果显示，Blockchain 的系数在 1% 水平上显著为正，表明金融区块链可以显著提高企业价值。第（3）、第（6）列中 TQ 的系数均在 1% 水平上显著为负（ −0.004，t = −5.454；−0.021，t = −27.958），表明企业价值提升可促进财务杠杆率的降低；Blockchain 的系数较第（1）、第（4）列的（ −0.006）有所提高，表示在控制企业价值后金融区块链对财务杠杆率影响的边际效应有所降低。企业价值是金融区块链影响财务杠杆率的部分中介因子通过了 Sobel 检验。

表 3 - 12　　　　　　　　　企业价值为中介变量的检验结果

变量	(1)	(2)	(3)	(4)	(5)	(6)
	Lev1	TQ	Lev1	Lev2	TQ	Lev2
Blockchain	−0.006 *** (−2.911)	0.083 *** (2.886)	−0.005 *** (−2.699)	−0.006 *** (−3.044)	0.081 *** (2.950)	−0.004 ** (−2.089)
TQ			−0.004 *** (−5.454)			−0.021 *** (−27.958)
Size	0.005 *** (6.261)	−0.434 *** (−24.167)	0.003 *** (4.315)	0.015 *** (20.012)	−0.297 *** (−18.145)	0.010 *** (13.851)
EBIT	−0.016 (−0.284)	0.234 (0.267)	−0.012 (−0.203)	−0.031 (−0.636)	5.042 *** (5.872)	0.152 *** (3.046)
Cashflow	−0.124 *** (−11.642)	0.798 *** (7.451)	−0.120 *** (−11.170)	−0.119 *** (−12.904)	0.684 *** (6.499)	−0.098 *** (−10.921)
BM	0.003 *** (5.389)	−0.115 *** (−9.735)	0.003 *** (4.540)	0.001 (1.051)	0.065 *** (6.317)	0.003 *** (3.982)
ROA	−0.046 (−0.682)	1.012 (1.068)	−0.045 (−0.667)	0.064 (1.152)	−5.305 *** (−5.748)	−0.128 ** (−2.278)
Tang	0.006 (1.293)	−0.077 (−0.907)	0.005 (1.090)	0.013 *** (3.408)	0.224 *** (2.825)	0.015 *** (3.605)
Dep	−0.065 (−1.212)	4.257 *** (3.746)	−0.063 (−1.177)	−0.053 (−1.148)	1.194 (1.113)	−0.122 *** (−2.629)

续表

变量	(1)	(2)	(3)	(4)	(5)	(6)
	Lev1	TQ	Lev1	Lev2	TQ	Lev2
SOE	-0.001 (-0.882)	0.053 (1.422)	-0.001 (-0.638)	0.002 (1.458)	0.052 (1.451)	0.004 *** (2.929)
Firmage	-0.006 *** (-3.594)	0.241 *** (6.803)	-0.005 *** (-3.322)	-0.001 (-0.642)	0.258 *** (7.693)	0.002 (1.518)
Top10	0.008 * (1.956)	-0.352 *** (-4.454)	0.006 (1.621)	-0.018 *** (-5.064)	-0.330 *** (-4.284)	-0.022 *** (-5.925)
Db	-0.007 (-0.686)	0.529 *** (3.118)	-0.003 (-0.340)	-0.001 (-0.070)	0.462 *** (2.831)	0.016 * (1.731)
Excom	0.000 (0.432)	0.090 *** (4.810)	0.001 (0.804)	-0.004 *** (-4.203)	0.072 *** (4.019)	-0.002 ** (-2.274)
L lev	0.855 *** (169.541)	0.351 *** (4.274)	0.855 *** (169.575)	0.847 *** (146.523)	-2.051 *** (-22.787)	0.786 *** (120.906)
Year Fixed Effects	YES	YES	YES	YES	YES	YES
Industry Fixed Effects	YES	YES	YES	YES	YES	YES
Constant	-0.018 (-1.110)	9.612 *** (23.795)	0.011 (0.652)	-0.345 *** (-21.963)	7.524 *** (20.085)	-0.217 *** (-13.253)
N	24 227	24 227	24 227	24 227	24 227	24 227
R^2	0.854	0.355	0.854	0.870	0.405	0.880
Sobel	Z = -3.864 < -0.97			Z = -4.014 < -0.97		

注：括号内数字为双尾检验的 t 值；***、** 和 * 分别表示在1%、5%、10%水平上显著。

第七节　结论与启示

近年来，我国采取多举措持续推进降杠杆工作，试图运用金融科技缓解企业融资困境，助力企业降低财务杠杆率。区块链作为新型技术具有数据公开透明等特点，对于推动经济高质量发展具有重要意义。那么，区块链运用于金融领域如何服务企业以达到有效控制负债水平、优化资本结构？本章以2007～2020年沪深两市A股上市公司为样本，基于2018年开始各城市分批试点金融区块链，构建双重差分模型检验金融区块链对企业财务杠杆率的影响。经研究发现，金融区块链有助于企业降低财务杠杆率，降杠杆作用在大规模企业、研发投入较大的企业及东部地区企业更显著。机制分析表明，金融区块链通过降低融资约束、提升企业价值促进银行信贷资源的合理配置及企业的股权融资，从而有效降低财务杠杆率。本章的研究丰富了金融区块链的经济作用以及拓展了降低财务杠杆率的促进因素，为推动金融区块链与社会经济深度融合，有效服务实体经济提供了经验证据。

本章的研究结论有以下政策启示：

第一，金融区块链有助于企业优化资本结构，推动数字经济高质量发展。政府应及时总结经验，加快金融区块链试点工作进程，助力涉企信用信息真实共享。加强技术研发，不断推动区块链技术的创新发展与应用落地。依托区块链赋能金融，促进银行业的转型升级。金融区块链能够缓解银企之间的信息不对称问题，降低银行信贷风险。激励银行构建金融区块链基础设施，为企业提供融资服务；督促银行等金融机构通过完善内部治理等，消除所有权歧视，合理配置信贷资源；加强政策引导，避免银行出现行业性限贷、抽贷、断贷的情况。

第二，金融区块链可缓解企业融资困境、提高企业业绩。企业应抓住机遇，以开放的心态积极运用金融区块链。客观评估自身情况，认真考察投资环境，将资金投放在稳收益的项目以提高价值创造能力。清理不良资产提高资金使用效率，不断增加资金积累。提高公司治理能力和彰显公司竞争优势，吸引资本市场的资金投入。充分认识高杠杆带来的债务危机，发挥主观能动性促进自身的转型升级。

第三，持续改善营商环境，建立健全监督体系。降低金融区块链服务门槛，关注中小企业需求，让广大市场主体切实感受到融资便利性的提升、融资成本的下降。在加大对区块链布局的同时，注意防范金融风险。根据区块链的特点强化监管手段，提高区块链系统的安全防护能力和用户隐私保护水平。加强风险预警、防控机制的建设，采用市场化、法治化方式消除风险隐患。与时俱进，动态调整以适应区块链的多元化创新发展。

第四章

金融区块链与企业创新

第一节　金融区块链与企业创新的研究背景

　　企业是我国实体经济的重要组成部分，而融资活动对于企业至关重要。由于我国金融市场尚不发达（张璇等，2017），仍是以银行体系为主，所以债务融资是企业融资的主要方式。但在传统融资渠道下，由于调查成本高、信用体系不够完善，造成商业银行与企业之间的信息不对称，导致较多的企业都面临融资难的困境，尤其是中小民营企业难以获得银行贷款上的支持（林毅夫和李永军，2001）。为解决中小企业的融资难题，我国在银行业改革等方面做了很多努力，比如我国的银行业实行扁平化内部结构，业务流程实行标准化管理，国有银行管理者的考核中也更看重银行的经营效益和资产质量。经过多年的改革与发展，我国的金融体系日趋完善，与此同时，不少学者也提出了鼓励设立中小银行（张晓玫和潘玲，2013）、提高金融发展水平（李广子等，2016）等政策建议，尽管做了诸多努力，但中小企业"融资成本高、融资效率低、融资困难"的痛点问题仍然存在，需要探索新的技术来解决这一难题。

　　区块链技术自 2008 年被提出，便得到国内外学者的广泛关注。近几年区块链技术应用已延伸到数字金融、物联网、智能制造、供应链管理、数字资产交易等多个领域，表明区块链在金融、大数据等领域进一步得到应用。2019 年习近平总书记在中央政治局第十八次集体学习时强调，"要推动区块链和实体经济深度融合，解决中小企业贷款融资难、银行风控难、部门监管难等问题"[1]。由于区块链技术具有"分布式记账、不可篡改、透明可溯、智能合约"的特点[2]，给融资活动带来了更高的透明度和更快的交易速度，降低了欺诈风险（Omar，2020），可以有效解决传统融资效率低等问题。但是由于企业运用金融区块链技术有较高的技术门槛，使得一些企业引进金融区块链技术的意愿会降低，另外由于数据隐私保护问题和金融监管政策的不确定性，使得金融区块链在应用方面仍面临巨大挑战。尽管如此，区块链在企业融资中的应用与相关创新仍是解决当前融资痛点问题的有益探索（宋华等，2021）。

我国研发活动的主体是企业（鞠晓生等，2013），从《中国统计年鉴》（2021）的相关数据可得，企业研发支出占营业收入的比重从 2008 年的 0.71% 持续增长到 2020 年的 1.41%，有研发活动的企业占比也从 2008 年的 6.5% 上升到 2020 年的 36.7%。由此可以看出，企业越来越重视研发活动的相关投入。企业专利申请数量每年都在稳步上升，但是在 2019～2020 年增长的速度较以往几年更快。金融区块链平台的搭建从 2018 年开始，而金融区块链可以改善企业外部的融资环境，由于企业的创新活动是在上一年企业各方面发展的基础上进行的，而且需要充足、持续和稳定的资金支持（Fang et al.，2014），那么，2019～2020 年企业专利申请数量的快速增长是否与2018 年金融区块链平台的搭建有关？金融区块链能否通过改善企业的外部融资环境，为创新活动提供资金保障，从而对企业的创新活动产生影响？

基于上述分析，本章主要研究以下问题：金融区块链有助于企业创新吗？为此本章以 2007～2020 年沪深两市 A 股上市公司为研究样本，综合运用企业的财务数据、创新数据及行业数据，采用多时点双重差分模型实证分析金融区块链与企业创新的关系。研究结果表明，金融区块链有助于企业创新，且当企业资产负债高、业务复杂度低和有薪酬激励时，金融区块链对企业创新的提升效应更显著。进一步进行机制检验发现，金融区块链通过缓解企业融资约束和提高对外的信息透明度，从而促进企业创新。

---

① 与实体经济融合 区块链正在落地生根 ［EB/OL］. 人民网，https：//baijiahao. baidu. com/s? id = 1648685663539596137&wfr = spider&for = pc，2019 – 10 – 29.

② 具体参见 2016 年工业和信息化部发布的《中国区块链技术和应用发展白皮书》。

　　本章的研究贡献主要体现在：第一，已有文献对金融区块链的研究多在理论层面，缺乏大样本数据的实证研究，本章从大样本数据的角度考察金融区块链对企业创新的影响，有助于丰富金融区块链方面有关的实证研究。第二，金融区块链对企业融资的创新研究在近两年快速兴起，现有文献主要研究金融区块链如何解决传统融资模式的痛点问题，鲜有文献考察金融区块链是否影响企业创新。金融区块链是政府为改善企业融资环境而采取的一种金融技术，本章不仅揭示了金融区块链在企业创新中起着重要作用，丰富了金融区块链经济后果的相关研究，还从促进企业创新的角度说明金融区块链对于企业的发展具有积极意义。第三，虽然现有文献对企业创新的研究较为丰富，比如从税收激励、强制性内部控制审计等外部因素的视角考察其对企业创新的影响（刘行和赵健宇，2019；王嘉鑫，2020），但主要采用 OLS 和面板固定效应模型进行回归估计，以及并未涉及金融区块链这一外部因素是否对企业创新有重要影响。本章借助 2018 年搭建金融区块链平台政策的颁布这一外生事件，构造双重差分模型，不仅缓解了内生性问题，而且丰富了企业创新方面的相关研究。

第二节　文献综述、理论分析与研究假设

一、文献综述

　　融资难、融资贵、融资慢一直是企业尤其是中小企业发展的主要阻力之一，而区块链技术具有去中心化、不可篡改、公开透明等特点，可以有效解决企业融资面临的问题，提高企业融资的效率。从现有文献来看，金融区块链对于企业融资的影响主要表现在降低融资成本和缓解信息不对称两个方面。首先，区块链技术能帮助优质企业以较低的成本获得融资优惠（Chod et al.，2020）。从融资供给端来说，区块链技术可以降低银行收集信息的成本；从融资需求端来说，区块链技术使得企业的信息更加透明，能以更高的质量、更快的速度将企业的相关信息传递给银行，从而降低企业的融资成

本。其次，区块链技术缓解了信息不对称问题（龚强等，2021；宋华等，2021）。区块链技术可以向资金供给方提供比财务信息更加有效的信息，比如存货、物流等信息，降低了资金供给方被欺诈的风险。而且区块链技术与银行业融合后，可以增大企业篡改或伪造信息的成本，从而提高了信息的真实性。

从现有研究来看，影响企业创新的因素可以分为内部和外部两大类。内部因素主要分为高管特征和公司治理两部分。首先，作为企业创新活动的决策制定者和实施者，高管特征，例如高管薪酬（Lin et al.，2009；李春涛和宋敏，2010；徐悦等，2018）、高管任职经历（姜爱华和费堃桀，2021）等会显著影响企业创新水平。其次，公司治理会对企业创新行为产生重要的影响，包括股权激励（周冬华等，2019）、股权结构（Stein，1988；朱冰等，2018）等。从外部角度分析，现有文献认为，外部融资环境对企业创新至关重要，这是因为企业创新很大程度上会受到融资约束程度的影响（Brown and Petersen，2011；鞠晓生等，2013；Hsu，2014）。外部融资环境的好坏关系到企业融资的难易程度，而企业融资可以为创新活动提供资金支持。克莱森斯和莱文（Claessens and Laeven，2003）认为一国金融发展水平会影响企业获取外部融资的渠道。解维敏和方红星（2011）以2002~2006年上市公司为样本，进一步研究发现，银行业市场化改革的推进、地区金融发展对我国上市公司的创新投入有积极推动作用。

对现有文献梳理后发现，第一，已有关于金融区块链的研究主要在理论概念层面上，实证方面的研究较少。第二，当前金融区块链与企业相关的研究主要是围绕金融区块链影响企业融资的作用机制，缺少关于企业创新的探讨。第三，既有研究多着眼于政府补助、税收激励、强制性内部控制审计等方面考察影响企业创新的外部因素，鲜有文献涉及金融区块链这一外部因素是否影响企业创新。

二、理论分析与研究假设

企业创新是一个长期的、多阶段的复杂过程（Holmstrom，1989），具有高融资成本和收益的不确定性两个特征。首先，企业在创新的过程中，为了防止信息外漏，从事企业创新活动的内部人员通常会对外界保密，所以外部投资者很难获得与企业创新相关的信息，即企业的创新活动具有信息不对称性，在这种情况下，外部投资者难以评估创新项目的价值，往往会要求较高的风险溢价，从而使得企业创新活动具有较高的外部融资成本。其次，企业创新的收益具有较高的不确定性，具体表现在，其一，创新活动需要资金的持续投入，且往往在短期内无法获得相应的回报；其二，创新活动失败的概率较高；其三，创新活动的成果通常是无形资产，主要依附于研发人员的人力资本，难以衡量，这使得高管需要承担较大的风险，而高管往往有业绩考核的压力，因此，出于风险规避和短期业绩目标的考虑，高管可能会倾向于放弃企业创新，选择更为保守的投资项目。但企业创新对企业自身发展有显著的积极意义（Ciftci and Cready，2011；唐末兵等，2014），所以为了企业的长期发展，股东作为企业的所有者期望高管应该有一定的研发投入，故而在企业创新过程中存在较为严重的代理问题。

本章认为，金融区块链至少会在以下两个方面对企业产生影响：

第一，金融区块链有利于减少企业的融资约束。首先，由于国内金融市场的发展相对滞后，对于中国企业而言，创新活动所需的资金主要依靠银行贷款（白俊等，2018），传统融资模式下，许多企业由于渠道受限，很难获得银行的融资；即使获得了银行贷款，但为了获得银行融资付出的成本也较高。根据世界银行《中小微企业融资缺口报告》显示，我国中小微企业在2018年共存在1.9万亿美元的融资缺口，表明我国融资的需求端的缺口是较大的，其中有很多企业都有融资需求。而金融区块链平台的去中心化、信息共享的特点可以帮助银行以较低的成本了解企业相关的信息，拓宽企业融资的渠道，降低融资交易成本，提高融资的效率。其次，在传统融资模式下，由于融资双方信息的不对称，导致融资需求端的需求未充分满足，融资供给端的信贷风险较高（宋华等，2021），从而导致融资供给端不敢轻易向企业融资，进而使得企业存在较强的融资约束。而金融区块链具有信息透明、可追溯的特点，可以很好的解决信息不对称的问题，从而减少企业的融资约束。

第二，金融区块链对于缓解企业代理问题有着积极影响。首先，金融区块链具有公开、透明的特点，可以降低监管部门的监管难度和获取企业相应信息的成本，更有利于监管部门对企业和其高管进行监督，从而不利于高管为了短期目标或薪酬奖励而隐瞒企业所有者进行不利于企业长远发展的短期行为。其次，金融区块链对企业的物流、资金流、信息流进行跟踪记录，不仅可以向外界提供企业的财务信息，还可以提供能有效体现企业真实经营状况的物流、存货等信息，并且这种信息具有公开透明、不可篡改的特点，增加了企业或其高管进行短期行为的成本，有利于企业对高管进行监督，故而金融区块链可以很好地缓解公司的代理问题。

企业的创新活动与融资约束和代理问题有密切联系。首先，外部融资为企业的创新活动提供了资金支持。布朗等（Brown et al.，2009）以 1990 ~ 2004 年 1 347 家高新技术企业为样本，发现股权融资是研发活动资金的重要来源。温军等（2011）研究 517 家上市公司的数据发现，银行贷款是企业创新活动的一种有效的融资渠道。余明桂等（2019）研究 31 个省份中的 8 020 家企业样本发现，融资约束是抑制民营化企业创新的重要因素。其次，代理问题的存在会抑制企业创新。唐清泉和徐欣（2010）认为良好的公司治理会提高企业的创新水平，代理问题作为公司治理的重要内容，会对企业创新活动产生重要影响。公司高管作为理性经济人，往往会追求自身利益最大化，因此可能会损害股东的利益，从而产生代理问题。创新的收益不确定性和高失败率使得代理问题一直存在于企业创新过程中，即公司高管出于短期绩效目标或获得高额报酬等自身利益考虑，往往会选择更为保守的投资策略，放弃创新项目。

金融区块链可以从以下两个方面促进企业创新：第一，企业的创新项目需要充足、持续和稳定的资金支持（Fang et al.，2014），而金融区块链可以通过减少企业外部的融资约束，使得企业可以从外界获得更多的资金，为企业的创新项目提供更好的资金保障，从而促进企业创新。第二，企业的创新项目始终存在代理问题，而金融区块链不仅可以使企业的资金流、信息流等更加透明，而且可以提供比财务信息更加有效的能够反映企业经营状况的信息，比如存货、物流信息，有利于监管部门更为便捷地监管企业，同时企业的所有者也可以更好地监管高管，有效地缓解了公司的代理问题，从而有利于企业开展创新活动。因此，本章提出以下假设：

H4-1：金融区块链有助于企业创新。

第三节　模型设定与变量定义

一、数据来源与样本筛选

本章选择 2007～2020 年沪深两市 A 股上市公司为研究对象，并对数据做以下处理：由于企业创新可能存在滞后效应，本章对所有解释变量与控制变量进行了滞后一期的处理；剔除金融类上市公司样本；剔除公司年末为 ST 或 PT 的样本数据；剔除财务数据缺失的公司。最终得到 26 138 条"企业—年度"观测值。为了避免极端值的影响，将所有连续变量进行 1% 的缩尾处理。本章使用的企业创新与财务数据来自 CSMAR 数据库，搭建金融区块链平台的地级市数据为手工整理。

二、模型设定与变量定义

基于部分省市搭建金融区块链平台这一政策冲击，本章采用多时点双重差分模型来研究金融区块链对企业创新的影响，为了验证 H4－1，本章构建如下模型：

$$\text{Innov}_{i,t+1} = \alpha_0 + \alpha_1 \text{Blockchain}_{i,t} + \alpha_2 \text{Control}_{i,t} + \sum \text{Industry} + \sum \text{Year} + \varepsilon_{i,t}$$

$$(4.1)$$

其中，Innov 表示企业创新水平。借鉴相关学者的研究（Makri et al.，2006；He and Tian et al.，2013；付明卫等，2015；江轩宇等，2016），本章采用未来一期上市公司及其子公司申请的三项专利和（包括发明专利、实用新型专利与外观设计专利）加 1 的自然对数作为企业创新的代理变量。同时，为缓解申请的专利和企业创新代理变量之间可能存在的测量误差，本章分别以未来一期上市公司及其子公司发明专利和加 1 的自然对数、上市公司研发投入÷总资产和研发投入÷营业收入作为企业创新的代理变量进行稳健性检验。由于搭建金融区块链平台的城市在 2018～2019 年具有分批性，因此，参照普南南丹和韦格利（Purnanandam and Weagley，2016）、褚剑和方军雄（2016）等，运用多时点双重差分，设立虚拟变量Blockchain。具体来说，对于 2018 年搭建金融区块链平台的 11 个城市的企业，在 2018 年以前取 0，2018 年及以后取 1；对于 2019 年新增的 10 个城市的企业，在 2019 年以前取 0，2019 年取 1。该变量不仅区分了实验组和控制组，还控制了政策实施年度。若 α_1 显著为正，则说明金融区块链有助于提高企业创新水平；从而支持了假设 H4 - 1；反之，假设 H4 - 1 就不成立。

Control 表示控制变量，参考已有文献（王嘉鑫，2020；程博等，2020；万良勇等，2021），本书控制了公司规模（Size）、财务杠杆（Lev）、盈利能力（ROA）、账面市值比（BM）、股权制衡度（EBD）、管理层持股比例（Stock）、产权性质（Nature）、股权集中度（Top1）、成长能力（Growth）、现金持有水平（Cash）。此外，模型中控制行业固定效应（Industry Fixed Effects）和年度固定效应（Year Fixed Effects）。相关变量的具体定义如表 4 - 1 所示。

表 4 - 1   变量定义

变量名称	变量符号	变量定义
创新水平	Innov	企业当年专利申请总量加 1 的自然对数
金融区块链哑变量	Blockchain	2018 年试点城市的企业在 2018 年以前取 0，否则取 1；2019 年新增试点城市的企业在 2019 年以前取 0，否则取 1
公司规模	Size	企业总资产的自然对数
偿债能力	Lev	企业负债总额与资产总额之比
盈利能力	ROA	企业净利润与资产总额之比
账面市值比	BM	公司期末账面价值与市场价值之比
股权制衡度	EBD	企业第二大股东到第十大股东持股比例之和
股权激励	Stock	企业高级管理人员持股比例
产权性质	Nature	国有性质时取 1，非国有性质时取 0
股权集中度	Top1	企业第一大股东持股比例
成长能力	Growth	企业营业收入增长率
现金流比率	Cash	企业经营活动产生的净现金流量与资产总额之比

第四节　实证结果分析

一、描述性统计

表 4 - 2 列示了主要变量的描述性统计结果。Innov 的最小值为 0，最大值为 6.652，标准差为 1.761，表明我国 A 股上市公司的创新水平存在较大差异。Blockchain 的均值为 0.094，表明实验组样本占总样本的 9.4%。ROA 最小值、中位数和最大值分别是 - 0.222、0.039 和 0.217，表明样本中更多的企业是盈利的。而模型其他控制变量的相关系数较低，大部分相关系数在 0.300 以内，表明变量之间不存在严重的多重共线性问题（限于篇幅，本书未报告相关系数表）。

表 4 - 2　　　　　　　　　相关变量的描述性统计

变量	均值	标准差	最小值	p25	中位数	p75	最大值
Innov	2.353	1.761	0.000	0.693	2.485	3.664	6.652
Blockchain	0.094	0.292	0.000	0.000	0.000	0.000	1.000
Size	22.080	1.265	19.730	21.160	21.910	22.800	26.010
Lev	0.436	0.206	0.054	0.271	0.432	0.592	0.893
ROA	0.042	0.061	- 0.222	0.015	0.039	0.071	0.217
BM	0.613	0.241	0.117	0.428	0.613	0.797	1.129
EBD	0.229	0.131	0.020	0.123	0.218	0.322	0.550
Stock	0.062	0.130	0.000	0.000	0.000	0.041	0.588
Nature	0.397	0.489	0.000	0.000	0.000	1.000	1.000
Top1	0.347	0.148	0.087	0.230	0.327	0.449	0.743
Growth	0.189	0.435	- 0.549	- 0.013	0.116	0.282	2.844
Cash	0.046	0.072	- 0.172	0.006	0.045	0.087	0.246

二、检验结果分析

表4-3报告了金融区块链对企业创新水平影响的基本回归结果。结果显示：在第（1）列中金融区块链和企业创新的系数在1%水平上显著为正（0.139，t=4.14）。平均而言，相比对照组，金融区块链政策颁布后，实验组的创新水平提高了13.9%。结果表明，金融区块链有助于提高企业创新水平，支持了研究假设H4-1。

表4-3   金融区块链和企业创新

变量	（1）
	Innov
Blockchain	0.139*** (4.14)
Size	0.598*** (55.95)
Lev	-0.251*** (-4.47)
ROA	2.517*** (14.61)
BM	-0.514*** (-9.86)
EBD	-0.055 (-0.73)
Stock	0.843*** (11.80)
Nature	-0.046** (-2.28)
Top1	-0.224*** (-3.36)

变量	（1）
	Innov
Growth	−0.037*
	（−1.75）
Cash	−0.513***
	（−3.93）
Year Fixed Effects	YES
Industry Fixed Effects	YES
Constant	−11.678***
	（−54.53）
N	26 138
R^2	0.429

注：括号内数字为双尾检验的 t 值；***、** 和 * 分别表示在 1%、5%、10% 水平上显著。

三、异质性分析

（一）资产负债率的异质性影响

企业的内源性融资有限，外部金融资源才是企业研发资金的主要来源（蔡庆丰等，2020），但企业的资产负债率若过高，则传统融资模式下较难获得银行及外界的融资，而金融区块链可以帮助企业披露比财务信息更有效的信息，如存货、物流等信息，来反映企业更真实的经营状况，使得银行从不同维度了解企业的情况，帮助企业获得外部融资。资产负债率低的企业在传统融资渠道下可能凭借其偿债能力强，融资方的风险较小，与资产负债率高的企业相比，也会更容易获得外部融资。因此，本书认为，金融区块链对资产负债率高的企业的创新水平促进作用更明显。表 4－4 的第（2）列和第（3）列是依据分行业、分年度的资产负债率的中位数将全样本划分为高低组的检验结果。结果显示，高资产负债率的企业，如第（2）列所示，金融区块链与企业创新的系数在 1% 水平上显著（0.189，t＝3.96），而低资产负债率的企业，如第（3）列所示，金融区块链与企业创新的系数并不显著，表明相对于资产负债率低的企业，金融区块链对企业创新的促进效果在资产负债率高的企业更显著。

表 4 - 4　　　　　　　　　　异质性分组检验结果

变量	(1) 全样本 Innov	(2) 高资产 负债率 Innov	(3) 低资产 负债率 Innov	(4) 高业务 复杂度 Innov	(5) 低业务 复杂度 Innov	(6) 有薪酬 激励 Innov	(7) 无薪酬 激励 Innov
Blockchain	0. 139 *** (4. 14)	0. 189 *** (3. 96)	0. 070 (1. 50)	0. 056 (1. 22)	0. 194 *** (3. 99)	0. 155 *** (3. 28)	0. 052 (1. 07)
Size	0. 598 *** (55. 95)	0. 689 *** (48. 04)	0. 493 *** (30. 45)	0. 591 *** (39. 16)	0. 658 *** (43. 71)	0. 618 *** (42. 13)	0. 440 *** (24. 61)
ROA	2. 517 *** (14. 61)	2. 569 *** (10. 24)	2. 170 *** (9. 07)	2. 427 *** (10. 34)	2. 093 *** (8. 36)	2. 503 *** (9. 28)	2. 070 *** (9. 26)
BM	- 0. 514 *** (-9. 86)	- 0. 942 *** (-12. 00)	- 0. 285 *** (-4. 12)	- 0. 395 *** (-5. 44)	- 0. 519 *** (-7. 10)	- 0. 616 *** (-8. 25)	- 0. 085 (-1. 13)
EBD	- 0. 055 (-0. 73)	- 0. 365 *** (-3. 31)	0. 164 (1. 56)	- 0. 062 (-0. 58)	- 0. 117 (-1. 12)	- 0. 274 ** (-2. 56)	0. 093 (0. 86)
Stock	0. 843 *** (11. 80)	1. 212 *** (9. 90)	0. 620 *** (7. 19)	0. 577 *** (6. 12)	0. 981 *** (9. 09)	0. 926 *** (8. 57)	0. 736 *** (7. 80)
Lev	- 0. 251 *** (-4. 47)	- 1. 368 *** (-11. 29)	0. 598 *** (5. 36)	- 0. 170 ** (-2. 14)	- 0. 710 *** (-9. 14)	- 0. 071 (-0. 81)	- 0. 291 *** (-4. 03)
Nature	- 0. 046 ** (-2. 28)	0. 057 ** (2. 02)	- 0. 143 *** (-4. 89)	0. 020 (0. 70)	- 0. 032 (-1. 13)	0. 033 (1. 16)	- 0. 115 *** (-3. 99)
Top1	- 0. 224 *** (-3. 36)	- 0. 376 *** (-3. 91)	- 0. 075 (-0. 81)	- 0. 405 *** (-4. 29)	- 0. 087 (-0. 94)	- 0. 050 (-0. 55)	- 0. 309 *** (-3. 25)
Growth	- 0. 037 * (-1. 75)	- 0. 034 (-1. 14)	- 0. 053 * (-1. 82)	- 0. 050 * (-1. 68)	- 0. 055 * (-1. 94)	- 0. 032 (-0. 97)	- 0. 011 (-0. 40)

续表

变量	（1）	（2）	（3）	（4）	（5）	（6）	（7）
	全样本	高资产负债率	低资产负债率	高业务复杂度	低业务复杂度	有薪酬激励	无薪酬激励
	Innov	Innov	Innov	Innov	Innov	Innov	Innov
Cash	−0.513 *** （−3.93）	−0.399 ** （−2.17）	−0.565 *** （−3.12）	0.057 （0.31）	−0.066 （−0.36）	−0.720 *** （−3.63）	−0.560 *** （−3.31）
Year Fixed Effects	YES	YES	YES	YES	YES	YES	YES
Industry Fixed Effects	YES	YES	YES	YES	YES	YES	YES
Constant	−11.678 *** （−54.53）	−12.764 *** （−44.25）	−9.813 *** （−29.37）	−11.500 *** （−38.47）	−12.946 *** （−42.38）	−12.330 *** （−41.26）	−8.354 *** （−23.60）
N	26 138	12 999	13 139	13 032	13 106	13 018	13 120
R^2	0.429	0.473	0.385	0.433	0.460	0.468	0.359

注：括号内数字为双尾检验的 t 值；*** 、** 和 * 分别表示在 1%、5%、10% 水平上显著。

（二）业务复杂度的异质性影响

参考李哲（2020），本书采用应收账款及其他应收款之和与总资产的比值计算业务复杂度。业务复杂度高的企业，也就是应收类占比较高的企业，由于其自身的原因，导致用于企业创新项目的外部融资资金较少，而企业的创新项目需要充足、持续和稳定的资金支持（Fang et al., 2014），若没有稳定的资金投入，企业的创新项目也很难坚持下去，所以即使获得了外部融资，企业的创新活动也不能达到预期的效果；相反，业务复杂度低的企业就能很好地将外部融资资金直接用于企业创新活动，为企业创新提供很好的资金保障。因此，本书认为，金融区块链对业务复杂度低的企业的创新水平促进作用更明显。表 4 - 4 的第（4）列和第（5）列是依据分行业、分年度的业务复杂度的中位数将全样本划分为高低组的检验结果。结果显示，高业务复杂度的企业，如第（4）列所示，金融区块链与企业创新的系数并不显著（0.056，t = 1.22），而低业务复杂度的企业，如第（5）列所示，金融区块链与企业创新的系数在 1% 的水平上显著（0.194，t = 3.99），表明相对于业务复杂度高的企业，金融区块链对企业创新的促进效果在业务复杂度低的企业更显著。

(三) 薪酬激励的异质性影响

金融区块链能缓解企业的代理问题，限制高管进行不利于企业长期发展的短期行为。企业创新对企业自身的发展具有显著的积极意义（Ciftci and Cready，2011），所以为了企业的长远发展，企业的所有者会期望高管在企业创新方面有所成就，有薪酬激励的企业的高管为了获得薪酬奖励，会更尽心尽力的管理企业；没有薪酬激励的企业的高管仍然会由于企业创新的高度不确定性，而选择其他更为保守的投资方案，放弃企业创新。因此，本书认为，金融区块链对有薪酬激励的企业的创新水平促进作用更明显。表 4-4 的第（6）列和第（7）列是依据分行业、分年度的高管薪酬总和的中位数将全样本划分为有薪酬激励组和无薪酬激励组的检验结果。结果显示，有薪酬激励的企业，如第（6）列所示，金融区块链与企业创新的系数在 1% 的水平上显著（0.155，t = 3.28），而无薪酬激励的企业，如第（7）列所示，金融区块链与企业创新的系数并不显著，表明相对于无薪酬激励的企业，金融区块链对企业创新的促进效果在有薪酬激励的企业更显著。

第五节 稳健性检验

为确保研究结论更加可靠，本书还进行了稳健性检验，具体如下：

第一，替换被解释变量。由于发明专利属于高质量的实质性创新，非发明专利更多包含了企业的策略性创新（黎文靖和郑曼妮，2016），为了更全面的度量企业的创新水平，本书分别以未来一期上市公司及其子公司发明专利和加 1 的自然对数、上市公司研发投入÷总资产和研发投入÷营业收入作为企业创新的替代变量，再次代入模型中进行回归检验。结果如表 4-5 所示，Blockchain 的系数均在 1% 水平上显著为正，证明本章的结果是稳健的。

表 4 - 5　　　　　　　　　　　更换被解释变量的检验结果

变量	(1)	(2)	(3)
	发明专利	研发费用/营业收入	研发费用/资产
Blockchain	0. 153 ***	0. 008 ***	0. 004 ***
	(4. 85)	(7. 42)	(7. 76)
Size	0. 596 ***	0. 001 ***	0. 000
	(56. 62)	(5. 26)	(0. 72)
Lev	- 0. 309 ***	- 0. 008 ***	0. 001 ***
	(- 6. 35)	(- 7. 33)	(2. 87)
ROA	1. 717 ***	- 0. 034 ***	0. 004 **
	(11. 50)	(- 6. 42)	(2. 21)
BM	- 0. 827 ***	- 0. 017 ***	- 0. 007 ***
	(- 17. 32)	(- 14. 32)	(- 13. 99)
EBD	- 0. 137 **	- 0. 000	0. 001
	(- 2. 02)	(- 0. 24)	(1. 09)
Stock	0. 710 ***	0. 012 ***	0. 005 ***
	(10. 84)	(8. 58)	(8. 57)
Nature	0. 054 ***	- 0. 001 ***	- 0. 000
	(2. 90)	(- 2. 84)	(- 1. 58)
Top1	- 0. 400 ***	- 0. 002	- 0. 000
	(- 6. 60)	(- 1. 60)	(- 0. 06)
Growth	- 0. 003	- 0. 000	0. 000
	(- 0. 17)	(- 0. 71)	(1. 27)
Cash	- 0. 405 ***	0. 002	0. 005 ***
	(- 3. 58)	(1. 01)	(5. 66)
Year Fixed Effects	YES	YES	YES
Industry Fixed Effects	YES	YES	YES
Constant	- 11. 880 ***	- 0. 012 ***	- 0. 002
	(- 56. 62)	(- 3. 62)	(- 1. 01)
N	26 138	26 138	26 138
R²	0. 393	0. 425	0. 462

注：括号内数字为双尾检验的 t 值；*** 、** 分别表示在 1% 、5% 水平上显著。

第二，更换样本区间。考虑 2008 年金融危机的影响，本书更改样本区间为 2010～2019 年，对模型重新进行回归，结果如表 4-6 所示，金融区块链和企业创新的系数仍在 1% 水平上显著（0.142，t = 4.23），表明本章的结论是稳健的。

表 4-6　　　　　　　　　更换样本区间回归结果

变量	(1)
	Innov
Blockchain	0.142 ***
	(4.23)
Size	0.628 ***
	(54.96)
Lev	-0.259 ***
	(-4.28)
ROA	2.510 ***
	(13.56)
BM	-0.573 ***
	(-10.38)
EBD	-0.010
	(-0.12)
Stock	0.846 ***
	(11.59)
Nature	-0.024
	(-1.06)
Top1	-0.191 ***
	(-2.66)
Growth	-0.020
	(-0.90)

续表

变量	（1）
	Innov
Cash	-0.613 *** （-4.26）
Year Fixed Effects	YES
Industry Fixed Effects	YES
Constant	-12.059 *** （-52.53）
N	22 915
R^2	0.423

注：括号内数字为双尾检验的 t 值；*** 表示在 1% 水平上显著。

第三，倾向得分匹配检验。由于实验组和控制组之间的创新水平可能存在明显差异而导致选择偏差，因此为了缓解样本选择带来的估计偏误，本书使用倾向得分匹配与倍差法相结合（PSM - DID）的方法对模型进行重新回归。以 Blockchain 为因变量，公司规模、财务杠杆、盈利能力、账面市值比、股权制衡度、管理层持股比例、产权性质、股权集中度、成长能力、现金持有水平作为协变量并控制年度和行业固定效应，以所在城市未搭建金融区块链平台的企业为配对样本，运用 Logit 模型计算出预测值，再分别以 1∶1、1∶2、1∶3 最近邻匹配的方法为实验组匹配出控制值，然后以此匹配后的样本进行双重差分回归，重新检验金融区块链对企业创新的影响。由表 4 - 7 可知，1∶1 最近邻匹配后的回归结果如列（1）所示，金融区块链和企业创新的系数在 1% 的水平上显著（0.140，t = 3.86）；1∶2 最近邻匹配后的回归结果如列（2）所示，金融区块链和企业创新的系数在 1% 水平上显著（0.144，t = 4.13）；1∶3 最近邻匹配后的回归结果如列（3）所示，金融区块链和企业创新的系数在 1% 水平上显著（0.132，t = 3.87），以上结果表明在控制内生性问题后，研究结论依然成立。

表 4 - 7　　　　　　　　　　　　**PSM - DID 检验结果**

变量	(1)	(2)	(3)
	1 : 1	1 : 2	1 : 3
	Innov	Innov	Innov
Blockchain	0. 140 *** (3. 86)	0. 144 *** (4. 13)	0. 132 *** (3. 87)
Size	0. 609 *** (52. 65)	0. 604 *** (54. 26)	0. 601 *** (54. 95)
Lev	− 0. 249 *** (− 4. 02)	− 0. 259 *** (− 4. 36)	− 0. 271 *** (− 4. 67)
ROA	2. 501 *** (12. 99)	2. 490 *** (13. 53)	2. 479 *** (13. 78)
BM	− 0. 565 *** (− 9. 81)	− 0. 534 *** (− 9. 72)	− 0. 514 *** (− 9. 55)
EBD	− 0. 100 (− 1. 21)	− 0. 088 (− 1. 10)	− 0. 083 (− 1. 07)
Stock	0. 867 *** (11. 40)	0. 849 *** (11. 51)	0. 845 *** (11. 65)
Nature	− 0. 028 (− 1. 25)	− 0. 041 * (− 1. 88)	− 0. 043 ** (− 2. 04)
Top1	− 0. 259 *** (− 3. 55)	− 0. 250 *** (− 3. 56)	− 0. 239 *** (− 3. 48)
Growth	− 0. 029 (− 1. 23)	− 0. 028 (− 1. 28)	− 0. 030 (− 1. 36)
Cash	− 0. 596 *** (− 4. 18)	− 0. 502 *** (− 3. 66)	− 0. 492 *** (− 3. 65)
Year Fixed Effects	YES	YES	YES
Industry Fixed Effects	YES	YES	YES
Constant	− 11. 995 *** (− 51. 62)	− 11. 842 *** (− 52. 94)	− 11. 755 *** (− 53. 54)
N	21 834	23 716	24 713
R^2	0. 438	0. 434	0. 432

注：括号内数字为双尾检验的 t 值；*** 、** 和 * 分别表示在 1%、5%、10% 水平上显著。

　　第四，平行趋势检验。运用双重差分法评估政策效应的一个重要前提是实验组和对照组在政策实施之前具有相同的发展趋势。首先，本章绘制了实验组和控制组样本在金融区块链平台搭建前后企业创新水平的平行趋势图。可以观察到，搭建前实验组和控制组样本的创新水平基本平行。然后，参照现有学者（He and Tian，2013）的方法，双重差分模型使用必须满足在金融区块链平台搭建前实验组和控制组企业的创新水平不存在显著差异。因此，本章对金融区块链平台搭建前实验组和控制组样本的创新水平进行差异检验，结果如图4-1显示，可以看出实验组和控制组的差异并不显著。以上结果表明本章的双重差分估计结果满足平行趋势假设。

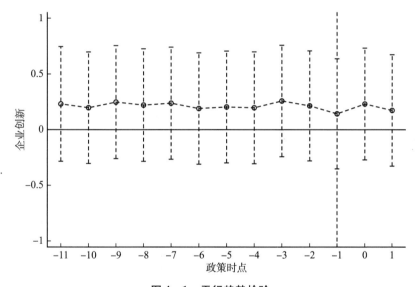

图 4-1　平行趋势检验

　　第五，安慰剂检验。前文的检验支持了金融区块链有助于企业创新，但实验组和控制组企业创新水平的差异可能是由于存在其他政策或者随机因素，并不能反映金融区块链与企业创新的因果关系。为了进一步消除这一问题的影响，本章使用安慰剂检验。将实验组和对照组进行随机分配，在26 138个全样本中随机抽取与原实验组相同数量的样本作为新的实验组，其余样本作为新的对照组，然后进行检验，重复5 000次，记录下不同统计

量下（5 分位数、25 分位数、中位数、75 分位数与 95 分位数）Blockchain
的系数和 t 值。结果如表 4 - 8 显示，Blockchain 的系数的均值接近于 0，远
小于主回归结果，表明本章的研究结论可以排除其他随机因素的干扰。

表 4 - 8   安慰剂描述性统计

变量	Obs	Mean	SD	P5	P25	Median	P75	P95
random - Blockchain	5 000	0.000	0.028	- 0.046	- 0.019	- 0.000	0.019	0.047
T 值	5 000	0.004	0.988	- 1.591	- 0.660	- 0.011	0.656	1.654

第六节　机制分析

前面的理论分析指出，金融区块链通过影响企业的融资约束和信息透明
度的路径以提高企业的创新水平。为了检验以上两条传导路径，本书按照温
忠麟和叶宝娟（2014）提出的检验中介效应的步骤，构建以下模型验证金
融区块链影响企业创新的路径。

$$\text{Innov}_{i,t+1} = \alpha_0 + \alpha_1 \text{Blockchain}_{i,t} + \alpha_2 \text{Control}_{i,t} + \sum \text{Industry} + \sum \text{Year} + \varepsilon_{i,t} \tag{4.2}$$

$$M_{i,t} = \beta_0 + \beta_1 \text{Blockchain}_{i,t} + \beta_2 \text{Control}_{i,t} + \sum \text{Industry} + \sum \text{Year} + \varepsilon_{i,t} \tag{4.3}$$

$$\text{Innov}_{i,t+1} = \gamma_0 + \gamma_1 \text{Blockchain}_{i,t} + \gamma_2 M_{i,t} + \gamma_3 \text{Control}_{i,t} + \sum \text{Industry} + \sum \text{Year} + \varepsilon_{i,t} \tag{4.4}$$

其中，M 指各个中介变量（融资约束和信息透明度），Control 代表控
制变量，α、β 和 γ 为回归系数，ε 为误差项。首先依次验证模型（4.2）
中的系数 α_1、模型（4.3）中的系数 β_1 和模型（4.4）中的 γ_1，如果三
个系数均显著，则说明融资约束或信息透明度的中介效应显著，否则使用
其他方法进行验证；接着验证模型（4.4）中的系数 γ_3，如果显著则表示
金融区块链与企业创新的直接效应也显著，否则只有中介效应成立。本书
同时还汇报了 Sobel 法和 Bootstrap 法的检验结果。限于篇幅，下文仅汇报

模型（4.2）、模型（4.3）、模型（4.4）的回归结果和 Sobel 检验以及
Bootstrap 检验的结果。

一、融资约束路径

参照哈德洛克和皮尔斯（Hadlock and Pierce，2010）的研究，本章选择
SA 指数作为融资约束的代理变量。SA 指数是依据公司规模和年龄这两个外生
变量构建而成的，较好地排除了内生性变量的干扰，其数值一般为负值，参
考一般文献的做法，对其进行绝对值处理，绝对值越大表示融资约束越高。

表 4-9 是融资约束路径的回归结果。列（1）为金融区块链对企业创
新的回归结果，结果显示金融区块链对企业创新的系数在 1% 水平上显著为
正。列（2）是金融区块链对融资约束的回归结果，金融区块链与融资约束
的系数为在 5% 水平上显著（-0.016，t = -2.38），说明金融区块链可以
显著缓解企业的融资约束；列（3）是金融区块链和融资约束同时对企业创
新进行回归的结果，金融区块链的系数和显著性均降低，融资约束也显著，
以上结果表明融资约束的中介效应成立。进一步进行 Sobel 检验，融资约束
中介效应的 Z 值为 2.689，大于 0.97；Bootstrap 方法（重复抽样 1 000 次）
的结果显示，95% 置信区间为 [0.028，0.164]，不包括 0，说明间接效应
显著。以上结果均证明了金融区块链影响企业创新的融资约束路径。

表 4-9　　　　　　　　　融资约束为中介变量的检验结果

变量	(1)	(2)	(3)
	Innov	SA	Innov
Blockchain	0.139 ***	-0.016 **	0.127 ***
	(4.14)	(-2.38)	(3.81)
SA			-0.731 ***
			(-19.70)
Size	0.598 ***	0.018 ***	0.611 ***
	(55.95)	(7.60)	(57.96)

续表

变量	（1） Innov	（2） SA	（3） Innov
Lev	-0. 251 *** (-4. 47)	0. 134 *** (13. 89)	-0. 153 *** (-2. 76)
ROA	2. 517 *** (14. 61)	0. 102 *** (3. 25)	2. 592 *** (15. 22)
BM	-0. 514 *** (-9. 86)	-0. 019 ** (-2. 11)	-0. 528 *** (-10. 19)
EBD	-0. 055 (-0. 73)	-0. 764 *** (-56. 60)	-0. 614 *** (-7. 59)
Stock	0. 843 *** (11. 80)	-0. 421 *** (-43. 35)	0. 535 *** (7. 43)
Nature	-0. 046 ** (-2. 28)	0. 144 *** (40. 26)	0. 059 *** (2. 81)
Top1	-0. 224 *** (-3. 36)	-0. 596 *** (-50. 00)	-0. 660 *** (-9. 44)
Growth	-0. 037 * (-1. 75)	0. 014 *** (3. 56)	-0. 027 (-1. 30)
Cash	-0. 513 *** (-3. 93)	0. 046 ** (2. 08)	-0. 479 *** (-3. 72)
Year Fixed Effects	YES	YES	YES
Industry Fixed Effects	YES	YES	YES
Constant	0. 598 *** (55. 95)	0. 018 *** (7. 60)	0. 611 *** (57. 96)
N	26 138	26 138	26 138
R^2	0. 429	0. 412	0. 438
Sobel	Z = 2. 689 > 0. 97		

注：括号内数字为双尾检验的 t 值；*** 、** 和 * 分别表示在1%、5%、10%水平上显著。

二、信息不对称路径

本章选择被分析师关注度作为信息透明度的代理变量，具体为取被分析师关注度加1的对数。该数值越大，表明企业的信息透明度越高。

表4-10是信息透明度路径的回归结果。列（1）为金融区块链对企业创新的回归结果，结果显示金融区块链对企业创新的系数在1%水平上显著为正。列（2）是金融区块链对信息不对称的回归结果，金融区块链与信息透明度的系数在5%水平下显著（0.049，t=2.11），说明金融区块链可以显著提高企业的信息透明度；列（3）是金融区块链和信息透明度同时对企业创新进行回归的结果，金融区块链的系数和显著性均降低，信息透明度也显著，以上结果表明信息透明度的中介效应成立。进一步进行 Sobel 检验，信息透明度中介效应的 Z 值为2.188，大于0.97；Bootstrap 方法（重复抽样1000次）的结果显示，95%置信区间为 [0.038，0.170]，不包括0，说明间接效应显著。以上结果均证明了金融区块链影响企业创新的信息透明度路径。

表4-10　　　　　　　　　信息透明度为中介变量的检验结果

变量	（1）	（2）	（3）
	Innov	Attention	Innov
Blockchain	0.139 *** (4.14)	0.049 ** (2.11)	0.131 *** (3.94)
Attention			0.162 *** (16.43)
Size	0.598 *** (55.95)	0.673 *** (108.55)	0.489 *** (38.76)
Lev	-0.251 *** (-4.47)	-0.440 *** (-12.61)	-0.180 *** (-3.22)
ROA	2.517 *** (14.61)	4.603 *** (39.20)	1.773 *** (10.06)

变量	（1）	（2）	（3）
	Innov	Attention	Innov
BM	−0.514 *** （−9.86）	−1.625 *** （−50.67）	−0.251 *** （−4.60）
EBD	−0.055 （−0.73）	1.140 *** （22.92）	−0.239 *** （−3.14）
Stock	0.843 *** （11.80）	0.948 *** （20.15）	0.689 *** （9.65）
Nature	−0.046 ** （−2.28）	−0.211 *** （−16.32）	−0.012 （−0.60）
Top1	−0.224 *** （−3.36）	0.286 *** （6.72）	−0.270 *** （−4.06）
Growth	−0.037 * （−1.75）	−0.005 （−0.39）	−0.036 * （−1.74）
Cash	−0.513 *** （−3.93）	0.435 *** （5.35）	−0.583 *** （−4.51）
Year Fixed Effects	YES	YES	YES
Industry Fixed Effects	YES	YES	YES
Constant	−11.678 *** （−54.53）	−12.728 *** （−102.00）	−9.620 *** （−38.67）
N	26 138	26 138	26 138
R^2	0.429	0.479	0.435
Sobel	Z = 2.188 > 0.97		

注：括号内数字为双尾检验的 t 值；***、** 和 * 分别表示在 1%、5%、10% 水平上显著。

第七节　结论与启示

区块链技术一直是国内外学者广泛关注的话题，近几年赋能企业融资领域。基于搭建金融区块链平台这一外生政策，本章采用双重差分模型检验金融区块链对企业创新的影响。研究结果表明，金融区块链有助于企业创新。通过异质性分析发现，金融区块链对企业创新的提升效应在高资产负债率、低业务复杂度和有薪酬激励的企业更为显著。进一步研究发现，在企业融资方面，金融区块链通过缓解企业的融资约束来提高企业创新水平；在信息不对称方面，金融区块链通过提高信息透明度来提高企业创新水平。

　　本章研究结论具有以下启示意义：第一，金融区块链对于企业和国家经济的长远发展有重要作用。2020 年 7 月，习近平总书记在企业家座谈会上强调，"努力把企业打造成强大的创新主体"[①]，但企业的创新活动往往受到融资约束和公司治理的双重困扰，本章研究结论表明，金融区块链可以通过降低融资约束和缓解代理问题从而提高企业的创新水平，进而有益于企业的长远发展。而企业是我国研发活动的主体，在我国实体经济中发挥着重要作用，所以金融区块链对国家经济的长远发展也有重要作用。第二，政府作为政策供给者，在金融区块链技术的推广过程中，需要加强监管力度和完善相关的制度。尽管金融区块链技术具有分布式记账、匿名性等特点，但在数据隐私保护上仍面临巨大挑战，以及在企业融资场景的应用方面仍没有明确的制度引导，这些问题需要政府寻求相应措施去解决。第三，企业作为政策的实施者，在获取外部融资和创新投入的过程中要充分发挥主观能动性。如何利用好金融区块链技术获得外部融资，企业需要从自身入手，比如引进相关的人才和设备等。而且我国整体融资供给是有限的，虽然金融区块链给企业提供了更便捷、成本更低的融资渠道，但其主要作用是提供一种融资渠道，而不能增加整体的融资供给，所以融资供给方最终的落着点还是在企业自身的经营状况是否良好，以及企业未来的发展状况如何。

---

① 习近平：在企业家座谈会上的讲话（2020 年 7 月 21 日）［EB/OL］. 民主与法制网，ht-tp：//www. mzyfz. com/html/2330/2021－12－28/content－1549000. html，2021－12－28.

第五章

金融区块链与企业会计稳健性

第一节　金融区块链与企业会计稳健性的研究背景

近年来，数字经济的迅速发展为经济高质量发展带来了多维复合的正向效应。我国正在积极布局数字经济，大力发展区块链、大数据、云计算、物联网、人工智能等技术，加速数字经济与实体经济融合，深化技术、产业变革乃至经济改革。作为数字经济发展的重要一环，区块链技术的发展与布局得到我国的高度重视。2016年国务院发布《"十三五"国家信息规划》，首次提出布局区块链的前沿观点，此后发布的各类文件均多次提及区块链技术发展的重要性。2019年，习近平总书记主持中央第十八次集体学习，再次强调区块链技术在产业发展与经济改革中的核心作用。区块链技术本质上是一种去中心化的数据库，因此具备了"诚实"与"透明"的特点。而这种特性使得区块链技术成为缓解各行各业所面临的信息不对称等问题的有力技术，因此赋予了区块链丰富的应用场景。其中，区块链在金融领域的应用与实践目前已成为国家大力支持与探索的方向。自2018年起，北京、上海等30余个省市级政府相继推出建设金融区块链平台，扶持金融区块链产业发展的相关政策；2019年，国家外汇管理局推出跨境金融区块链平台，聚焦于改善中小企业跨境贸易与融资环境；据2020年发布的《中国区块链金融应用与发展研究报告》，我国目前已在供应链金融、贸易金融、保险科技、跨境支付、资产证券化等多场景实现区块链业务落地，其中以供应链金融与贸易金融项目为发展主力军。

区块链最早起源于比特币，初期主要应用于加密货币的发行与交易领域，并没有得到大规模的应用。但近年来，区块链技术凭借其透明、共享、安全、可得的特性得到众多行业的认可与需求，尤其是在金融领域的应用获得了以世界银行为代表的组织或机构的广泛认同。根据《中国区块链金融应用与发展研究报告》，目前区块链技术在金融领域的发展状况可以总结出以下两个方向的趋势：第一，区块链技术研发力度较大，技术加速趋于成熟。目前区块链的基础组件技术已相对成熟，投融资交易规模、技术专利数量、研究文献数量都在不断扩大，落地实践案例不断丰富。以我国为例，国家外汇管理局牵头建立的跨境金融区块链平台已为两千余家跨境贸易企业提供方便快捷的融资服务。此外，智能合约、共识机制等"去信任"技术在可预见的将来都有希望发展成熟，助力于缓解信息不对称问题。第二，各国各部门对区块链技术发展与应用持有理性积极的态度，并不断尝试不同的应用实践场景。目前区块链项目参与主体包括但不限于传统金融机构、互联网金融机构、金融科技机构等，此外还有底层平台技术构建、信息溯源共享等方面的应用探索。当然，对于区块链技术的应用风险目前仍存在诸多讨论，如何兼顾技术、安全和性能，如何使区块链技术深入应用场景、更好地为各行各业服务仍是本书需要探索钻研的方向。

会计稳健性很早就已走进学者的研究视野，但由于计量方面的困难，对其系统研究直至1997年巴苏（Basu）首次通过反向回归的方法对会计稳健性进行度量后才开始大量涌现（杨华军，2007）。对会计稳健性的研究目前主要依照这样一条逻辑链进行：一是会计稳健性的存在性及其计量。巴苏（1997）认为，会计稳健性对于会计理论与实务的影响至少已存在五百多年，可见会计稳健性并非只是一条简单的企业会计核算原则。对于会计稳健性的计量，随着研究成果的逐渐丰富，涌现出越来越多的创新方法以及对以往方法的补充与修正。张兆国等（2012）对会计稳健性的计量方法进行归纳与比较，除了检验各种方法的可靠性外，还创新性地检验了各方法之间的相关性，对会计稳健性计量方法的应用场景进一步丰富与明晰。二是会计稳健性的影响因素，现有研究大多围绕着瓦特（Watts，2003）总结的契约、税收、诉讼与制度四大方面展开，近年来学者们也逐渐对上述四大动因进行丰富与拓展。通过以往的研究，学者认识到信贷人对会计稳健性有较高的需求，盈余质量也更多地取决于制度与管理层动机（Ball，2000）。三是会计稳健性的经济后果的检验，现有文献主要聚焦于会计稳健性对融资和投资活动的效用，并认为会计稳健性是保护债权人、缓解信息不对称以及改善公司治理等问题的有效机制。然而，现有文献对会计稳健性经济后果的探究有待进一步丰富，且更多地把目光放在了会计稳健性的优点上。对于会计稳健性对企业治理的负面影响，如抑制企业创新（钟宇翔等，2017）等的探究仍存在较大的研究空间。

金融区块链的应用带来了金融市场的革新，这必然会对公司的治理行为产生影响。而会计稳健性作为理解企业会计信息与治理行为的一个重要指标，探究金融区块链对其产生的影响自然成为丰富会计稳健性内涵的一个重要方向。本章主要致力于研究以下问题：金融区块链会如何影响企业的会计稳健性水平？这种影响是通过怎样的传导路径发生的？基于此，本章以2007～2020年沪深两市 A 股上市公司为样本，运用多时点双重差分法实证分析了金融区块链与会计稳健性之间的关系，从企业的产权性质、成长性和资本结构三方面进行异质性分析。研究结果表明，金融区块链会显著降低企业会计稳健性水平，且当企业为国有控股、成长性较低、杠杆水平较高时，金融区块链对会计稳健性水平的降低效果更加显著。基于路径的检验表明，金融区块链缓解了企业所面临的融资约束，同时促进管理层融资决策方向的改变。通过以上两条路径，金融区块链降低了企业的会计稳健性水平。

本章的贡献主要体现在：第一，现有文献大多从理论分析层面探究金融区块链在不同场景的应用理论框架（郭菊娥等，2020；龚强等，2021）、宏观经济后果（李淼焱等，2017；徐忠等，2018），以及对企业融资活动的正面影响（梁洪等，2020）等问题，但鲜有文献从实证层面对金融区块链的经济后果进行检验。本章通过我国建设金融区块链平台这一外生冲击，直接建立起金融区块链与会计稳健性之间的联系，从经验数据角度丰富金融区块链微观层面经济后果的探究。第二，本章对于会计稳健性基于不同的研究视角，即从外部动因与内部动机两方面入手进行研究，建立起双向联系。当前鲜有文献考虑会计稳健性的经济后果通过影响管理层动机进而作用于会计稳健性本身这一传导机制。本章通过外部动因与内部动机两方面的探索搭建起金融区块链与会计稳健性之间的桥梁，明晰其中具体的作用传导机制。第三，本章通过建立金融区块链对企业会计稳健性水平影响的传导机制，进一步丰富宏观经济政策与微观公司治理之间相互联系的研究，为金融区块链平台的进一步建设与完善提供方向，希望能为政策制定者带来有益启示。

第二节 文献综述、理论分析与研究假设

一、文献回顾

（一）金融区块链应用的经济后果

作为前沿热点技术之一的区块链技术，其发展获得了国家的高度重视。其中区块链技术在金融领域的应用与落地也吸引了众多研究学者的目光。目前，我国金融区块链发展迅猛，已在供应链金融、跨境贸易等方面实现业务落地，如国家外汇管理局建设的"跨境金融区块链服务平台"等。去信任、去中心化、共识机制、智能合约、不易篡改等是区块链技术的关键词。但在目前技术成熟度等条件的限制下，区块链技术并不能完全实现其理论上的功能来颠覆金融行业。

根据徐忠（2018）对区块链经济功能的分类，可以发现目前我国金融区块链平台大都可归类为区块链的公共共享账本功能。这种应用不涉及区块链内的资产交易，而更多聚焦于供应链金融、数据共享、贸易管理与融资等方面，解决信息不对称、融资难、融资贵、商业信用缺失等方面的问题。因此本书主要对区块链共享账本功能的经济后果进行梳理，根据相关文献可总结如下：第一，区块链技术的应用可以有效缓解市场中信息不对称的问题。有学者从区块链中的智能合约技术角度，提出区块链能有效改善信息不对称情况从而改善福利水平（Cong and He，2018）。上链企业的信息通过分布式账本技术被记录在区块链中，并进行加密从而保证其不可篡改，因此实现了信息的多方共享（郭菊娥和陈辰，2020）。第二，区块链技术一定程度上可以降低

企业的融资成本，增加融资机会。部分学者从信贷配给入手，发现区块链的应用能从根本上缓解中小企业信贷配给问题（张晓玫等，2016）；梁洪和张晓玫（2020）认为区块链与银行业的融合能够有效缓解中小企业的融资困境。部分学者从融资成本入手，发现在上链企业数量足够多、上链信息质量足够高的情况下，银行更易通过链上企业信息的交叉验证规避风险，从而更愿意为企业提供融资成本更低、可及性更强的融资服务（龚强等，2021）。第三，区块链技术的应用可以提高金融系统的监管能力，降低企业违约风险。一方面，监管部门可以通过区块链技术创建的分布式总账系统对金融资产进行管控（李淼焱等，2017）。另一方面，龚强（2021）与部分学者（Cong and He，2018）都认为，在上链信息的质量得到提升后，企业从源头对数据真实性进行操纵、谎报的主观行为会被显著削弱，由此使得区块链的共识机制更进一步将企业提供的信息逼近于真实信息，从而提高金融系统防范恶意操纵等风险的能力。总而言之，区块链技术的应用将有机会重塑现有的金融体系，其进一步发展完善也将为金融体系中的各方带来更加快速、更高品质的金融服务（李淼焱等，2017）。当然，区块链技术在金融领域的应用仍存在一定的风险，并且本书认为也不能过于理想化地看待它与依赖它。徐忠（2018）指出，区块链的去信任环境具有局限性，如要解决现实中的信任问题，还需第三方可信机构的加入；区块链的智能合约的发展远未达到智能阶段；目前已初步实现落地的共识机制无法防范源头信息的造假行为等。因此，对于区块链技术，本书既不能寄希望于完全理想化地实现技术落地，也要注意防范区块链融资领域的投机行为，让区块链技术更加合理地运用到合适的领域。

（二）会计稳健性

巴苏（1997）通过实证证据的研究，将会计稳健性描述为在财务报告中会计人员对"好消息"与"坏消息"确认的非对称性，即及时确认"坏消息"带来的损失，谨慎确认"好消息"带来的收益，并以股票收益率作为这种波动的代理变量，进一步对会计稳健性进行度量。自此，作为改善会计信息质量的一项重要内容，越来越多的学者对会计稳健性进行了多元化的研究，包括但不仅限于会计稳健性的计量方法、影响因素、经济后果等。其中，会计稳健性的影响因素是对企业应当何时确认收益或损失的要求，是一种外部动因；而会计稳健性产生的经济后果则是影响企业会计稳健性高低的动机，是一种内部动机。本章将主要从上述两个角度进行文献梳理。

现有文献主要围绕着瓦特（2003）提出的影响会计稳健性的四大动因：契约、制度、税收和股东诉讼进行了大量研究。契约方面，围绕着债权人保护理论，债券契约自然成为影响会计稳健性的一个主要因素（杨华军，2007）。更严格、特殊、数量更多的债务契约条款会提高企业的会计稳健性水平（Nikolaev，2010；甄红线等，2019）；而会计稳健性的高低反过来也影响着债权人的行为，债权人会出于自身利益调整契约条款，如祝继高（2011）发现对于被银行起诉过的企业，银行会采取更高的贷款利率；同时，债权人的内外部结构、债权人的监督作用也对会计稳健性有重要影响。大债权人数量越多（许浩然等，2021）、银行债务比率越高（徐昕和沈红波，2010），企业盈余水平越稳健。此外，也有学者将契约集合拓展至其他层面，如沈永健等（2013）检验职工薪酬与会计稳健性之间的关系，并提出企业会计信息的稳健程度是企业多方利益相关者相互博弈的结果，这更进一步拓展了会计稳健性的内涵。制度方面的研究逐渐由对会计准则的研究辐射至广义制度环境对会计稳健性的影响的研究，如黎文飞和巫岑（2019）以"十一五""十二五"产业规划为背景，发现企业的会计稳健性在产业政策的实施下显著降低。股东诉讼与税收这两方面的研究仍较少。瓦特（2003）认为企业会为了避免股东诉讼而减少对盈余的高估。周泽将和杜兴强（2012）通过实证研究发现对于盈利的上市公司，税收负担与会计稳健性之间存在显著正相关。此外，部分研究也围绕公司治理展开。所有权方面，国家控股的上市公司由于内部治理弱化导致会计稳健性水平更低（朱茶芬和李志文，2008）；经营权方面，管理层背景特征会在一定程度上影响会计稳健性（张兆国等，2011）；当所有权与控制权达到一定程度融合，即大股东控制权越强时，会计信息越可能沦为大股东谋取私人利益的工具（曹宁等，2005）。从行为金融角度，会计稳健性水平与管理层心理及个人特质之间也存在联系。孙光国等（2014）发现管理层过度自信会显著降低企业会计信息的稳健程度。随着近年来对会计稳健性影响因素研究的深入，成果逐渐多元化，无论是微观层面还是宏观政策导向都会对会计稳健性产生影响，可见会计稳健性这一会计信息质量特征的重要性。

　　基于会计稳健性具有一定的治理作用，会计稳健性的经济后果主要是通过影响管理层动机进而影响企业的会计稳健性水平。对于会计稳健性的积极作用，现有文献大多从债权人角度出发进行探究，指出会计稳健性可以有效缓解融资约束、信息不对称等限制企业稳定发展的因素，同时结合企业实际经济活动如并购活动等，探究其实际作用。参考张敦力和李琳（2010）的总结，会计稳健性具有融资与投资两方面的效用。在融资效用方面，会计稳健性一定程度上可以降低企业的融资成本，提高契约效率。其中会计稳健性对于债务融资成本的降低更具显著性（毛新述，2009）。具体到银行借贷，更高的会计稳健性有助于企业获得更大数额、更低利率、更长期限的银行贷款（赵刚等，2014），而权益融资方面尚未有足够的经验数据。张金鑫和王逸（2013）从条件与非条件两类稳健性入手，证明了会计稳健性有助于解绑企业的融资约束。会计稳健性的投资效用可以从现有投资与未来投资两个角度入手。对于现有投资，比德尔和希拉里（Biddle and Hilary，2006）认为会计稳健性有益于提高企业投资效率；对于未来投资，会计稳健性则可以缓解投资不足，抑制投资过度。胡安（Juan，2015）进一步剖析得到会计稳健性可以缓解债务与股权之间的冲突，从而帮助公司获得更多的债务融资的结论。由此可见，企业管理层提高会计稳健性水平的动机源于期望更有效的公司治理。但以往学者研究中也发现，更稳健的会计信息并不意味着更好的治理效果。越高的会计稳健性水平意味着更早的确认损失与更谨慎的确认收益，但这并不意味着更高质量的会计信息。一味强调稳健性可能带来"顾此失彼"的两难局面，即损害会计信息的可靠性与真实性，这也是会计稳健性自问世至今饱受争议的原因。钟宇翔等（2017）通过实证分析得出会计稳健性会抑制企业的创新能力的结论；杨丹等（2011）则从更加细化的层面入手，从资产减值角度分析得出过于追求计提资产减值准备这一稳健行为很有可能导致企业投资不足，进而降低资产配置效率的结论。由此本书可以认识到，虽然会计稳健性的积极作用不可否认，但企业管理层仍需充分考虑其实施成本，正视会计稳健性的两面性。

　　通过对金融区块链与会计稳健性的文献梳理，可以发现：第一，以往文献对于区块链经济功能的研究更多放眼于宏观领域，如金融区块链的宏观经济后果、金融区块链应用的理论框架等，缺少对金融区块链微观层面的具体影响的探讨。第二，对于会计稳健性，以往文献更多是围绕瓦特（2003）提出的四大动因进行研究，而对于某个外生政策或技术革新对会计稳健性产生的影响鲜有探讨。第三，金融区块链技术的应用如何影响公司治理与企业行为？目前这方面的研究仍然缺乏。本书创新性地研究金融区块链平台的搭建对于微观企业的会计稳健性水平的影响，并深入探究其影响机制，希望对金融区块链的经济功能进行微观层面的补充。

二、理论分析与研究假设

本书认为，金融区块链平台的搭建对企业会计稳健性水平可能存在负向影响。这种影响更大程度上来自企业面临的融资约束环境，尤其是债务融资，并且其作用效果可能主要通过这种路径：企业对会计稳健性水平进行调整的内部动机，即企业治理动机作用。具体而言，对于是否需要更加谨慎地处理会计信息，管理层往往会根据企业所处状况进行判断，如企业面临的融资约束、经营活动需求等，也就是说企业所处环境的变化会通过影响企业管理层的动机进而影响会计稳健性水平的高低。而金融区块链技术的应用正是在一定程度上改变了企业所处的经济环境，尤其是融资环境。金融区块链可能通过以下三个方面对企业的会计稳健性产生负向影响：

第一，金融区块链可以有效降低上链企业的违约风险，提高上链企业的声誉，缓解融资约束，进而降低企业提高会计稳健性的动机。企业声誉与企业违约风险之间存在双向影响，可谓"一荣俱荣，一损皆损"。现有研究表明代理冲突是决定违约风险的重要因素，代理冲突的发生又根植于管理层与股东之间的信息不对称（张小媛，2021）。根据企业声誉理论，声誉是一个企业十分重要的无形资产，企业声誉会影响利益相关者对企业的态度（Kreps，1990）。企业声誉的动态模型则指出，企业的行为会对行为当期及未来企业的声誉造成影响（Fombrun and Shanley，1990）。因此，金融区块链技术的应用让企业信息"上链"，并通过上链信息的交叉验证与不可篡改性提高企业信息的可信度。一方面，这相当于向市场释放了一个利于企业声誉的信号，市场对其信任度提高；另一方面，这有利于打破股东与管理层之间的"信息孤岛"，进而有效缓解两者之间的代理冲突。具体到会计稳健性，受到上链企业声誉提高与违约风险降低的影响，债权人对其信任程度提高，一定程度上弱化了债权人的监督作用。随着监督力度的弱化，企业的会计稳健性水平应当呈现降低趋势（徐昕和沈红波，2010；祝继高，2011）。同样，声誉的提高带来企业商业信用的提高，从根源上改变资本方"惜贷"的心态，使得企业获得更多的融资机会，降低取得融资的成本，这种通过企业数据上链而形成的缓解融资约束的替代效应自然减少了企业对于会计稳健性的需求，企业不必再通过高稳健性来博得债权人的"欢心"。

第二，上链企业的信息实现多方共享，市场中的信息不对称程度因此降低，进一步缓解企业所面临的信贷配给与融资约束的问题，从而减少企业对会计稳健性的需求。金融市场中的信息不对称带来了长久存在的信贷配给问题，这一问题在中小企业中尤为严重（Stiglitz and Weiss，1981；梁洪和张晓玫，2020 等）。中小企业财务信息不完备以及与资本市场存在的较大信息差导致中小企业信用缺失，资本市场出于风险厌恶不愿意向其提供资金，进而造成企业经营困难与较低的抗风险能力。这种困境反过来使得中小企业的信用进一步缺失，信贷配给问题进一步恶化，从而导致中小企业在这样的融资困境中难以破局。而金融区块链技术的应用则从信贷配给的源头——信息不对称上解决问题。区块链的这一经济功能在现有研究中已有迹可循，如梁洪和张晓玫（2020）通过信号博弈模型发现区块链可以促使中小企业信贷市场达到分离均衡，积极引导企业向银行提供真实信息，而银行发放贷款也借此成为最优选择。具体到会计稳健性，一方面，通过应用金融区块链，促使企业财务、交易等信息上链共享，有效破解企业与资本方之间的信息不对称问题。区块链的本质是一个具有一定可信度的共享分布式公共总账，企业面临很高的违约风险与篡改信息成本，借款方也可以对上链企业信息进行核查与监督，因而更放心地放款给企业，企业融资机会增多。另一方面，陈星伟等（2022）学者认为区块链会促使在未来直接融资方式成为金融市场上的更优选择，在避开金融中介的前提下，区块链驱动下的这种融资方式会为企业带来更低成本、更方便快捷的融资服务。总而言之，区块链技术的应用可以缓解企业的融资约束，这一定程度上削弱了企业通过披露更稳健的会计信息进而吸引资本方的动机，因此企业的会计稳健性应当处于较低水平。

第三，金融区块链的应用通过改变企业管理层的长短期融资决策，使得企业长期负债水平提升，管理层为了通过短期内更好的财务业绩满足债权人偏好进而可能降低会计稳健性水平。债权人与股东利益之间的矛盾来自非对称的收益函数，由于债权人面临承担企业破产风险的可能性，却无法获得企业成长的红利，其自然会对企业的经营状况格外关注，债权人更愿意看到经营状况良好的企业。金融区块链的应用为企业提供了更为宽松的融资环境，这可能通过改变管理层的心理预期影响其融资决策，从而带来企业债务融资的增多，即长期负债水平提高。具体而言，长期负债对于企业来说，偿还周期长，财务风险较低，企业对于长期负债的偏好一般较高于短期负债；但对于债权人来说，长期负债具有时间长、风险高的特点，未来收回款项的不确定性使得债权人对于企业的经营状况更为关注，这就为管理层提供了向债权人展示更优秀的经营成果的动机。债权人对于亏损的忍耐度很低，更愿意看到企业盈利从而保证其可收回资金与应有回报，这可能在一定程度上导致管理层的短视行为。根据管理层短视理论，企业出于其面对的内部与外部压力，为了达到获得更高的企业估值、吸引更多投资者的目光、达到分析师的盈余预测等目的，管理层将目光更多地放在如何获得更优的短期财务业绩上，从而导致研发投入不足、放弃长期投资方案等短视行为。而造成管理层短视的另一重要路径就是长期负债的水平（钟宇翔等，2017）。因此金融区块链的应用通过提高企业的长期负债水平使得管理层更关注当下的经营成果是否可以"取悦"债权人，企业的会计稳健性水平因而降低。

基于上述分析，本书提出研究假设：

H5－1：金融区块链会降低企业的会计稳健性。

第三节　研究设计

一、数据来源与样本选择

本章选择 2007～2020 年沪深两市 A 股上市公司为研究对象，剔除金融业上市公司、ST 和 *ST 的公司、已退市公司以及相关数据缺失的样本公司。最终得到 27 029 条样本观测值。本章所使用的金融区块链的政策数据为手工整理，相关原始数据均源于 CSMAR 数据库。为了避免极端值的影响，本章对所有连续变量进行 1% 的缩尾处理。

二、模型设定与变量定义

为了验证假设 H5 - 1，本书构建如下模型：

$$C\_Score_{i,t} = \beta_0 + \beta_1 Blockchain_{i,t} + \beta_2 \sum Control_{i,t}$$
$$+ \sum Industry + \sum Year + \varepsilon_{i,t} \qquad (5.1)$$

其中，C_Score 是被解释变量，表示会计稳健性。参照卡恩和瓦特（Khan and Watts，2009）对 Basu（1997）模型的改进拓展，联立以下方程并进行分年度回归，将得到的系数代入式（5.4）从而计算得出 C_Score。并且，该值越大，代表会计盈余对"坏消息"更加敏感，即会计稳健性程度越高。

$$\frac{EPS_{i,t}}{P_{i,t-1}} = \beta_0 + \beta_1 DR_{i,t} + \beta_2 Ret_{i,t} + \beta_3 DR_{i,t} \times Ret_{i,t} + \varepsilon_{i,t} \qquad (5.2)$$

$$G\_Score = \beta_2 = \mu_1 + \mu_2 size_{i,t} + \mu_3 MB_{i,t} + \mu_4 lev_{i,t} \qquad (5.3)$$

$$C\_Score = \beta_3 = \lambda_1 + \lambda_2 size_{i,t} + \lambda_3 MB_{i,t} + \lambda_4 lev_{i,t} \qquad (5.4)$$

由于金融区块链平台的搭建具有逐年逐地区推进的特点，故本章采用使用较为广泛的多时点双重差分法。Blockchain 是本章设置的虚拟变量，此变量的具体含义为：若某公司注册地所在地级市某年已搭建金融区块链平台，则 Blockchain 为 1，否则为 0。这一变量的设定既能达到区分实验组与控制组的目的，也实现了对制度实施年度的控制。同时，借鉴以往研究，本章加入资产负债率 lev、资产收益率 ROA、成长水平 growth、市值账面比 MB、股权集中度 Top1、、产权性质 SOE、两职合一 DUAL 作为控制变量对其他可能影响会计稳健性的因素进行控制，并对行业固定效应与年度固定效应进行了控制。具体变量定义如表 5 - 1 所示。

表 5 - 1　　　　　　　　　　　　　主要变量定义表

变量类型	变量符号	变量说明
被解释变量	C_Score	会计稳健性，依据 Khan and Watts（2009）模型计算得到
解释变量	Blockchain	搭建金融区块链平台的虚拟变量，若某公司注册地所在地级市某年已搭建金融区块链平台则为1，否则为0
控制变量	lev	资产负债率，等于负债总额与资产总额的比率
	ROA	资产收益率，等于净利润与资产总额的比率
	growth	成长水平，等于营业收入的年度增长率
	MB	市值账面比，等于资产市场价值与账面价值的比率
	Top1	股权集中度，第一大股东持股比例
	SOE	产权性质，国有或国有控股取值为1，否则为0
	DUAL	两职合一，董事长与总经理兼任为1，否则为0
	age	上市年龄，当前年度—企业上市年度
	year	年度虚拟变量
	industry	行业虚拟变量

第四节　实证结果分析

一、描述性统计

由表 5 - 2 主要变量描述性统计可知：（1）Blockchain 的均值为 0.135，说明有 13.5% 的样本进入实验组。（2）C_Score 的均值为 0.046，最小值为 −0.208，最大值为 0.281，中位数为 0.042，标准差为 0.091，这说明在样本期间内样本公司普遍存在会计稳健性。

表 5 - 2 主要变量描述性统计

变量	标准差	均值	最小值	p25	中位数	p75	最大值
Blockchain	0. 342	0. 135	0	0	0	0	1
C_Score	0. 091	0. 046	− 0. 208	− 0. 008	0. 042	0. 101	0. 281
lev	0. 200	0. 427	0. 056	0. 269	0. 424	0. 578	0. 876
ROA	0. 059	0. 039	− 0. 233	0. 014	0. 037	0. 067	0. 196
growth	0. 390	0. 170	− 0. 520	− 0. 0190	0. 108	0. 266	2. 473
MB	1. 266	2. 051	0. 871	1. 256	1. 645	2. 351	8. 197
Top1	0. 147	0. 351	0. 092	0. 235	0. 332	0. 451	0. 740
SOE	0. 493	0. 417	0. 000	0. 000	0. 000	1. 000	1. 000
DUAL	0. 436	0. 256	0. 000	0. 000	0. 000	1. 000	1. 000
age	6. 770	9. 761	1. 000	4. 000	9. 000	15. 000	26. 000

二、回归结果分析

表 5 - 3 是金融区块链对会计稳健性的检验结果。结果显示,本书的核心变量 Blockchain 的系数为 − 0. 007,并在 1% 水平上显著,说明金融区块链的应用与会计稳健性水平之间为显著负相关关系。换言之,金融区块链显著降低了会计稳健性,当企业数据"上链",企业的会计稳健性水平因而下降,此结果支持了本书的研究假设 H5 - 1。

表 5 - 3 金融区块链与会计稳健性

变量	(1)
	C_Score
Blockchain	− 0. 007 ***
	(− 4. 24)
lev	0. 114 ***
	(40. 55)
ROA	− 0. 360 ***
	(− 40. 48)

续表

变量	（1）
	C_Score
growth	− 0. 002 *
	（ − 1. 78）
MB	0. 019 ***
	（41. 02）
Top1	− 0. 068 ***
	（ − 21. 09）
SOE	− 0. 017 ***
	（ − 14. 43）
DUAL	0. 007 ***
	（6. 84）
age	− 0. 003 ***
	（ − 31. 02）
Industry Fixed Effects	YES
Year Fixed Effects	YES
Constant	0. 082 ***
	（17. 47）
N	27 029
R^2	0. 404

注：括号内数字为双尾检验的 t 值；*** 和 * 分别表示在 1% 、10% 水平上显著。

三、异质性分析

（一） 产权性质的异质性影响

金融区块链的应用可能会对不同产权性质的企业的会计稳健性水平产生不同的影响。不同于非国有企业，国有上市企业脱胎于计划经济体系，"内部治理弱化" 是其重要特征（朱茶芬和李志文，2008）。这意味着，国有企业面临的债务软约束、内部控制人和政府干预是国有企业会计稳健性较低的根本原因。因此本书推断，国有企业的治理弱化加强了金融区块链对于企业会计稳健性的降低作用。表5-4中第（2）、第（3）列是将样本按照产权性质分组回归得到的结果。结果显示，在国有企业样本组中，Blockchain的系数在1%的水平上显著为负，而在非国有企业中两者关系并不显著，并且通过了组间差异检验，说明金融区块链对于降低国有企业会计稳健性水平的效果更加显著，证实了本章的推论。

表5-4　　　　　　　　　　　异质性检验结果

变量	（1）全样本 C_Score	（2）国家控股 C_Score	（3）非国家控股 C_Score	（4）低成长性 C_Score	（5）高成长性 C_Score	（6）较高杠杆 C_Score	（7）较低杠杆 C_Score
Blockchain	-0.007***(-4.24)	-0.022***(-6.76)	-0.000(-0.24)	-0.014***(-6.59)	-0.001(-0.52)	-0.016***(-6.13)	0.000(0.08)
lev	0.114***(40.55)	0.103***(22.08)	0.138***(38.89)	0.122***(32.19)	0.157***(43.31)		
ROA	-0.360***(-40.48)	-0.445***(-25.69)	-0.311***(-31.64)	-0.342***(-25.21)	-0.391***(-37.54)	-0.426***(-34.45)	-0.359***(-30.44)
growth	-0.002*(-1.78)	0.002(1.21)	-0.005***(-3.27)	0.000***(22.40)	0.001**(2.14)	0.001(0.87)	0.003*(1.66)
MB	0.019***(41.02)	0.028***(29.73)	0.016***(29.24)	0.148***(45.24)	0.010***(21.57)	0.032***(36.77)	0.012***(22.49)
SOE	-0.068***(-21.09)			-0.016***(-10.65)	-0.008***(-5.52)	-0.013***(-8.69)	-0.010***(-6.21)
Top1	-0.017***(-14.43)	-0.104***(-20.39)	-0.029***(-7.33)	-0.064***(-15.70)	-0.035***(-8.26)	-0.083***(-17.71)	-0.038***(-9.41)
DUAL	0.007***(6.84)	0.000(0.09)	0.006***(6.13)	0.005***(3.77)	0.004***(3.68)	0.005***(3.19)	0.006***(5.14)
age	-0.003***(-31.02)	-0.001***(-7.08)	-0.004***(-34.06)	-0.002***(-21.32)	-0.002***(-20.45)	-0.002***(-18.01)	-0.003***(-22.64)

变量	(1) 全样本 C_Score	(2) 国家控股 C_Score	(3) 非国家控股 C_Score	(4) 低成长性 C_Score	(5) 高成长性 C_Score	(6) 较高杠杆 C_Score	(7) 较低杠杆 C_Score
Industry Fixed Effects	YES	YES	YES	YES	YES	YES	YES
Year Fixed Effects	YES	YES	YES	YES	YES	YES	YES
Constant	0.082 *** (17.47)	0.073 *** (9.99)	0.061 *** (9.82)	-0.139 *** (-15.70)	0.062 *** (10.84)	0.139 *** (22.13)	0.094 *** (14.33)
N	27 029	11 276	15 753	13 515	13 514	13 514	13 515
R^2	0.404	0.400	0.434	0.492	0.485	0.459	0.404

注：括号内数字为双尾检验的 t 值；*** 、** 和 * 分别表示在 1%、5%、10% 水平上显著。

(二) 企业成长性的异质性影响

参考黎文飞和巫岑 (2019) 的研究，本书推断金融区块链的应用可能会对不同成长性的企业的会计稳健性水平产生不同的影响。管考磊 (2014) 使用国内上市企业数据进行实证分析，得出企业成长与会计稳健性呈显著负相关的结论。基于此，本书推断相对于成长性较高的企业，低成长性的企业 "上链" 意味着获得更多的成长机会，其成长机会的增多一定程度上加强了金融区块链对于企业会计稳健性水平的降低作用。因此本书选择托宾 Q 值作为企业成长性的衡量指标，并以样本托宾 Q 值的中位数为分界数值将样本分为低成长性与高成长性两组。表 5-4 中第 (4)、第 (5) 列是将样本按照企业成长性分组回归得到的结果。结果显示，在低成长性的样本组中，Blockchain 的系数在 1% 的水平上显著为负，而在高成长性样本组中两者关系并不显著，并且通过了组间差异检验，说明金融区块链对于低成长性企业会计稳健性水平的降低效果更大，证实了本章的推论。

(三) 资本结构的异质性影响

不同资本结构的企业可能具有不同的会计稳健性水平，由此金融区块链的应用对于不同资本结构企业的会计稳健性水平的影响可能不甚相同。从融资约束角度分析，财务杠杆水平较高的企业在债权人看来可能面临更大的财务风险，因此此类企业面临更大的融资约束，对金融区块链缓解融资约束的效用更为敏感，本章推断金融区块链对杠杆水平较高企业的会计稳健性水平具有更显著的降低作用。因此本章以资产负债率 lev 的中位数作为分界数值将样本等分为两组，进行分组回归检验。表 5-4 中第（6）、第（7）列是将样本按照企业成长性分组回归得到的结果。结果显示，在较高财务杠杆水平的样本组内，Blockchain 与 C_Score 显著负相关，Blockchain 的系数在 1% 水平上显著为负，而在较低杠杆水平的样本组内两者无显著相关关系，并且通过了组间差异检验，检验结果证实了上述推论。

第五节　稳健性检验

为了保证研究结论的可靠性，本章采用以下方法进行了稳健性检验：

第一，平行趋势检验。满足平行趋势假设是使用双重差分法评估政策效应的重要前提，即如果排除政策实施影响，实验组与政策组随时间发展应当具有相同的发展趋势。基于本章所研究的金融区块链平台具有分批建设试点的特点，首先，本章绘制了实验组与控制组样本在金融区块链平台建设前后企业会计稳健性水平的平行趋势图。如图 5-1 所示，在区块链技术应用前实验组和控制组样本的会计稳健性水平基本平行；其次，本章选择事件研究法考察政策实施前实验组与控制组之间是否具有显著差异。检验结果显示，金融区块链应用之前实验组与对照组之间的差异总体上不显著，仅有一期存在两组之间差异不显著为 0 的情况。为进一步验证研究结论的稳健性，本章接下来运用倾向性得分匹配的双重差分法（PSM-DID）进一步进行验证。

第二，倾向性得分匹配双重差分法（PSM-DID）。本章采用的传统多时点双重差分方法可能面临选择偏差带来的内生性问题。为了得到更加可靠的研究结果，本章采用 PSM-DID 的方法对样本筛选后再次进行回归检验。本章以 Blockchain 为因变量，选择企业资产负债率、资产收益率、成长水平、市值账面比、股权集中度、产权性质、两职合一和上市年龄作为协变量，分别进行 1:1、1:2、1:3、1:4 最近邻匹配，以匹配后的样本重新进行回归。由具体回归结果可知，Blockchain 的系数均在 1% 的水平上显著，说明进行倾向性得分匹配后金融区块链与会计稳健性水平仍为显著负相关关系，本章结论仍然成立。

表 5 - 5 PSM 匹配

变量	(1)	(2)	(3)	(4)
	1 : 1 匹配	1 : 2 匹配	1 : 3 匹配	1 : 4 匹配
	C_Score	C_Score	C_Score	C_Score
Blockchain	-0.009 ***	-0.008 ***	-0.008 ***	-0.008 ***
	(-3.79)	(-4.35)	(-4.43)	(-4.51)
lev	0.111 ***	0.112 ***	0.112 ***	0.113 ***
	(28.75)	(34.90)	(37.57)	(39.19)
ROA	-0.365 ***	-0.359 ***	-0.363 ***	-0.360 ***
	(-29.89)	(-34.96)	(-38.16)	(-38.96)
growth	-0.000	-0.002	-0.001	-0.002 *
	(-0.14)	(-1.22)	(-1.11)	(-1.65)
MB	0.019 ***	0.019 ***	0.019 ***	0.019 ***
	(30.19)	(36.31)	(38.64)	(39.65)
Top1	-0.064 ***	-0.066 ***	-0.067 ***	-0.068 ***
	(-14.36)	(-18.04)	(-19.71)	(-20.41)
SOE	-0.018 ***	-0.017 ***	-0.017 ***	-0.017 ***
	(-11.14)	(-12.63)	(-13.79)	(-14.19)
DUAL	0.007 ***	0.007 ***	0.007 ***	0.007 ***
	(5.28)	(6.20)	(6.54)	(6.64)
age	-0.003 ***	-0.003 ***	-0.003 ***	-0.003 ***
	(-21.63)	(-27.16)	(-28.87)	(-29.75)
Industry Fixed Effects	YES	YES	YES	YES
Year Fixed Effects	YES	YES	YES	YES
Constant	0.086 ***	0.084 ***	0.084 ***	0.084 ***
	(12.69)	(15.22)	(16.51)	(17.03)

续表

变量	（1）	（2）	（3）	（4）
	1：1 匹配	1：2 匹配	1：3 匹配	1：4 匹配
	C_Score	C_Score	C_Score	C_Score
N	14 519	20 993	23 974	25 418
R^2	0.400	0.400	0.402	0.403

注：括号内数字为双尾检验的 t 值；*** 和 * 分别表示在 1%、10% 水平上显著。

第三，安慰剂检验。为了排除某些随机因素对本章所研究的经济后果的影响，本章采取安慰剂检验的方法重复 5 000 次抽样，随机生成实验组进行稳健性检验。表 5-6 为不同统计量下 random_Blockchain 的系数与 t 值。本章主回归中 Blockchain 系数所对应的 t 值为 -4.24，结果显示随机生成实验组的回归系数的 t 值只有极少部分大于真实回归系数的 t 值，Blockchain 系数显著为 0，这说明金融区块链对企业会计稳健性水平所产生的经济后果作用较为稳健。

表 5-6 安慰剂检验

变量	Obs	Mean	SD	P5	P25	Median	P75	Min	Max
random_Blockchain	5 000	-0.000	0.001	-0.002	-0.001	-0.000	0.001	-0.005	0.005
t 值	5 000	-0.023	1.004	-1.688	-0.697	-0.036	0.639	-3.729	4.092

第四，替换因变量。根据张兆国（2012）等学者的研究，Basu 模型及其拓展与 ACF 模型是计量会计稳健性的两种可靠性较高的做法。在主回归中本章采用 C_Score 作为会计稳健性的代理变量，为了得到更为可靠的研究结论，本章进一步采用 ACF 模型计量企业的会计稳健性水平，并将结果带入本章所设定的模型中再次回归。结果显示，金融区块链与会计稳健性水平仍然在 1% 水平上显著负相关，再次验证了本章的研究假设（见表 5-7）。

表 5 - 7　　　　　　　　　　　ACF 模型

变量	(1)
	acf
Blockchain	- 0. 085 ***
	(- 3. 52)
lev	0. 122 ***
	(3. 03)
ROA	0. 330 **
	(2. 34)
growth	- 0. 081 ***
	(- 4. 50)
MB	- 0. 010 *
	(- 1. 71)
Top1	0. 140 ***
	(2. 87)
SOE	- 0. 017
	(- 0. 96)
DUAL	- 0. 018
	(- 1. 16)
age	0. 001
	(0. 50)
Industry Fixed Effects	YES
Year Fixed Effects	YES
Constant	- 0. 466 ***
	(- 8. 62)
N	26 528
R^2	0. 050

注：括号内数字为双尾检验的 t 值；*** 、** 和 * 分别表示在 1% 、5% 、10% 水平上显著。

第六节　机　制　分　析

前面的理论分析指出，金融区块链通过影响企业的融资约束与管理层短视行为这两条路径降低企业的会计稳健性水平。本书在此部分通过中介效应模型检验金融区块链影响会计稳健性的路径传导机制。

$$C\_Score_{i,t} = \alpha_0 + \alpha_1 Blockchain_{i,t} + \alpha_2 Control_{i,t} + \sum Industry + \sum Year + \varepsilon_{i,t}$$

$$(5.5)$$

$$M_{i,t} = \beta_0 + \beta_1 Blockchain_{i,t} + \beta_2 Control_{i,t} + \sum Industry + \sum Year + \varepsilon_{i,t}$$

$$(5.6)$$

$$C\_Score_{i,t} = \gamma_0 + \gamma_1 Blockchain_{i,t} + \gamma_2 M_{i,t} + \gamma_3 Control_{i,t}$$
$$+ \sum Industry + \sum Year + \varepsilon_{i,t} \qquad (5.7)$$

其中，M 为中介变量：融资约束与管理层短视行为。本书首先通过上述模型进行逐步回归检验，若式（5.5）中的系数 α_1 与式（5.6）中的系数 β_1 显著，则中介效应显著。同时，本章通过 Sobel 检验与 bootstrap 检验对中介效应进行验证。检验结果在表 5 - 8 与表 5 - 9 中进行汇报。

一、机制检验——融资约束路径

根据前文的理论分析，金融区块链通过缓解信息不对称与提高企业声誉，"解绑"企业融资约束这一传导机制实现降低企业的会计稳健性水平。本章参照哈德洛克和皮尔斯（Hadlock and Pierce，2010）的研究，选择 SA 指数作为融资约束的代理变量，SA 指数的绝对值越大，意味着企业所受到的融资约束程度越高。本章首先运用逐步回归法对融资约束的中介效应进行分析，并且进行了 Sobel 检验，结果报告于表 5 - 8。结果显示，SA 指数与 Blockchain 在 1% 的水平上显著负相关，并且通过了 Sobel 检验（Z = - 7.605 < - 0.97）；Bootstrap 检验（重复抽样 1 000 次）结果显示间接效应的 95% 置信区间为 [- 0.008， - 0.002] 不包含 0，说明间接效应显著。综上说明金融区块链

的应用降低了企业的融资约束程度，验证本书提出的融资约束这一传导机制。

表5-8　　　　　　　　　　融资约束为中介变量的检验结果

变量	(1) C_Score	(2) SA 指数	(3) C_Score
Blockchain	-0.007 *** (-4.24)	-0.016 *** (-6.90)	-0.005 *** (-2.90)
SA 指数			0.152 *** (24.21)
lev	0.114 *** (40.55)	-0.019 *** (-4.90)	0.117 *** (42.56)
ROA	-0.360 *** (-40.48)	0.089 *** (8.20)	-0.373 *** (-41.28)
growth	-0.002 * (-1.78)	0.006 *** (3.42)	-0.003 ** (-2.52)
MB	0.019 *** (41.02)	-0.013 *** (-18.15)	0.021 *** (42.09)
Top1	-0.068 *** (-21.09)	-0.072 *** (-14.80)	-0.015 *** (-13.31)
SOE	-0.017 *** (-14.43)	-0.011 *** (-7.35)	-0.057 *** (-18.29)
DUAL	0.007 *** (6.84)	-0.005 *** (-3.52)	0.008 *** (7.49)
age	-0.003 *** (-31.02)	0.040 *** (355.52)	-0.009 *** (-33.15)
Industry Fixed Effects	YES	YES	YES
Year Fixed Effects	YES	YES	YES

续表

变量	（1）	（2）	（3）
	C_Score	SA 指数	C_Score
Constant	0.082 *** (17.47)	3.176 *** (591.20)	− 0.401 *** (− 19.69)
N	27 029	27 029	27 029
R²	0.404	0.888	0.429
Sobel	Z = − 7.605 < − 0.97		

注：括号内数字为双尾检验的 t 值；*** 、** 和 * 分别表示在 1% 、5% 、10% 水平上显著。

二、机制检验——长期负债水平路径

根据前文的理论分析，本书推断长期负债水平通过下面的传导路径发挥其中介效应：金融区块链的应用使得管理层长短期融资决策方向发生改变，其更倾向于长期债务融资，为了满足债权人保护自身利益的心理偏好，管理层将更多目光放在获得更优的短期经营业绩上，从而降低企业的会计稳健性。因此，本章参照钟宇翔等（2017）的研究，使用长期负债水平衡量管理层融资决策方向的改变。表 5-9 为逐步回归的检验结果，结果显示，企业的长期负债水平与金融区块链在 1% 水平上显著正相关，说明金融区块链能够显著提高企业的长期负债水平，进而降低会计稳健性水平，并且通过了 Sobel 检验（Z = − 7.684 < − 0.97）。Bootstrap 检验（重复抽样 1 000 次）结果显示间接效应的 95% 置信区间为 ［ − 0.007， − 0.001］ 不包含零，说明间接效应显著。上文所述的传导路径成立。

表 5-9　　　　　　　　　长期负债水平为中介变量的检验结果

变量	（1）	（2）	（3）
	C_Score	ltdebt	C_Score
blockchain	− 0.007 *** (− 4.24)	0.876 *** (6.84)	− 0.002 (− 1.29)

续表

变量	(1)	(2)	(3)
	C_Score	ltdebt	C_Score
ltdebt			− 0. 006 *** (− 58. 30)
lev	0. 114 *** (40. 55)	6. 769 *** (32. 17)	0. 154 *** (60. 19)
ROA	− 0. 360 *** (− 40. 48)	5. 576 *** (13. 83)	− 0. 326 *** (− 39. 92)
growth	− 0. 002 * (− 1. 78)	− 0. 131 * (− 1. 75)	− 0. 003 *** (− 2. 73)
MB	0. 019 *** (41. 02)	− 0. 407 *** (− 21. 71)	0. 017 *** (38. 60)
SOE	− 0. 068 *** (− 21. 09)	3. 649 *** (14. 07)	− 0. 011 *** (− 10. 69)
Top1	− 0. 017 *** (− 14. 43)	0. 938 *** (11. 93)	− 0. 046 *** (− 15. 96)
DUAL	0. 007 *** (6. 84)	− 0. 050 (− 0. 84)	0. 007 *** (7. 21)
age	− 0. 003 *** (− 31. 02)	− 0. 011 * (− 1. 77)	− 0. 003 *** (− 36. 07)
Industry Fixed Effects	YES	YES	YES
Year Fixed Effects	YES	YES	YES
Constant	0. 082 *** (17. 47)	− 4. 739 *** (− 21. 79)	0. 053 *** (12. 32)
N	27 029	27 029	27 029
R^2	0. 404	0. 210	0. 521
Sobel	Z = − 7. 684 < − 0. 97		

注：括号内数字为双尾检验的 t 值；***和*分别表示在 1%、10%水平上显著。

第七节　结论与启示

本章运用多时点双重差分法检验金融区块链对会计稳健性的影响，从金融政策与新技术应用的角度分析了金融区块链对企业治理行为的影响与其内在作用机制。研究发现：（1）金融区块链的应用能够显著降低企业的会计稳健性水平，并且主要表现在国有控股的企业、低成长性企业与杠杆水平较高的企业。（2）基于中介效应的机制检验，金融区块链的应用通过两条路径影响企业会计稳健性水平。从经营环境来看，金融区块链通过缓解企业面临的融资约束降低企业的会计稳健性水平；从行为金融角度来讲，金融区块链通过改变管理层长短期融资决策偏好，提高企业长期负债水平，进而降低企业的会计稳健性水平。

本章的研究结论具有以下启示意义：（1）理论层面，本章的研究结论进一步丰富了金融区块链经济后果方面的研究。已有的文献更多地关注区块链与金融业结合应用的理论框架，但对于其经济后果检验的相关研究仍然较少。本章启示政策制定者从微观层面全面审视金融区块链应用的经济后果，从中探析政策推进与变革方向，让技术更好地为企业经营乃至国家经济发展服务。（2）研究发现金融区块链能够改变企业所处的经营环境与管理层的融资决策方向。本章研究结论表明金融区块链有助于"解绑"企业融资约束，这对于企业成长无疑是一个机会。同时，金融区块链的推进对企业管理层的心理预期产生影响，加剧管理层为了通过更优的短期业绩满足债权人心理偏好的动机。尽管辩证地看，会计稳健性对于企业发展具有正反两方向作用，但披露更可靠、更真实的会计信息的初衷不可违背。因此，金融区块链应用带来的企业会计稳健性水平的降低与会计信息质量的改变需要企业管理层、政策制定者等各方密切关注。

金融区块链与政府隐性
债务金融化转移

第一节　金融区块链与政府隐性债务
金融化转移的研究背景

伴随着以人工智能、区块链、云计算与大数据为代表的前沿技术日益与传统金融深度融合，我国金融科技迈入高质量发展新阶段。近年来，金融科技投入持续增加，2018 年我国金融科技投入在全球中的贡献比达到 46%[①]，金融科技投入占金融技术资金投入比重由 2019 年的 20.4% 上升为 2020 年的 20.88%，并有望在 2023 年提至 23.5%[②]。同时，技术创新能力也逐步提高，2021 年中国人工智能与区块链专利申请数量分别占全球总数的 52% 与 50%，位居世界首位，而美国以 11.67% 与 19.67% 紧随其后。[③] 在此背景下，2020 年 10 月，国务院金融稳定发展委员会召开专题会议，指出"当前金融科技与金融创新快速发展，必须处理好金融发展、金融稳定与金融安全的关系"[④]。可见，金融科技的更新迭代打破了传统金融稳定格局，而我国

①　2018 年中国成为全球最大的金融科技投资市场达 255 亿美元［EB/OL］. 中国经济网，http：//www.199it.com/archives/838271.html，2019 – 02 – 26.

②　笔者根据《中国科技金融服务深度调研与投资战略规划分析报告》整理。

③　笔者根据《2022AI 指数报告》与《中国区块链行业市场前瞻与投资战略规划分析报告》整理。

④　刘鹤主持召开国务院金融稳定发展委员会专题会议［EB/OL］. 中华人民共和国中央人民政府官网，http：//www.gov.cn/guowuyuan/2020 – 10/31/content_5556394.htm，2020 – 10 – 31.

始终将维护金融市场稳定工作放在首位，金融科技与金融稳定能否实现协同发展，是加快建设现代金融体系所必须重视的研究问题。

事实上，学界就上述问题存在两类相异观点。风险扰动观认为，金融科技是金融稳定的"扰动器"，新兴技术应用的不成熟易导致技术风险与金融风险交织叠加，这可能加剧金融系统波动（陈红和郭亮，2020）。同时，金融科技也可能放大传统金融风险，如亚伦等（Aaron et al.，2017）发现，金融科技企业与银行在信贷领域的激烈角逐有可能减少银行存款，这会损害银行的流动性。风险治理观则认为，金融科技是金融稳定的"保护盾"，充分利用金融科技可防范金融风险（Lee and Shin，2018），如扎马尼等（Zamani et al.，2018）认为，区块链技术可应用于去中心化交易账簿系统的开发，而去中心化可抑制任何单一金融机构崩溃所造成的金融冲击（FSB，2017）。此外，金融科技在金融监管领域的应用加速了金融新监管体系的确立（Zhou et al.，2018），这有助于提供有效、稳定与安全的金融服务环境（Anagnostopoulos，2018）。可见，金融科技究竟是金融稳定的"保护盾"还是"扰动器"，在理论上并未达成共识。

在实践中，金融科技助力防控金融风险的优势不容忽视。2018年国际会计师事务所安永（EY）曾就金融科技赋能金融监管开展了一系列访问调查，发现金融科技运用于金融监管不仅在监管端简化了风险报告流程，提高了监管成本收益比，还在银行端降低了金融合规成本，金融科技的加持有助于完善监管部门的风险监测手段。[①] 同时，金融科技也有助于银行风险管理，例如，2018年中国交通银行以大数据与人工智能技术为基础，构建了基于复杂知识图谱的智能化风险监测体系，帮助管理人员明晰风险机理并监测银行风险，实现了对信贷资产关联风险的实时监控。因此，金融科技通过实现精细化风险管理有助于完善监管手段和银行风险管理，这也是政府积极促进金融与科技融合的原因之一。

然而，令人遗憾的是，金融科技引发金融风险的现象也确实存在。金融科技极大推动了金融服务线上化与开放化，这可能暴露出更多网络安全隐患，且随着技术快速迭代更新，网络攻击技术形式与行为也难以精准识别，

---

① 具体参见安永发布的2018年《全球监管科技创新概览》报告。

技术风险与金融风险可能出现"双重叠加"，例如，2020 年 6 月与 2020 年 8
月，欧洲某银行和新西兰证券交易所受到了分布式拒绝服务（DDoS）攻击，
这导致银行数据包外泄与服务终端的"宕机"，并进一步波及其他金融市
场。此外，多数金融科技活动依赖于第三方服务商①，而第三方服务器的异
常可能对金融安全构成威胁，金融风险联动机制将更为复杂，2017 年亚马逊
云服务的崩溃就扰乱了包括美国证券交易委员会在内的诸多机构正常运作。
上述观点与事实表明，金融科技既能赋能金融监管与银行风险管理从而维护
金融稳定，又可能会暴露出安全隐患和放大风险传染效应从而助推金融风险。
因此，在国家支持金融科技发展并高度重视金融稳定的背景之下，研究金融
科技能否真正实现完善金融风险管理手段，维护金融稳定的功能尤为重要。

　　政府隐性债务风险金融化转移是影响我国金融系统稳定的一大重要因
素。为促进经济复苏与繁荣，凯恩斯学派主张以债务融资扩大政府支出的方
式，来对经济波动进行逆周期调节。金融危机以来，在该理论指导下，我国
经济逐步复苏，但地方政府隐性债务也日益膨胀，学界普遍认为积压的政府
债务风险可能发生金融化转移（吴盼文等，2013；Oet et al.，2013；Gen-
naiol et al.，2014），这可能加剧商业银行的信用风险与流动性风险，地方金
融发展不足及政府机会主义行为是促成于此的重要诱因。从实践中来看，就
债务规模而言，政府隐性债务可能要大于显性债务，据国际货币基金组织
（IMF）估算，2019 年我国隐性债务规模几乎达到了显性债务规模的两倍②，
而政府"债台高筑"可能危及金融稳定。四川监管部门在日常调研与监管
中发现，银行等金融机构偏向地方政府隐性担保的融资平台提供贷款，在经
济压力下行背景下，政府财政压力骤升，财政风险会向金融系统溢出。③ 因
此，不论是理论研究还是实践经验，均表明政府隐性债务风险会发生金融化

---

① 欧盟网络和信息安全局（ENISA）2015 年报告指出，欧洲 88% 的金融机构都使用过至少一
个云应用程序，但只有 1% 的机构在运营核心程序。

② 国际货币基金组织（IMF）估算，2019 年我国政府隐性债务规模为 42.17 万亿元，政府显性债务
规模 21.31 万亿元，政府隐性债务规模与显性债务规模之比达到了 1.98 倍。《财政部：地方政府隐性债
务风险得到缓释》，第一财经，https：//baijiahao. baidu. com/s？id = 1701970857210009624&wfr =
spider&for = pc。

③ 四川监管局. 关于加强监管局财政金融监管的思考 ［EB/OL］. https：//zfcg. czt. zj. gov. cn/
buyServiceViewpoint/2022 - 03 - 21/15150. html，2022 - 03 - 21。

转移，而这种转移可能危及金融系统的稳定性。本章所要讨论的是，既然金融科技是金融稳定的"双刃剑"，那么金融科技究竟是抑制还是加速政府隐性债务金融化转移？

基于上述分析，本章以2014～2019年我国商业银行为研究对象，考察地方政府实施金融区块链政策对政府隐性债务金融化风险转移的影响。研究发现，金融区块链政策的实施有效抑制了政府隐性债务金融化风险转移。机制检验发现，金融区块链提高了区域金融发展水平、降低了地方政府的机会主义倾向，最终抑制了政府隐性债务风险金融化转移。在异质性讨论中，本章发现金融区块链对政府隐性债务风险金融化转移的抑制作用在银行分支机构多、城投债信用利差高与城镇化水平低的样本中更为显著。研究结果表明，从政府隐性债务风险金融化转移视角来看，金融科技可能成为金融稳定的"保护盾"。

本章的可能贡献有以下三点。第一，有助于从政府隐性债务金融化转移视角丰富和拓展金融科技的相关研究。现有研究主要从金融机构关联、宏观审慎政策、技术风险、与监管挑战（肖璞等，2012；王道平等，2022；陈红和郭亮，2020；杨东，2018）等角度分析了金融科技对我国金融稳定可能产生的负向冲击。但是鲜有文献研究金融科技是否以及如何影响政府隐性债务金融化转移。本章通过考察地方政府实施金融区块链政策对政府隐性债务金融化转移的影响，可以从政府隐性债务金融化转移视角丰富和拓展金融科技的相关研究。第二，有助于从金融科技角度丰富和拓展政府隐性债务的相关研究。关于政府债务风险金融化转移的文献非常丰富，这些文献主要从理论模型、宏观层面与银行层面（Reinhart and Rogoff，2011；Bonis and Stacchini，2013；吴盼文等，2013；毛锐等，2018；张甜和曹廷求，2022）集中论证了政府债务风险金融化转移的客观事实与内在机理，但鲜有研究提出具体、可行的治理措施，本章创新性地将政府隐性债务风险金融化转移设定在地方政府实施金融区块链政策这一情境下，进一步丰富、拓展了政府隐性债务研究。第三，有助于为金融科技的风险治理观提供微观证据。学界对金融科技与金融稳定是否能实现协同发展仍未达成共识。本章以商业银行为研究对象，检验地方政府实施金融区块链政策对政府隐性债务金融化转移的作用及内在机制。研究结果发现，金融区块链政策的实施提高了区域金融发展水平、降低了地方政府的机会主义倾向，最终抑制了政府隐性债务风险金融化转移。这些结果意味着，金融科技可能成为金融稳定的"保护盾"。因此，本章为金融科技的风险治理观提供了微观证据，并为金融科技助力金融服务稳步发展提供了理论依据与政策参考。

第二节　制度背景与理论演绎

（一）制度背景

《2019 年中国金融科技价值研究报告》指出，区块链在金融领域与实体经济的深融彰显出区块链丰富的应用价值，其将成为未来金融科技最重要的战略方向。具体来说，区块链技术为金融科技创新提供了全新的发展思路，点对点技术使得交易双方不再依靠第三方担保，而是通过引入共识机制解决互不相识节点间的信任问题，这种去中心化特征将增强金融科技的普惠性与可控性，为金融科技发展注入新动力。同时，在非对称加密技术的保护下，交易信息能够安全、高效地在链上闭环流通，公开透明且无法篡改的交易信息流有助于丰富金融科技的风险评估手段，降低金融科技给金融系统带来的潜在风险。另外，独特的默克尔树结构降低了交易数据的写入频率，仅需关键数据便能够对完整交易过程进行回溯，这提高了金融科技的使用效率，节省金融机构对金融科技的运维成本。可以看出，区块链迎合了金融科技高质量发展的内在需求，对加快建设现代金融体系大有裨益。因此，我国尤为重视区块链技术与金融的融合发展，2016 年 10 月，工信部发布了《中国区块链技术和应用发展白皮书（2016）》，认为"区块链与金融服务行业有效结合能够降低金融机构间结算、清算与交易成本，并保护客户隐私"。同年，区块链技术被作为一种前沿、颠覆性技术写入国务院发布的《国务院关于印发"十三五"国家信息化规划的通知》，并指出"加快技术创新是应对经济增长不确定性的关键引擎"。在这些政策的号召下，地方政府逐渐重视区块链与金融的协调发展，将金融区块链纳入重点部署工作。

具体来说，各城市主要从以下三个方面推动金融区块链政策落地。首先，注重区块链技术研发，积极推进 P2P 技术、智能合约技术等维度区块链技术研发，鼓励区块链底层技术创新，例如，2017 年宁波市经济和信息化委员会发布《宁波市智能经济中长期规划（2016—2025）》，要求"积极跟踪研究区块链基础理论，参与研发侧链技术等区块链前沿技术，推进区块链在金融领域的应用"。其次，推广区块链适用范围，包括征信、信贷在内的多个金融服务场景，《北京市促进金融科技发展规划（2018 年—2022年)》提出，要依托区块链技术等新兴技术逐步完善征信体系服务模式，开发具有针对性的金融服务产品。最后，深融区块链场景应用，基于区块链技术将"政府服务"与"金融服务"一体化，由工商、税务与社保等政务数据为中小企业信贷融资、身份认证与风险控制等多个场景提供数据支撑，政府增信有助于进一步缓解银企之间的信息不对称问题。地方政府"三管齐下"引导金融区块链政策逐步落地，一批金融区块链服务平台也应运而生，例如，2018 年 6 月，在《关于支持"区块链 +"金融科技产业集聚发展的扶持措施》政策支持下，广东省佛山市正式启动了"区块链 +"金融科技产业集聚平台，该平台旨在将传统金融服务要素与区块链技术相结合，塑造金融新业态；2019 年 11 月，在《加速区块链产业引领变革若干措施》政策引导下，广州市构建了金融区块链征信共享平台，这有助于破解各征信机构信息不流通的弊端，打破"数据孤岛"现象。可见，区块链技术能够有效提升金融发展水平，为金融服务于实体经济发展提质增效。

（二）理论演绎与研究假说

财政赤字理论为地方政府通过债务工具来行使"看得见的手"职能提供了理论基础，而分税制改革后，重新划定中央与地方收入使得财权重心上移，事权重心下压，财权与事权的不匹配削弱了地方政府的干预能力。区域金融发展不足，地方政府更多依靠"土地融资"来应对此种矛盾。此外，官员晋升机制对地方 GDP 的考核与"土地融资"增长乏力后地方财力的短绌，诱增了地方政府行政干预信贷资源配置这一机会主义行为，这些因素强化了地方政府对区域信贷资源攫取的动机，导致政府隐性债务风险通过地方融资平台、PPP 项目与融资租赁等渠道向金融机构转移，加剧了现有金融体系的脆弱性。具体来说，一方面政府隐性债务风险金融化转移可能引发银行信用风险。官员晋升激励地方政府过度投资（纪志宏，2014），这使得政府官员偏好增加中长期贷款与房地产贷款，进而造成银行不良贷款的累积（钱先航，2011）。政府财政压力的上升也使得商业银行加大对地方国有企业的贷款力度，随后这些银行将面临较高不良贷款率困境（祝继高，2020）。另一方面，政府隐性债务风险金融化转移也有可能引发银行流动性风险。地方政府债务规模扩张过程中会挤占银行有限的信贷资源（伏润民等，2017），信贷资源错配不仅造成社会资本支出活力下降（谢平和邹传伟，2010），也放大了短期经济波动（毛锐等，2018），加大内生挤兑概率，这提高了银行流动性风险。张甜和曹廷求（2022）发现，银行为应对政府债务转移压力会提高主动负债比例，这可能加剧信贷资金期限错配，暴露更多流动性风险敞口。可以看出，地方政府对信贷资金配置的干预，最终可能将政府隐性债务风险传导为银行信用风险与流动性风险。

　　区域金融发展不足以及地方政府机会主义行为是政府隐性债务风险金融化转移的主要诱因。事实上，金融区块链的作用正好与政府隐性债务风险金融化转移产生的两个原因——区域金融发展不足和地方政府机会主义行为相吻合。通过促进金融发展与缓解信息不对称难题，金融区块链能够为地方政府开源节流，并约束地方政府的机会主义行为，这有助于抑制政府隐性债务风险金融化转移。然而，金融活动与区块链技术的交织相容可能使得交叉性金融业务更为复杂，部分金融科技业务在法律界定中有其自身的特殊性与复杂性，现有监管框架无法充分对其发挥监管效能，因而处于监管真空地带，带有隐蔽性色彩，在银行传统贷款模式受限情形下，银行通过复杂性或隐蔽性金融业务为地方融资平台提供类信贷支持，这可能加速政府隐性债务风险金融化转移。因此，本章将从抑制与加速两方面分别论述金融区块链如何影响政府隐性债务风险金融化转移。

　　金融区块链通过促进金融发展，可以开源节流的方式抑制政府隐性债务风险金融化转移。地方金融发展不足可能加剧资金供求双方的事前逆向选择与事后道德风险问题，这易引发金融资源错配（顾海峰和卞雨晨，2022），使得政府融资渠道受阻，并进一步导致了政府对"土地金融"的依赖性。"土地金融"指的是地方政府通过注入土地、财政资金等资产而设立地方融资平台以筹措资金的融资模式，该融资模式主要依托银行贷款与城投债获取融资便利（余靖雯等，2019），这不仅增强了地方政府对银行机构的依赖性，且随着城投债规模扩大，地方政府债务风险也会逐渐加大，甚至可能引致系统性金融风险（牛霖琳等，2016）。金融区块链通过提高金融发展水平，能够为地方政府开源节流。具体来说，一方面，金融发展优化了金融资源配置，这有助于调剂闲置资金，强化行业资本配置效率的经济增长效应（Wurgler，2000；Huang et al.，2014）；也有助于赋予经济更高的流动性，抑制政府举债推升利率后对私人投资的挤占，进而增强政府债务的经济增长效应（黄昱然等，2018），"双增长效应"有助于提高政府投资效率，带动地区投资与收入的提高。另一方面，金融发展拓宽了政府融资渠道，分税制改革后，地方政府对外部资金的需求尤为强烈，拉詹和津加莱斯（Rajan and Zingales，1998）认为，金融水平的提升能够使得依赖于外部资金的主体获得较低的融资成本，而最重要的机制在于克服逆向选择与道德风险（Hsu et al.，2014），金融区块链能够通过打通资金供求双方对接渠道强化双方信任关系，提高资金需求方授信概率。因此，金融区块链通过降低内部融资需求与拓宽外部融资渠道的方式，能够有效抑制政府隐性债务风险金融化转移。

金融区块链也能够在一定程度上缓解信息不对称问题，约束地方政府的机会主义行为。晋升激励与财政压力下地方政府的策略性行为易产生较为严重的机会主义倾向（范剑勇和莫家伟，2014；刘昶，2021）。具体来说，20世纪80年代初以来，地方官员晋升的考核标准由政治表现转变为地方 GDP 增长绩效（Li and Zhou，2004），部分关心仕途的地方官员为追求短期经济绩效或阻止竞争地区绩效上升，往往会进行过度投资（周黎安，2004）。此外，对于晋升机会有限的地方政府内部成员，他们对财政的福利性支出尤为关注，而这也形成了较大的财政压力（曹春方等，2014）。在债务融资受限情形下，顾全自身利益的机会主义行为促使地方官员以政府信誉为隐性担保，干预金融资源进入地方融资平台以补贴财政支出，使得财政能够兼顾地方官员的自利动机，这实质上是将政府隐性债务压力转移至银行。信息不对称理论认为，当公众信息贫乏时，很难做出理性的监督决策，这可能为地方政府的机会主义行为提供了温床，金融区块链要求政务数据链入以为中小企业进行身份认证、获得融资便利等提供数据支撑，这也意味着更多的政务数据将暴露在公众视野之中，伴随着信息劣势方掌握更多信息，这有助于加强公众对政府部门的问询力度与关注程度，迫使政府缩减不必要的投资或开支。同时，信息共享机制也能够打破内外部组织间的"信息孤岛"，实现信息流通与共享，通过大数据挖掘各类信息的内在关联，秉要执本，这有助于提高地方财政绩效，获得更多财政留存。可见，金融区块链能够使得数据价值最大化，有助于缓解政府与社会公众、政府与其他部门的信息不对称难题，从而约束地方政府的机会主义行为。

然而，金融区块链也有可能加速政府隐性债务风险金融化转移。2010年国务院发布《关于加强地方政府融资平台公司管理有关问题的通知》后，银行业监督管理委员会对投向地方融资平台的贷款进行名单制管理，银行不得向名单以外的融资平台发放贷款，地方融资平台的融资渠道逐步得到规范，传统的以银行贷款为融资平台进行融资的模式受到更多限制。而金融创新的快速发展可能加剧资金方与管理人、监管层与金融机构之间围绕复杂业务模式的信息不对称问题，这种信息不对称主要体现在两个方面。一方面金融创新使得金融业务更为复杂（宋寒亮，2022），层层嵌套的交叉性金融业务易导致信息失真或扭曲；另一方面区块链在动态运用中由于自身技术的专业性与复杂性，在金融业务中构筑了强硬的技术壁垒。柠檬问题①放松了资金方与监管层对复杂金融业务信贷资金流向的监管，银行可能通过复杂金融业务并以银行表外业务或委外业务的方式为地方融资平台提供类信贷支持（刘红忠等，2019），这种"绕道而行"的信贷支持模式也可能为政府干预银行信贷资源配置提供阻力更小的选择，扩展政府隐性债务风险向金融系统的传导路径。因此，金融业务的复杂性也可能使得金融区块链对政府隐性债务风险金融化转移的抑制作用适得其反，成为金融稳定的"扰动器"。综上，鉴于金融区块链对政府隐性债务风险金融化转移可能产生正反两方面影响，本书提出：

假说6-1a：金融区块链会抑制政府隐性债务风险金融化转移。

假说6-1b：金融区块链会加速政府隐性债务风险金融化转移。

---

① 柠檬问题由经济学家乔治·阿克洛夫于1970年提出，含义有二：一是在交易中隐藏信息的一方对交易另一方利益产生损害；二是市场的优胜劣汰机制发生扭曲，质量好的产品被挤出市场，而质量差的产品却留在市场，极端的情况是市场会逐步萎缩直至消失。

第三节　样本选择、数据来源与研究设计

(一) 数据来源与样本选择

笔者手工收集了各地级市财政、城市与债务数据，其中财政与城市数据源于《中国统计年鉴》、各地级市的数据来自《财政年鉴》《城市年鉴》与《金融年鉴》；债务数据源于 Wind 数据库，并以中国经济与社会发展统计数据库进行了相应补充；银行数据源于 CSMAR 数据库。考虑到 2014 年以前数据缺失严重以及 2020 年疫情对地方政府债务的影响，本章将研究区间设定在 2014～2019 年，并剔除了主要变量的缺失值，为避免极端值影响对所有连续型变量在上下 1% 处进行缩尾处理，最终得到 368 个"银行—年度"样本。

(二) 政府隐性债务估算

已有文献对地方政府隐性债务的估算主要有两种方法。第一种为直接法，即直接根据隐性债务分类进行估算，通过将隐性债务类别汇总就可以估算总体的隐性债务，这类方法的主要缺点在于，一是对隐性债务覆盖不全，因此可能会低估隐性债务规模；二是估算存在一定的主观性，由于估算隐性债务规模不能将这些类别简单相加，而是需要赋予主观的债务转化率（郭敏和宋寒凝，2020），因此不同的债务转化率得出来的隐性债务规模也会产生较大的差异。第二种为间接法，首先，通过地方政府预算恒等式估算出政府总债务增长额（徐家杰，2014），再以总债务增长额减去显性债务增长额，就得到了隐性债务增长额，本章主要选择了间接法估算隐性债务变动额。以间接法估算的隐性债务增长额（ΔID_t）除以地方 GDP（蔡利和段康，2022）进行标准化，得到 RISK，将其定义为地方政府隐性债务风险，具体估算过程如下。

地方政府总债务（TD_t）包括显性债务（ED_t）与隐性债务（ID_t），即：

$$TD_t = ED_t + ID_t \tag{6.1}$$

$$ID_t = TD_t - ED_t \tag{6.2}$$

对式（6.2）作一阶差分处理：

$$\Delta ID_t = \Delta TD_t - \Delta ED_t \tag{6.3}$$

在我国财政制度下，地方政府预算约束恒等式为[①]：

$$TE_t = \Delta TD_t + TR_t + Return_t + Transfer_t \tag{6.4}$$

$$\Delta TD_t = TE_t - TR_t - Return_t - Transfer_t \tag{6.5}$$

其中，TE_t 为财政支出，TR_t 为财政收入，$Return_t$ 为税收返还，$Transfer_t$ 为转移支付，由此可以估算出地方政府总债务的增长情况，根据式（6.2）便可以进一步估算出隐性债务的增长情况，即：

$$\Delta ID_t = TE_t - TR_t - Return_t - Transfer_t - \Delta ED_t \tag{6.6}$$

进一步分年度求取了 RISK 的平均值，并将城投债与地方生产总值的比值，作为衡量政府隐性债务风险的另一指标进行比较，也分年度求取了其平均值，通过 HP 滤波的方式本章发现两者的波动存在共动关系（co-movement），相关系数为 0.77，且在 2017 年中共中央政治局会议提出"坚决遏制隐性债务增量"的要求后，两者均开始下滑，现实意义解释与指标比较印证了该指标构建的合理性（见图 6-1）。

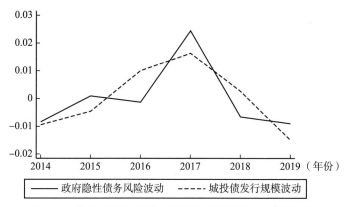

图 6-1 估算政府隐性债务风险与城投债发行规模波动图

---

① 由旧债务产生的利息支出计入政府当年的财政支出，故未列示。

（三）模型设定与变量说明

为检验假说 6 – 1a 与假说 6 – 1b，构建如下模型，采用 OLS 估计：

$$NPL(Liquidity) = \beta_0 + \beta_1 Blockchain + \beta_2 RISK + \beta_3 Blockchain \times RISK$$
$$+ \sum \beta_i Control_i + Bank + Year + \varepsilon \qquad (6.7)$$

其中，NPL 为银行不良贷款率，NPL 越高，说明银行面临越高的信用风险（Balakrishnan，2021），Liquidity 为银行流动性比例，Liquidity 越低，说明银行面临越高的流动性风险（庄毓敏和张祎，2021）；Blockchain 为哑变量，若城市当年实施了金融区块链则为 1，否则为 0；Control 包含银行特征变量与城市特征变量；Bank 为银行固定效应；Year 为年度固定效应；ε 为残差项；本章主要关注的为交互项系数 β_3，对于 NPL 变量，若 $\beta_3 < 0$，则金融区块链的推行能够有效抑制政府隐性债务风险转移为银行信用风险；对于 Liquidity 变量，若 $\beta_3 > 0$，则金融区块链的推行能够有效抑制政府隐性债务风险传导为银行流动性风险。

控制变量选取参照已有研究（张甜和曹廷求，2022；陈文川和杨野，2019；蔡利和段康，2022），同时控制了银行特征变量与城市特征变量。银行层面，控制了银行规模（Size）、存贷比（LDR）、资本充足率（CAR）、第一大股东性质（SOE）、第一大股东持股比例（Share1）、董事会规模（Board）。城市层面，控制了地区经济状况（GDP）、地区金融状况（Finance）、固定资产投资（Invest）、财政收入分权（FD）与财政支出分权（FDI），具体定义如表 6 – 1 所示。同时，为增强研究结论的稳健性，标准误均已在银行层面聚类处理。

表 6 – 1　　　　　　　　　　　主要变量定义

变量符号	变量定义
NPL	银行不良贷款率，不良贷款总额与贷款总额之比
Liquidity	银行流动性比例，流动性资产与流动性负债之比
Blockchain	金融区块链哑变量，若城市当年实施了金融区块链则为 1，否则为 0
RISK	地方隐性债务风险，地方政府新增隐性债务与地方生产总值之比

变量符号	变量定义
Size	银行规模，银行资产账面价值取对数
ROA	银行盈利能力，银行净利润与平均总资产之比
CAR	银行资本充足率，资本净额与风险资产之比
SOE	银行第一大股东性质，国有为 1，否则为 0
Share1	银行第一大股东持股比例，第一大股东持股数量与总股数之比
Board	银行董事会规模，董事会人数取对数
GDP	地方经济状况，地区生产总值取对数
Finance	地方金融状况，地区金融机构贷款余额取对数
Invest	地方固定资产投资，固定资产投资取对数
FD	地方财政收入分权，地区一般预算内收入与当年国家一般预算内收入之比
FDI	地方财政支出分权，地区一般预算内支出与当年国家一般预算内支出之比

第四节 实 证 分 析

（一）主要变量描述性统计

表 6 - 2 列示了主要变量的描述性统计结果。其中，NPL 与 Liquidity 的最小值分别为 0.004、0.288，最大值分别为 0.049、1.472，可以看出，不同银行之间所面临的信用风险与流动性风险差异较大，但总体来看均值分别为 0.019 与 0.600，满足《中华人民共和国商业银行法》5% 与 25% 的监管要求。RISK 为本章估算的政府隐性债务风险增长额，最小值为 -0.218，最大值为 0.450，即部分城市的政府隐性债务增长额是逐步下降的，而一些城市的政府隐性债务增长额却有所提高，各地方政府之间隐性债务增长情况有较大的差异，并且 RISK 均值大于 0，高于中位数，呈右偏分布。Treat 为实施了金融区块链政策的样本，均值为 0.234，说明实验组数量为总体样本的 23.4%。在控制变量中，FD 与 FDI 的最小值分别为 0.000 与 0.004，均值分别为 0.008 与 0.027，最大值分别为 0.083 与 0.253，数据分布离散程度较

大，表明我国各地方政府间财政分权程度存在差异，CAR 与 LDR 均值分别为 0.138 与 0.641，总体来看，资本充足率符合 8% 的监管要求，但 LDR 小于 2015 年之前《中华人民共和国商业银行法》所要求的 75%，其他控制变量分布特征与已有文献保持一致。

表 6-2   主要变量描述性统计

变量	样本量	均值	标准差	中位数	最小值	最大值
NPL	368	0.019	0.009	0.017	0.004	0.049
Liquidity	368	0.600	0.229	0.558	0.288	1.472
RISK	368	0.007	0.088	-0.005	-0.218	0.450
Treat	368	0.234	0.424	0.000	0.000	1.000
GDP	368	17.391	0.893	17.340	15.430	19.684
FD	368	0.008	0.013	0.004	0.000	0.083
FDI	368	0.027	0.036	0.017	0.004	0.253
Finance	368	17.578	1.102	17.483	15.346	20.416
Invest	368	16.985	0.807	17.053	14.880	18.691
Size	368	25.135	1.332	25.354	20.755	28.737
CAR	368	0.138	0.031	0.132	0.094	0.436
LDR	368	0.641	0.108	0.657	0.353	0.978
SOE	368	0.315	0.465	0.000	0.000	1.000
Share1	368	0.163	0.147	0.123	0.031	1.000
Board	368	2.461	0.244	2.485	1.609	2.890

（二）回归分析

表 6-3 报告了金融区块链、政府隐性债务风险与金融风险的多元回归结果，其中列（1）~（3）报告的是以 NPL 作为被解释变量的回归结果，列（4）~（6）报告的是以 Liquidity 作为被解释变量的回归结果，除列（1）与列（4）外，均控制了银行固定效应与时间固定效应。结果显示，第（1）~（3）列 Blockchain × RISK 的系数分别为 -0.127、-0.137 与 -0.104，且在 10% 与 1% 的水平上显著，第（4）~（6）列 Blockchain × RISK 的系数分别为

2.458、2.955 与 2.353，且在 10%、1% 和 5% 的水平上显著，这表明不论是否加入控制变量或控制时间固定效应，金融区块链的实施均显著抑制了政府隐性债务风险转化为银行的信用风险与流动性风险，至此，假说 6－1a 得到初步验证。

表 6－3　　　金融区块链、政府隐性债务风险与金融风险回归结果

变量	(1)	(2)	(3)	(4)	(5)	(6)
	NPL	NPL	NPL	Liquidity	Liquidity	Liquidity
Blockchain	－0.003 (－1.494)	－0.004* (－1.810)	－0.004** (－2.270)	0.240*** (10.624)	0.189*** (5.984)	0.170*** (5.127)
RISK	0.009** (2.358)	0.005 (1.616)	0.004 (1.408)	－0.011 (－0.149)	－0.008 (－0.112)	－0.018 (－0.253)
Blockchain × RISK	－0.127* (－1.873)	－0.137* (－1.857)	－0.104*** (－2.628)	2.458* (1.682)	2.955*** (3.048)	2.353** (2.258)
GDP			－0.011** (－2.196)			－0.132 (－0.962)
FD			0.014 (1.118)			－1.567*** (－3.384)
FDI			0.020 (0.351)			0.217 (0.146)
Finance			0.012** (2.007)			0.124 (0.905)
Invest			－0.001 (－0.423)			－0.005 (－0.107)
Size			0.003 (1.051)			－0.002 (－0.029)
CAR			－0.048 (－1.451)			0.270 (0.458)
LDR			0.012* (1.833)			－0.184 (－0.937)

续表

变量	(1)	(2)	(3)	(4)	(5)	(6)
	NPL	NPL	NPL	Liquidity	Liquidity	Liquidity
SOE			−0.004* (−1.799)			−0.014 (−0.490)
Share1			0.016 (1.562)			−0.438* (−1.968)
Board			0.000 (0.024)			0.088 (0.713)
常数项	0.019*** (140.385)	0.015*** (21.893)	−0.078 (−0.722)	0.584*** (389.828)	0.571*** (35.853)	0.775 (0.328)
时间 FE	否	是	是	否	是	是
银行 FE	是	是	是	是	是	是
N	368	368	368	368	368	368
Within R2	0.044	0.201	0.369	0.118	0.191	0.221

注：括号内数字为双尾检验的 t 值；*、**、*** 分别代表在 10%、5%、1% 的显著性水平上显著；标准误差经过银行层面 Cluster 群聚处理。

第五节　稳健性检验

为确保结果的可靠性，本章做了以下稳健性检验。

（1）工具变量与广义矩估计。由于估算的政府隐性债务风险为一阶差分，在一定程度上缓解了反向因果问题，但为了进一步减轻模型中可能存在的反向因果问题，采用 IV－2SLS［见表 6－4 列（1）、列（2）］与 SYS－GMM［见表 6－4 列（3）、列（4）］两种方法进行稳健性检验。首先，以滞后一期的同省份内其他城市的地方政府显性债务平均余额作为 RISK 的工具变量，采用两阶段最小二乘法（2SLS）进行回归，从相关性角度来看，我国地方政府债务风险在空间上普遍存在关联性与竞争性；从外生性角度来看，2014 年《国务院关于加强地方政府性债务管理的意见》发布以及新

《中华人民共和国预算法》修正后，政府显性债务的举债方式有了更加严格的规范，并受到社会公众的全方位监督，不太可能通过此种方式直接影响相邻地区的金融风险（赵文举和张曾莲，2021），且滞后一期后并不能对当期扰动项产生直接影响。K-P LM 统计量在5%的显著性水平上通过了识别不足检验，C-D Wald F 统计量也通过了弱工具变量检验，这表明工具变量的选取是有效的，IV-2SLS 回归结果与主回归结果保持一致。其次，考虑到银行风险的持续性影响，在主回归中加入被解释变量的滞后一期以构建动态面板模型，采用两步 SYS-GMM 进行估计，AR（2）P 值均大于0.1，即不存在二阶自相关，Hasen 检验 P 值也均大于0.1，通过了过度识别检验，SYS-GMM 估计结果与主回归也基本保持一致。

表 6-4　　　　　　IV-2SLS、SYS-GMM 与 Heckman 两阶段回归结果

变量	IV-2SLS		SYS-GMM		Heckman 两阶段	
	NPL	Liquidity	NPL	Liquidity	NPL	Liquidity
	(1)	(2)	(3)	(4)	(5)	(6)
Blockchain	-0.005 *** (-2.800)	0.112 *** (3.716)	-0.003 (-1.121)	0.190 *** (2.624)	-0.003 (-1.429)	0.169 *** (5.236)
RISK	0.009 (1.409)	-0.311 (-1.284)	0.003 (0.513)	0.125 (0.655)	0.003 (1.042)	-0.027 (-0.356)
Blockchain × RISK	-0.152 *** (-3.017)	4.120 *** (3.575)	-0.189 * (-1.875)	5.070 * (1.953)	-0.091 ** (-2.494)	3.077 *** (3.617)
L. NPL			0.830 *** (5.630)			
L. Liquidity				-0.403 (-0.99)		
IMR					-0.004 (-1.067)	0.048 (0.747)
第一阶段回归系数	-0.001 ** (-2.09)	-0.001 ** (-2.09)				

续表

变量	IV－2SLS		SYS－GMM		Heckman 两阶段	
	NPL	Liquidity	NPL	Liquidity	NPL	Liquidity
	（1）	（2）	（3）	（4）	（5）	（6）
Kleibergen－Paaprk LM statistic	4. 166 [0. 041]	4. 166 [0. 041]				
Cragg－Donald Wald F statistic	10. 648 {7. 03}	10. 648 {7. 03}				
AR（2）			[0. 475]	[0. 892]		
Hansen Test			[0. 794]	[0. 744]		
控制变量	是	是	是	是	是	是
时间/银行 FE	是	是	是	是	是	是
N	211	211	211	211	324	324

注：IV－2SLS 回归与 Heckman 两阶段标准误在银行层面 Cluster 群聚处理，SYS－GMM 估计采用稳健标准误；［］内为 P 值；{} 内为 Cragg－Donald Wald F statistic 在 10% 水平的临界值。括号内数字为 t 值；*、**、*** 分别代表在 10%、5%、1% 的显著性水平上显著。

（2）Heckman 两阶段。为克服样本选择偏误而导致的内生性问题，本章使用 Heckman 两阶段法对基准回归再次进行检验［见表 6－4 列（5）、列（6）］，在一阶段 Probit 模型中加入地方经济状况、人均生产总值、教育水平、金融状况、劳动力供给、固定资产投资与城镇化水平等对是否为实施金融区块链政策的城市（Treat）这一变量进行回归，将计算出的逆米尔斯率（IMR）代入主回归模型中以控制选择偏误。可以看出，IMR 系数并不显著，且结果未发生实质性变化。

（3）倾向得分匹配（PSM）。为合理匹配实验组与控制组之间的差异，本章进一步采用倾向得分匹配的方法进行分析。首先，以地方经济状况、固定资产投资等城市特征变量与银行规模、资本充足率、存贷比、第一大股东性质等银行特征变量作为协变量，以是否实施金融区块链（Treat）政策为处理变量，通过 Probit 模型对样本进行倾向评分；随后依据得分进行核匹配与匹配半径 0.01 的半径匹配，同时通过比对实验组与控制组数量，也采用了匹配半径 0.01 的 1∶3 的近邻匹配；最后对匹配完成后的样本进行回归分析，结果同主回归（见表6-5）。

表6-5　　　　　　　　　　倾向得分匹配回归结果

变量	半径匹配		核匹配		近邻匹配	
	NPL	Liquidity	NPL	Liquidity	NPL	Liquidity
	（1）	（2）	（3）	（4）	（5）	（6）
Blockchain	-0.005*** (-2.718)	0.164*** (4.231)	-0.005*** (-3.202)	0.169*** (4.772)	-0.004 (-1.206)	0.193*** (4.420)
RISK	0.003 (0.902)	0.034 (0.305)	0.004 (1.250)	0.012 (0.153)	0.005 (1.223)	-0.152* (-1.723)
Blockchain×RISK	-0.088*** (-2.931)	2.408** (2.491)	-0.089*** (-2.803)	3.072*** (2.912)	-0.124** (-2.286)	2.494* (1.917)
控制变量	是	是	是	是	是	是
时间/银行 FE	是	是	是	是	是	是
N	250	250	312	312	150	150
Within R2	0.396	0.344	0.389	0.288	0.493	0.535

注：括号内数字为t值；*、**、***分别代表在10%、5%、1%的显著性水平上显著。
资料来源：笔者整理。

（4）平行趋势检验与安慰剂检验。通过比照多时点DID模型，本章也进行了平行趋势检验与安慰剂检验。首先，为判断实验组与控制组在未实施金融区块链政策前是否保持共同趋势，本章采用事件研究法检验了银行信用风险与流动性风险的动态变化。结果如图6-2所示，在实施金融区块链政策前，实验组与控制组不存在显著性差异，而在实施金融区块链政策后，NPL与Liquidity均有了显著性的变化，这进一步验证了实施金融区块链政策的效果。其次，为排除金融区块链政策以外的其他噪声干扰，本章随机抽取了1 000次"伪实验组"与"伪政策时点"，从而构建了新的虚拟变量Blockchain^{Fasle}与交互项Blockchain^{Fasle}×RISK，并代入主回归模型中回归，由于实验组与政策时点是随机生成的，故预期Blockchain^{Fasle}×RISK对NPL与Liquidity不会产生显著影响，即系数不显著。结果如表6-6所示，Blockchain^{Fasle}×RISK系数与主回归差异较大，且并不显著，这进一步表明本章的结论是稳健的。

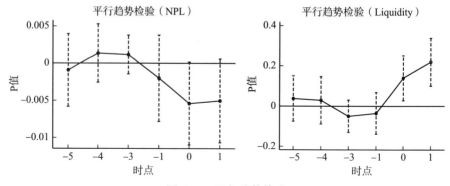

图 6 - 2 平行趋势检验

表 6 - 6   安慰剂检验

Panel A：随机生成实施时点、实验组及控制组（NPL）

变量	标准差	均值	P5	P25	P50	P75	P95
Blockchain^{Fasle} × RISK	0.002	− 0.000	− 0.003	− 0.002	− 0.001	0.001	0.003
T 值	0.267	− 0.074	− 0.494	− 0.265	− 0.085	0.095	0.399

Panel B：随机生成实施时点、实验组及控制组（Liquidity）

变量	标准差	均值	P5	P25	P50	P75	P95
Blockchain^{Fasle} × RISK	0.052	0.039	− 0.061	0.006	0.046	0.078	0.112
T 值	0.389	0.285	− 0.488	0.047	0.344	0.580	0.822

资料来源：笔者整理。

（5）补充控制变量。为减轻计量模型中遗漏变量可能存在的内生性问题，本章进一步控制了其他城市特征变量、银行特征变量与宏观经济变量。城市特征变量包括地区教育水平（Educate）与预算软约束（SBC），其中地区教育水平为地区本专科在校学生人数取对数，预算软约束参照李一花和亓艳萍（2017），以转移支付收入与财政收入的比值进行衡量。银行特征变量指银行盈利能力（ROA），为银行净利润与总资产的比值。宏观经济变量包括居民消费价格指数（CPI）、市场指数增长率（MIG，沪深 300），控制其他城市特征变量、银行特征变量与宏观经济变量后的结果未发生显著性变化。

（6）更换被解释变量。为进一步明确金融区块链的推行是否有利于减少银行不良贷款累积，本章选取不良贷款余额取对数（NPL2）作为不良贷款的替代性变量；同时根据《商业银行流动性风险管理办法》，存贷比（LDR）作为商业银行流动性监测指标之一，本章将其作为流动性比例的替代性变量；在回归结果中，交互项系数均显著为负，说明金融区块链的推行抑制了政府隐性债务风险金融化转移，结果同主回归一致。

（7）排除其他政策影响。2017 年，财政部发布了《关于进一步规范地方政府举债融资行为的通知》，2018 年，中共中央、国务院向各地方下发了《关于防范化解地方政府隐性债务风险的意见》与《地方政府隐性债务问责办法》，这些政策也有可能会抑制地方政府将隐性债务导致的财政风险转移为金融风险，但在回归结果中，本章并没有看到显著性的变化。

（8）分组回归。本章依据政府隐性债务风险中位数进行分组检验。回归结果显示，Blockchain 对银行信用风险与流动性风险的抑制作用在高政府隐性债务风险组中更为显著，这进一步佐证了本章的研究结论。

（9）其他稳健型检验：第一，为减轻离群值对回归结果的可能影响，本章对所有连续型变量在 2%、3%、4% 与 5% 的水平下进行缩尾处理；第二，在控制的银行特征变量中，资本充足率与存贷比指标之间可能存在相关性，这可能造成计量模型的多重共线性，因此将这两个控制变量予以剔除；第三，对政府隐性债务风险变量进行中心化处理后再次回归；第四，对样本研究区间进行变更，将研究区间重新设定在 2016～2019 年；第五，为进一步减轻计量模型中仍然可能存在的反向因果问题，本章还将所有控制变量做滞后一期处理。上述回归结果均不存在实质性变化。

第六节　机　制　分　析

（一）提升区域金融发展水平

金融发展水平的提升能够优化地区金融资源配置并拓宽政府融资渠道，

这有助于削弱地方政府对"土地金融"的依赖性。因此，促进地区金融发展可能是金融区块链对政府隐性债务风险金融化转移发挥抑制作用的一条路径。本章从地方金融机构贷款余额与地区生产总值的比值、地方金融机构存款余额与地区生产总值的比值、地方人均贷款规模、地方人均存款规模与地方金融业从业人员数量五个方面衡量区域金融发展水平，并分别使用变异系数法与主成分分析法构造了两类金融发展指标。

进一步地，以金融发展水平中位数进行分组检验，若金融发展水平高于样本中位数，则为高水平组；反之，则为低水平组。通过检验是否在金融发展水平较低的情境下金融区块链可以更大程度上抑制政府隐性债务风险金融化转移，为金融区块链通过金融机制抑制政府隐性债务风险金融化转移的影响机理提供证据。具体来说，若 Blockchain × RISK 的系数在低水平组中更显著，说明金融发展水平越低，越有利于金融区块链抑制政府隐性债务风险金融化转移，即金融区块链通过提高地区金融发展水平抑制了政府隐性债务风险转化为银行信用风险与流动性风险。

结果如表 6-7 的 Panel A 列（1）~（8）所示，其中，第（1）~（4）列报告的是以变异系数法构造指标的结果，第（5）~（8）列报告的是以主成分分析法构造指标的结果，当被解释变量为 NPL 时，Blockchain × RISK 的系数均在低水平组中显著，且在 1% 与 10% 的水平上显著；当被解释变量为 Liquidity 时，Blockchain × RISK 的系数仍在低水平组中显著，且在 5% 的水平上显著。

为增强研究结论的严谨性。遵循现有学者（Huang and Ho，2022）的做法，进一步构建了高金融发展水平（High_Fiance，若金融发展水平高于样本中位数则为 1，否则为 0）与低金融发展水平哑变量（Low_Fiance，若金融发展水平低于样本中位数则为 1，否则为 0）。本章主要关注的变量为 Blockchian × RISK × High_Fiance 与 Blockchian × RISK × Low_Fiance。结果如表 6-7 的 Panel B 列（1）~（4）所示。可以看出，Blockchian × RISK × Low_Fiance 要更为显著，该结果进一步佐证了促进金融发展机制。

表6-7 区域金融发展水平机制检验

Panel A：

变量	高水平	低水平	高水平	低水平	高水平	低水平	高水平	低水平
	（1）	（2）	（3）	（4）	（5）	（6）	（7）	（8）
	NPL	NPL	Liquidity	Liquidity	NPL	NPL	Liquidity	Liquidity
Blockchain	-0.003 (-1.268)	-0.008*** (-4.203)	0.187*** (4.069)	0.259*** (6.676)	-0.003 (-1.563)	-0.005* (-1.880)	0.188*** (3.541)	0.274*** (4.706)
RISK	0.003 (0.920)	0.006 (1.556)	0.060 (0.555)	-0.247* (-1.894)	0.004 (1.274)	0.007 (1.286)	0.002 (0.022)	-0.259* (-1.968)
Blockchain × RISK	-0.078 (-1.247)	-0.072*** (-3.077)	2.183 (1.377)	3.665** (2.431)	-0.094 (-1.482)	-0.067* (-1.830)	1.233 (0.550)	3.840** (2.496)
控制变量	是	是	是	是	是	是	是	是
时间/银行 FE	是	是	是	是	是	是	是	是
N	184	184	184	184	184	184	184	184
Within R^2	0.518	0.420	0.400	0.215	0.558	0.415	0.369	0.239

Panel B：

变量	（1）	（2）	（3）	（4）
	NPL	Liquidity	NPL	Liquidity
Blockchain × RISK × High_Finance	-0.107 (-1.546)	1.356 (0.761)		
Blockchain × RISK × Low_Finance	-0.098*** (-3.984)	3.787*** (4.938)		
Blockchain × RISK × High_Finance2			-0.110 (-1.591)	1.384 (0.777)
Blockchain × RISK × Low_Finance2			-0.095*** (-3.850)	3.898*** (5.271)
控制变量	是	是	是	是
时间/银行 FE	是	是	是	是
N	368	368	368	368
Within R^2	0.371	0.229	0.369	0.227

注：括号内数字为 t 值；*、**、*** 分别代表在10%、5%、1%的显著性水平上显著。
资料来源：笔者整理。

（二）约束政府机会主义行为

金融区块链也可能通过约束地方政府的机会主义行为来抑制政府隐性债务风险金融化转移。为了对这一机制进行检验，本章进一步探究金融区块链对债务风险外溢的抑制作用是否在地方政府的机会主义倾向大的样本中更为显著。晋升压力与财政压力下地方政府的策略性行为具有更大的机会主义倾向。因此，本部分将从晋升压力与财政压力两个维度展开讨论。

财政压力指标的构建。参照白彦锋和鲁书伶（2021），以地方财政赤字与财政支出[①]的比值来衡量地方政府所面临的财政缺口。同时，考虑到人口规模的影响，本章还以地方财政赤字与人口规模的比值衡量财政缺口，这两个指标越大，地方政府面临的财政缺口就越大。

晋升压力指标的构建。在现有官员晋升机制激励下，人均 GDP 很大程度上反映了地方政府发展经济的冲动（李永友和张帆，2019）。借鉴沈丽等（2019）的做法，本书从地方人均 GDP 维度衡量地方官员的晋升压力，地方人均 GDP 越小，地方官员面临的晋升压力也就越大。同时，考虑到官员晋升机制的相对性，赵领娣和张磊（2013）以省级人均收入与全国人均收入的比值作为晋升压力的衡量指标，借鉴于此，以地方人均 GDP 与全国人均 GDP 的比值作为晋升压力的另一衡量指标，该指标对晋升压力的衡量标准同上。

进一步地，按照财政压力与晋升压力的中位数将全部样本划分为高低两组子样本进行分组回归，回归结果如表 6 – 8 与表 6 – 9 的 Panel A 所示。结果显示，Blockchain × RISK 的系数均在高财政压力组与高晋升压力组中更为显著，而在低财政压力组与低晋升压力组中不显著，说明金融区块链对政府隐性债务风险金融化转移的抑制作用在地方政府机会主义倾向大的样本中更强，这一结果为约束地方政府机会主义行为机制提供了证据。同样地，在稳健性检验中，进一步构造了高晋升压力（High_Promote）与低晋升压力哑变量（Low_Promote）、高财政压力哑变量（High_Stress）与低财政压力哑变量

[①] 本章也用地方财政赤字与财政支出的比值来衡量地方政府面临的财政缺口，其结果与此前研究是一致的。

（Low_Stress）。回归结果如表 6-8 与表 6-9 的 Panel B 所示，该结果进一步佐证了约束地方政府机会主义机制。

表 6-8　　　　　　　约束机会主义行为机制检验（财政压力）

Panel A：

变量	高财政压力	低财政压力	高财政压力	低财政压力	高财政压力	低财政压力	高财政压力	低财政压力
	(1)	(2)	(3)	(4)	(5)	(6)	(7)	(8)
	NPL	NPL	Liquidity	Liquidity	NPL	NPL	Liquidity	Liquidity
Blockchain	-0.067**	-0.000	3.500	0.138*	-0.010***	0.001	0.214***	0.141
	(-2.409)	(-0.095)	(0.802)	(1.739)	(-4.015)	(0.278)	(4.710)	(1.449)
RISK	0.002	-0.006	-0.077	0.044	0.004	-0.000	-0.254*	0.107
	(0.429)	(-1.617)	(-0.469)	(0.288)	(0.689)	(-0.006)	(-1.722)	(0.937)
Blockchain × RISK	-0.113***	-0.070	3.187*	2.000	-0.089***	-0.082	3.230*	2.077
	(-3.110)	(-0.619)	(1.781)	(0.492)	(-2.815)	(-0.884)	(1.705)	(0.745)
控制变量	是	是	是	是	是	是	是	是
时间/银行 FE	是	是	是	是	是	是	是	是
N	184	184	184	184	184	184	184	184
Within R^2	0.461	0.550	0.165	0.434	0.457	0.570	0.207	0.417

Panel B：

变量	(1)	(2)	(3)	(4)
	NPL	Liquidity	NPL	Liquidity
Blockchain × RISK × High_Stress	-0.096***	3.725***		
	(-3.925)	(4.862)		
Blockchain × RISK × Low_Stress	-0.109	1.177		
	(-1.552)	(0.651)		
Blockchain × RISK × High_Stress2			-0.096***	3.674***
			(-3.900)	(4.727)
Blockchain × RISK × Low_Stress2			-0.110	1.381
			(-1.576)	(0.795)

续表

Panel B：

变量	(1)	(2)	(3)	(4)
	NPL	Liquidity	NPL	Liquidity
控制变量	是	是	是	是
时间/银行 FE	是	是	是	是
N	368	368	368	368
Within R²	0.369	0.232	0.369	0.225

注：括号内数字为 t 值；＊、＊＊、＊＊＊分别代表在 10%、5%、1% 的显著性水平上显著。
资料来源：笔者整理。

表 6 - 9   约束机会主义行为机制检验（晋升压力）

Panel A：

变量	高晋升压力	低晋升压力	高晋升压力	低晋升压力	高晋升压力	低晋升压力	高晋升压力	低晋升压力
	(1)	(2)	(3)	(4)	(5)	(6)	(7)	(8)
	NPL	NPL	Liquidity	Liquidity	NPL	NPL	Liquidity	Liquidity
Blockchain	- 0.011 ＊＊＊ (- 6.681)	0.002 (0.752)	0.245 ＊＊＊ (5.367)	0.176 ＊＊ (2.498)	- 0.010 ＊＊＊ (- 5.885)	- 0.000 (- 0.154)	0.253 ＊＊＊ (5.541)	0.187 ＊＊＊ (2.692)
RISK	0.003 (0.726)	0.005 (1.511)	- 0.289 ＊＊ (- 2.115)	0.078 (0.762)	- 0.000 (- 0.122)	0.005 (0.779)	- 0.114 (- 0.907)	0.112 ＊ (1.676)
Blockchain × RISK	- 0.089 ＊＊＊ (- 3.770)	- 0.109 (- 1.321)	3.463 ＊＊ (2.367)	1.524 (0.741)	- 0.082 ＊＊＊ (- 3.524)	- 0.080 (- 1.127)	2.834 ＊ (1.756)	2.727 (1.260)
控制变量	是	是	是	是	是	是	是	是
时间/银行 FE	是	是	是	是	是	是	是	是
N	184	184	184	184	217	151	217	151
Within R²	0.482	0.585	0.205	0.375	0.443	0.551	0.191	0.423

续表

Panel B：

变量	(1)	(2)	(3)	(4)
	NPL	Liquidity	NPL	Liquidity
Blockchain × RISK × High_Promote	− 0. 097 *** （− 4. 002）	3. 819 *** （4. 941）		
Blockchain × RISK × Low_Promote	− 0. 108 （− 1. 551）	1. 328 （0. 740）		
Blockchain × RISK × High_Promote2			− 0. 095 *** （− 3. 902）	3. 727 *** （4. 800）
Blockchain × RISK × Low_Promote2			− 0. 111 （− 1. 548）	1. 084 （0. 622）
控制变量	是	是	是	是
时间/银行 FE	是	是	是	是
N	368	368	368	368
Within R^2	0. 370	0. 233	0. 369	0. 227

注：括号内数字为 t 值；＊、＊＊、＊＊＊分别代表在 10%、5%、1% 的显著性水平上显著。
资料来源：笔者整理。

第七节　异质性讨论

（一）银行分支机构数量

　　根据外来者劣势理论，外来者因地域文化差异易遭到"本土歧视"。商业银行为进一步争夺金融资源和开拓金融市场，会在其他城市设立分行，这也意味着这些银行将与多个地方政府来往，若商业银行不能与当地政府"和谐相处"，地方政府可能通过行政力量将地方设立的各项基金及其他财政资金转存到由其自身管辖的地方商业银行，甚至有可能将地方国有企业的资金业务通过行政命令的方式强制从商业银行分行转存至地方银行。因此，外来商业银行不得不为当地政府提供贷款，也更容易受到财政风险影响。本章推测，随着金融区块链政策的实施，在抑制政府隐性债务风险金融化转移过程中，设立分支机构较多的银行应受益更大。为检验上述预期，以银行分支机构中位数进行分组检验，若银行分支机构数量大于样本中位数，则为分支机构较多组；反之，则为分支机构较少组。回归结果见表 6 - 10 第 （1）~（4）列。可以看出，在银行分支机构较多组，Blockchain × RISK 的系数分别为 - 0. 141 与 3. 252，均在 5% 的水平上显著，说明金融区块链抑制财政风险外溢的作用在设立分支机构较多的银行中更为有效，而在银行分支机构较少组，系数分别为 0. 313 与 - 3. 088，系数符号不合乎理论预期。因此，金融区块链对政府隐性债务金融化转移的抑制作用在设立更多分支机构的银行中更显著。

表 6 - 10 　　　　　　　　　 银行分支机构数量的异质性检验

变量	分支机构较多组	分支机构较少组	分支机构较多组	分支机构较少组
	（1）	（2）	（3）	（4）
	NPL	NPL	Liquidity	Liquidity
Blockchain	- 0. 002 (- 0. 869)	- 0. 013 *** (- 5. 861)	0. 192 *** (3. 833)	0. 230 ** (2. 287)
RISK	0. 001 (0. 365)	0. 005 (0. 809)	- 0. 019 (- 0. 248)	0. 071 (0. 400)
Blockchain × RISK	- 0. 141 ** (- 2. 512)	0. 313 *** (2. 695)	3. 252 ** (2. 319)	- 3. 088 (- 0. 870)
控制变量	是	是	是	是
时间/银行 FE	是	是	是	是
N	259	109	259	109
Within R^2	0. 407	0. 614	0. 301	0. 240

注：括号内数字为 t 值；** 、*** 分别代表在 5%、1% 的显著性水平上显著。
资料来源：笔者整理。

（二）城投债信用利差

风险溢价理论认为，高风险会激起投资者的厌恶情绪，从而要求更高的必要报酬率。地方政府财政负担越重，越有可能通过政府信用背书的方式扩大政府隐性债务规模（郭玉清等，2021），由于城投债的"隐性担保人"为地方政府，过度透支政府信用会引发市场预期变动，若市场预期地方政府债务风险上升，则会对该地方政府所担保的城投债要求更高的利率补偿。因此，当地方融资平台的融资成本较高时，则说明地方政府债务风险可能较大，金融区块链对财政风险溢出的抑制作用预期会更显著。

城投债信用利差的衡量借鉴王永钦等（2016）的做法。首先，将所有城投债发行利率按城市分年度汇总求其平均值，作为该城市融资平台本年的平均发行利率。其次，再减去当期无风险收益率（10 年期国债平均收益率），将其定义为利差，利差越高，说明市场对债券的信用评级越低，即城投债信用利差越高。以城投债信用利差中位数进行分组检验，若利差大于样本中位数，则为高信用利差组；反之，则为低信用利差组。回归结果如表 6 – 11 所示。可以看出，在高信用利差组，交互项 Blockchain × RISK 的系数分别为 – 0.082 与 2.974，在 1% 与 5% 的水平上显著，即金融区块链对财政风险溢出的抑制作用在高信用利差样本中更强。

表 6 – 11　　　　　　　　　城投债信用利差的异质性检验

变量	高信用利差组	低信用利差组	高信用利差组	低信用利差组
	（1）	（2）	（3）	（4）
	NPL	NPL	Liquidity	Liquidity
Blockchain	– 0.011 ***	– 0.002	0.266 ***	0.197 ***
	（– 7.957）	（– 1.294）	（9.004）	（4.901）
RISK	– 0.000	0.011 **	– 0.081	0.058
	（– 0.079）	（2.283）	（– 0.913）	（0.492）
Blockchain × RISK	– 0.082 ***	0.015	2.974 **	2.061
	（– 3.051）	（0.248）	（2.248）	（1.206）
控制变量	是	是	是	是
时间/银行 FE	是	是	是	是
N	238	130	238	130
Within R^2	0.464	0.749	0.251	0.652

注：括号内数字为 t 值；** 、*** 分别代表在 5% 、1% 的显著性水平上显著。
资料来源：笔者整理。

（三）城镇化水平

纳瑟姆曲线表明，城镇化初期发展阶段属于加速发展模式，在此过程中经济发展势头迅猛，面临着大量基础设施建设需求，而在城市发展成熟期，经济发展将进入相对平缓阶段。因此，在城镇化水平较低的地区，城镇化水平的推进会加大城市居民对城市基础设施建设、交通便利与住房保障的需求，在面临大量的公共需求与较大的基础设施投资缺口时，地方政府有更强的举债动机（庄佳强和陈志勇，2017）。而在城镇化水平比较高的地区，由于自身市政基础设施建设与社会保障体系较为完备，地方政府面临的基础设施投资缺口较小，进行债务融资的主观动力可能相对较小。因此本章预期相较于城镇化水平较高组，金融区块链对债务风险外溢的抑制作用可能在城镇化水平较低的地区更为显著。

城镇化水平则主要依据城镇常住人口与常住总人口的比值来衡量，并依据中位数进行分组检验。表 6 - 12 列出了相关检验结果。在城镇化水平低组，交互项 Blockchain × RISK 的系数分别为 - 0.106 与 2.957，在 1% 与 10% 的水平上显著。而在城镇化水平高组，交互项系数在统计意义上并不显著。总之，上述检验结果表明，在城镇化水平越低的城市，金融区块链对政府隐性债务风险向金融系统传导的抑制效应越强。

表 6 - 12　　　　　　　　城镇化水平的异质性检验

变量	城镇化高水平组	城镇化低水平组	城镇化高水平组	城镇化低水平组
	(1)	(2)	(3)	(4)
	NPL	NPL	Liquidity	Liquidity
Blockchain	- 0.002 (- 1.092)	- 0.008 *** (- 3.518)	0.164 *** (2.657)	0.278 *** (6.056)
RISK	0.006 * (1.720)	0.010 * (1.745)	0.040 (0.439)	- 0.300 ** (- 2.049)
Blockchain × RISK	- 0.102 (- 1.562)	- 0.106 *** (- 2.824)	1.424 (0.656)	2.957 * (1.726)

变量	城镇化高水平组	城镇化低水平组	城镇化高水平组	城镇化低水平组
	（1）	（2）	（3）	（4）
	NPL	NPL	Liquidity	Liquidity
控制变量	是	是	是	是
时间/银行 FE	是	是	是	是
N	203	165	203	165
Within R^2	0.511	0.455	0.371	0.236

注：括号内数字为 t 值；＊、＊＊、＊＊＊分别代表在 10%、5%、1% 的显著性水平上显著。

资料来源：笔者整理。

第八节　结论与启示

近年来，伴随着经济增速放缓，地方财政收支矛盾凸显，政府隐性债务问题备受关注，其向金融系统的转移可能进一步诱发系统性金融风险，在大力防范和化解重大金融风险背景之下，由于政府隐性债务的隐蔽性与广泛性，目前尚未提出具体的可行手段对其进行抑制。对此，本章以各城市实施金融区块链政策为研究背景，检验金融区块链对政府隐性债务风险向银行信用风险与流动性风险传导的影响。研究发现：相较于未实施金融区块链政策的城市，实施金融区块链政策的城市政府隐性债务风险金融化转移被显著抑制，提升区域金融发展水平并约束地方政府机会主义行为是其中的可能内在机制。进一步检验发现，在银行分支机构多、城投债信用利差高与城镇化水平低的样本中，上述效应更加显著。以上研究结论表明，金融科技也可成为金融稳定的"保护盾"，而非"扰动器"，金融区块链可实现金融科技发展与维护金融稳定的双赢。本章研究为抑制政府隐性债务风险金融化转移提供了一种可行的思路，同时也为决策制定者大力发展金融科技提供了理论参考。

本章研究具有以下启示意义：第一，地方政府作为政策制定者，可结合财政实际，多措并举，鼓励金融区块链政策落地，有序推进金融区块链平台的构建。本章结论表明，金融区块链通过提升区域金融发展水平并约束地方政府机会主义行为有效抑制了政府隐性债务风险转化为金融风险。因此，推行金融区块链或可实现金融科技发展与维护金融稳定的双赢。地方政府应制定利好金融科技创新政策，完善信息与网络基础设施建设，营造良好金融科技环境，有序引导并支持社会资本进入金融科技研发、创新与应用领域，为金融科技赋能金融稳定打下坚实基础。同时，加强监管部门对金融科技的理解深度，鼓励在金融科技变革中积极作为，巩固金融风险防范意识，并进一步完善与智能合约相关的法律规范，为金融科技维护金融稳定"保驾护航"。

第二，银行作为关键行动者，应苦练内功，重视区块链底层技术创新，在拓宽市场广度过程中应做到"趋利避害"。商业银行作为金融区块链政策的重要载体，具体实施效果很大程度上取决于银行对金融科技的理解深度，各银行应重视创新人才缺口症结，加大优秀人才培养力度，壮大自身区块链研发力量，推动自主创新体系建设，以期不断突破区块链核心技术，更好地实现金融区块链提升效益。同时，本章研究结果表明，金融区块链对政府隐性债务风险金融化转移的抑制作用在分支机构多的银行中更为显著，因此，商业银行在拓宽市场广度时应充分考量目标城市的金融科技发展水平，避免因"外来者劣势"而受到本土歧视，成为财政风险溢出的"受害者"。

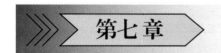

第七章

金融区块链实施经济
后果的案例分析

第一节　研究背景与意义

一、研究背景

（一）社会背景

新冠肺炎疫情的暴发，不仅对个人的日常生活造成影响，也对社会和经济等各个方面产生影响。在疫情的影响下，全球的经济受到了巨大冲击，贸易活动受到重大影响，企业面临巨大的生存压力。据中国企业创新创业调查课题组（2020）对 2 344 家企业的调查显示，疫情和疫情防控的相关政策对近 8 成企业的正常经营造成负面影响，超过半数企业营业总收入与疫情前相比有明显的降幅。[①]《疫情之下中国企业发展环境报告》的数据显示，疫情对民营企业的影响最为普遍，其受到的冲击为 40.7%，位于全部类型企业的首位。接着是外商投资企业和地方国有企业，这些企业受到的冲击均为

———————

① 张晓波. 中国企业创新创业调查［R］. 北京大学开放研究数据平台，https：//doi. org/10. 18170/DVN/DLBWAK，2018.

33.3%。疫情对中央企业带来的冲击最小，为24.1%（见图7-1）。

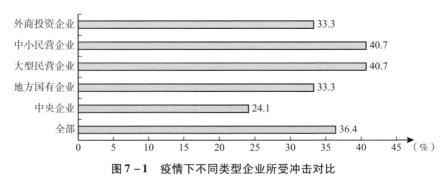

图7-1 疫情下不同类型企业所受冲击对比

资料来源：疫情之下中国企业发展环境调研报告［N］. 中国企业报，2021-01-26.

疫情对企业日常经营活动的影响体现在许多方面，主要包括：市场需求下降，订单减少；生产要素价格上涨，成本上升；资金紧张，流动资金有缺口；招工困难等。其中，占比最大的是市场需求下降，订单减少，约占44.7%，其次是生产要素价格上涨，成本上升和资金紧张，流动资金有缺口，分别占28.9%和28.1%（见图7-2）。此外，不同类型的企业受到的具体影响也有差异，中央企业受到的影响主要体现在复工复产困难、市场需求下降以及产业链动荡这三个方面；地方国有企业主要受复工复产困难和原材料短缺的影响；大型民营企业主要受用工短缺，合同、订单转移，违约风险升高和出入境限制的影响；中小民营企业受到的影响面非常广，几乎涉及中小民营企业经营的方方面面；外商投资企业主要是受到出入境限制的影响（见表7-1）。

由上述数据可以看出，在新冠肺炎疫情的影响下，中小民营企业的经营受到的冲击最大，且影响最广。面对疫情的持续化，中小民营企业的生存与发展受到广泛关注。对于中小民营企业来说，最为致命的影响是资金链断裂的风险。疫情期间，有86.9%的中小民营企业面临成本的压力，同时有69.7%的中小民营企业存在现金流短缺的问题。[①] 在疫情的影响下，中小民

① 张晓波. 中国企业创新创业调查［R］. 北京大学开放研究数据平台，https://doi.org/10.18170/DVN/DLBWAK，2018.

营企业的日常生产经营出现停滞，从而导致企业现金无法流转。虽然目前企业已复工复产，但为应对新冠肺炎疫情所必需的防疫成本和复产复工所必需的员工工资和租金支出等，使得企业仍面临巨大的资金压力。此外，贷款的偿还也是中小民营企业面临的主要压力，疫情导致的现金回流困难也直接导致中小民营企业偿贷能力下降，这增加了中小民营企业的还款压力。加之中小民营企业本身就面临资金短缺和融资困难的问题，加剧了其将要面临的资金链断裂、经营现金无法周转的风险。在此背景下，解决中小企业的资金问题成了解决疫情下中小民营企业生存发展的关键问题。

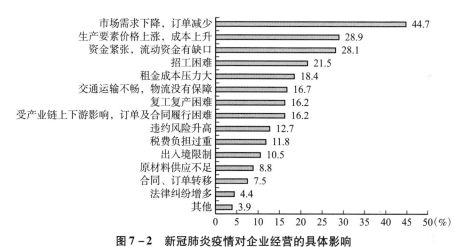

图 7-2　新冠肺炎疫情对企业经营的具体影响

资料来源：疫情之下中国企业发展环境调研报告 [N]. 中国企业报，2021-01-26.

表 7-1　　　　　　　各类型企业受到疫情的具体影响对比　　　　　　单位：%

影响	总体	中央企业	地方国有企业	大型民营企业	中小民营企业	外商投资企业
市场需求下降，订单减少	44.7	13.9	-11	-9.2	5.3	5.3
生产要素价格上涨，成本上升	28.9	-8.3	-12.5	-4.5	8.3	-28.5
资金紧张，流动资金有缺口	28.1	-3.9	-5.8	-8.1	5.0	5.3
招工困难	21.5	-0.8	-4.8	5.2	0.5	-4.8
租金成本压力大	18.4	2.3	-7.3	-7.3	3.6	-1.8

影响	总体	中央企业	地方国有企业	大型民营企业	中小民营企业	外商投资企业
交通运输不畅，物流没有保障	16.7	4.0	0.0	−3.3	2.0	−16.7
复工复产困难	16.2	18.3	6.0	1.5	−4.4	−16.2
受产业链上下游影响，订单及合同履行困难	16.2	11.4	−10.7	−7.3	2.4	0.4
违约风险升高	12.7	1.1	−1.6	2.8	0.0	3.9
税费负担过重	11.8	−4.9	−6.3	1.5	2.6	4.8
出入境限制	10.5	3.3	0.6	2.8	−4.6	22.8
原材料供应不足	8.8	−5.3	7.9	−2.1	1.4	7.9
合同、订单转移	7.5	−0.6	−1.9	3.7	−1.5	−7.5
法律纠纷增多	4.4	−0.9	−4.4	−2.2	1.5	−4.4
其他	3.9	−3.9	−3.9	−1.7	1.1	−3.9

资料来源：疫情之下中国企业发展环境调研报告 [N]. 中国企业报，2021 − 01 − 26.

（二）技术背景

疫情的持续化使得社会对无接触式的经济活动的需求大大增加，这为区块链的应用提供了广泛的空间。加之区块链技术的高效率、高安全性和高透明度的特点能够满足市场主体迫切需要完善信任机制的需求，因此，将区块链运用到金融上的发展模式受到广泛关注。在大数据的背景下，通过区块链技术建立市场各主体间的信任机制系统，能够更好地实现市场主体间的数据信息共享，提高交易效率。在新冠肺炎疫情的影响下，各个行业的供应链也面临冲击，这倒逼供应链金融模式进行改进和优化，金融区块链也得以更好地运用在供应链中。新冠肺炎疫情的发生促使企业对供应链的稳定性和高效性产生反思，开始将供应链仅通过线下物流体系发展转变为线上线下全业务的发展，注重整合企业的资金流和物流的全方位流转，加强产业和金融之间的相互融合，提高供应链的整体效率，降低整个产业链条的成本，最终实现整个产业链的协同发展。在这种趋势下，中小企业作为供应链中的一环，在资金流转和企业信用方面都有了保障，在筹资融资方面相较于之前能获得较大的便利。

在整条产业链中，核心企业的规模较大，往往处于行业较为领先的地位，拥有相对充足的资金和良好的信用。并且，核心企业充足的资金和较大的市场规模往往使其在产业链中起到主导作用，有条件与金融机构合作建立起整个产业链的金融区块链体系，通过自身的实力地位以及较高的信用对中小企业的融资难题起到缓解作用。金融区块链应用到企业供应链的模式能够弥补传统的供应链金融的缺陷，将区块链的分布式储存、去中心化、智能合约等特点和功能与供应链金融的模式相结合，将供应链中的核心企业和各级供应商与银行等机构的信息有效整合连接，从而实现资金流和信息流的同步传导。区块链上的信息有不可篡改性，这一特征能够确保链上信息的真实性、安全性和有效性，为中小企业提供信用保证，使得中小企业能更加容易地获得融资，疏解疫情背景下中小企业难以获得足够融资的难题。

（三）政策导向

我国的企业中，有超过 90% 的企业属于中小企业[①]，这些企业为我国经济社会发展做出了巨大贡献。其中，对于我国经济来说，全国超过 50% 的税收以及 60% 的 GDP 贡献来自中小企业。[②] 对于我国社会稳定来说，中小企业为我国城镇劳动力提供了超过 80% 的工作岗位。由此可见，中小企业是我国国民经济发展和保持就业稳定的基石，其对我国经济增长、创造就业机会、推动创新等方面都做出了极其重要的贡献。因此，为了帮助中小企业应对新冠肺炎疫情所带来的各种负面冲击，政府出台了一系列的政策，不仅包括财税方面等宏观政策，还针对中小企业面临的资金困境采取了一些措施，主要包括以下三个方面：

第一，加大对中小微企业的信贷支持。政府通过货币政策放宽对中小微企业的贷款限制；为加大对中小微企业贷款方面的支持力度，使银行增加

---

① 中小企业："专精特新"之路越走越宽［EB/OL］. 中国工业产业网, https：//www. cnii. com. cn/qy/202207/t20220715_396825. html, 2022 – 07 – 15.
② 提升中小企业核心竞争力，培育更多"小巨人"企业［EB/OL］. https：//xueqiu. com/ 8306673056/219133254, 2022 – 05 – 05.

再贴现和再贷款额度 1.5 万亿元①；下调再贷款利率0.25 个百分点②；政策性银行使用优惠利率向民营企业和中小微企业提供 3 500 亿元的专项信贷额度③；中小微企业可以享有阶段性延期还本付息的较为宽松的还款期限，并免收罚息至 2021 年 3 月底④。

第二，优化对中小企业的融资服务。政府号召各级政府性的担保和再担保机构推进降低中小企业担保费率的要求，并且取消有关反担保的要求，并为确实缺乏偿贷能力的中小企业履行代偿义务。还根据疫情的发展适当地延长对中小企业的追偿时限，并按照规定对符合核销条件的中小企业核销代偿损失。此外，有条件的地方政府还建立贷款风险补偿基金，适当地补偿金融机构向中小企业放款而无法收回的部分。

第三，强化对中小企业的直接融资。政府鼓励并指导社会资本扩大对中小企业的股权再融资规模；在创业板市场试点注册制改革，简化上市的条件；建立中小企业股份转让系统挂牌公司转板上市的机制，为中小企业做大做强提供渠道。

除了对中小企业的融资提供直接的政策支持外，政府还积极提升与中小企业相关的金融服务的能力，从而加大对中小企业的信贷支持。政府加大力度支持金融机构通过人工智能、区块链和大数据等技术手段对其自身的风险管理方式和授信审批流程进行改进，以实现扩大和提高对中小企业各类贷款的规模和力度的效果。

目前，中国人民银行联合五大银行和多家上市公司推出了央行贸易金融区块链平台。该平台是对区块链技术应用到金融服务的实践。通过区块链技术给中小企业进行应收账款多级融资提供了巨大的便利。该平台主要是通过

---

① 人民银行增加支小再贷款额度 500 亿元支持中小银行扩大对小微、民营企业的信贷投放 [EB/OL]. 中国人民银行官网, http: //www. pbc. gov. cn/goutongjiaoliu/113456/113469/3868509/index. html, 2019 – 07 – 31.

② 央行决定自 7 月 1 日起——下调再贷款、再贴现利率 [EB/OL]. 中国人民银行官网, http: //www. gov. cn/xinwen/2020 – 07/01/content_5523056. htm, 2020 – 07 – 01.

③ 中国人民银行关于发放专项再贷款支持防范新型冠状病毒感染的肺炎疫情有关事项的通知 [EB/OL]. 中国人民银行官网, http: //cbgc. scol. com. cn/news/272949, 2020 – 01 – 31.

④ 中国人民银行关于继续实施普惠小微企业贷款延期还本付息政策和普惠小微企业信用贷款支持政策有关事宜的通知 [EB/OL]. 中国人民银行官网, http: //cylhw. org/NewsView. asp? ID = 600, 2021 – 01 – 04.

供应链中居于核心地位的企业的信用额度来为供应链中各方面较弱的中小企业提供支持，使小企业的贸易融资成本从 7% ~8% 降至 6% 以下，提高融资效率的同时也降低融资成本。同时，中国人民银行不断建立和完善供应链金融的基础建设和相关政策。通过建设供应链票据平台，促使应收账款融资方式不断完善。还加大力度推广企业动产融资，通过中国人民银行征信中心的融资统一登记公示系统提升中小企业动产担保的便利性，为中小企业的融资方式和途径提供更多选择。

此外，各地政府和各类金融机构也响应号召积极推进运用区块链技术和供应链金融推动中小企业融资创新。浙江省政府为缓解疫情期间中小企业面临的资金链压力，解决中小企业缺乏抵押物而难以获得融资的困境，引入了基于区块链技术的数据知识产权资产质押贷款平台，通过对接银行、担保机构和数据公司等多方主体，利用区块链、大数据等技术采集企业生产经营的各类数据，通过区块链存证平台发放存证证书，从而实现将数据转化为可量化的数字资产，使中小企业能够通过知识产权质押的方式获得贷款。蚂蚁金服与成都商业银行和成都中小企业融资担保公司合作推出了双链通，将区块链技术与供应链金融结合，上链后，所有参与方通过双链通基础设施进行身份核实和意愿确认，数字签名实时上链，杜绝资金挪用等风险的同时实现了让供应链上的中小企业获得贷款的目的。双链通改变了传统供应链中银行更倾向于对较为大型且居于核心地位的企业提供担保的现状，将供应链中的各级供应商纳入银行提供融资的对象，使应收账款的整个周期纳入链上环节，实现资产的确认和资金的流通，降低中小企业的融资成本，提高中小企业融资效率。

由此可见，政府积极颁布相关政策降低中小企业的融资压力，并号召金融市场为中小企业贷款提供更加便捷的平台。地方政府和各金融机构都积极参与和响应号召，为寻找解决中小企业融资难、融资贵问题的方式不断努力，并加大投入力度对中小企业贷款的方式和渠道进行创新。

二、研究意义

首先，本章案例研究分析了疫情下中小企业的贷款现状，有助于梳理危机情形下企业面临的困境。在疫情防控常态化的今天，中小企业的健康发展面临着无数未知冲击，融资难的问题一直是影响和制约我国中小企业可持续健康发展的关键问题。而中小企业的可持续健康发展又是影响社会就业、市场稳定和我国经济发展的关键因素。解决中小企业资金紧缺、发展受限的问题成为国家和社会关注的重点。本章通过案例对疫情下企业贷款和融资的路径与现状进行深入的分析，总结归纳出中小企业在贷款中普遍存在的问题，这有助于引起社会对寻找解决中小企业融资困境的方案和范式的思考，不仅对中小企业的健康持续发展有着重要意义，还能够警醒中小企业保持适当的冗余和资本来应对疫情等一些未知风险所带来的冲击。

其次，本章案例探讨了金融区块链在疫情下解决中小企业融资困境的机制，有助于分析金融区块链对企业融资的优化，从而为将金融区块链应用到信贷领域提供一定的参考和借鉴。目前，区块链技术的应用已经在数字金融、供应链管理、物联网、数字资产交易、智能制造等多个领域取得了较大的进展。随着区块链技术的日趋成熟，学者们不断研究区块链技术在企业融资、中小企业贷款等方面的应用场景和发展方向，各类企业和金融机构也进行了大量将区块链技术应用到企业融资和供应链管理的试点，并且将区块链技术应用到供应链金融方面的实践已经取得了重大成效。本章通过案例分析区块链的工作机理，并将其与企业信贷融资相结合，梳理出金融区块链在企业融资场景下的运作方式和整体布局，既丰富了金融区块链在信贷配置应用方面的相关研究，也为企业、银行和金融机构应用金融区块链整合信贷资源起到一定的参考作用，具有较大的现实意义。

最后，本章通过案例将金融区块链引入企业融资模式，有助于探究融资模式创新对中小企业高质量发展的影响。中小企业面临的融资难题一直是制约其高质量发展的一个重要因素。将金融区块链引入中小企业的融资模式，不仅克服了中小企业资金不足的问题，还更深层次地影响企业内部的资金配置，为中小企业全方面高质量发展奠定基础。当企业拥有了超过维持自身运营所需的营运资金时，如何充分利用资金，最大化发挥资金效用就成了企业需要考虑的问题。因此，本章通过案例进一步剖析了金融区块链打通企业融资环节后如何通过提升自身创新能力和可持续发展能力来助力企业的全方面高质量发展。在理论上，通过案例分析的方式，丰富了通过信贷效率提升优化企业高质量发展的相关研究；在实践上，为中小企业通过合理配置信贷资源来助力自身高质量发展提供参考。

第二节　文献综述

一、区块链技术应用的相关研究

区块链源于对比特币技术的研究，中本聪（2008）提出一个不需要第三方金融机构，实现点对点支付的电子支付系统——比特币，成为了区块链技术最初的应用。金贡贝（Kingombe，2009）通过研究非洲地区的汇款成本，发现该地区汇款成本居高不下的主要原因是低效的支付系统和不透明的市场信息，认为可以应用区块链技术构建一个不需要第三方金融机构的系统来实现降本增效的目的。区块链技术的最大特点之一是去中心化，这为许多数字化计划业务带来了更多机会。巴纳法（Banafa，2017）发现将区块链技术与物联网技术相结合，可以在一定程度上弥补物联网技术平台的可靠性与扩展性存在的缺陷。区块链的技术特性与金融领域的行业属性有着天然的匹配性。在数字加密货币领域的研究方面，哈维（Harvey，2014）论述了比特币运行机制，并在此基础上，认为通过应用加密算法，能够在没有第三方金融机构的参与下实现货币交易。林晓轩（2016）认为区块链技术是发行数字货币的基础架构，通过发行数字货币，发行和流通的成本显著降低。在金融领域的研究方面，罗曼·贝克（Roman Beck，2018）提出区块链技术会生成一种新的经济体系，能够智能自主执行交易合约从而大大提升了交易效率。霍夫曼·埃里克（Hofmann Erik，2017）探讨了区块链技术在贸易和供应链金融中的应用，认为其实现了信息共享。

雷君（2017）认为人人都能参与其中的公有链是区块链技术的原始构想，而且相比于传统的交易系统，公有链的应用可以节省交易成本，在数据挖掘和共享方面释放生产力。在区块链技术共识机制的研究方面，袁勇、倪晓春、曾帅（2018）梳理了学术界对于共识机制的研究，并将区块链技术的共识机制与传统技术的共识机制进行对比。王劲松、韩彩珍、韩克勇（2018）认为区块链技术和股权交易平台的结合可以通过智能合约和共识机制从而更为有效地保护投资者利益。互联网在带来生活便利的同时，也存在着隐私泄露的隐患。张国强（2019）认为区块链技术可以在用户信息保护方面提供保障。在支付计算与清算研究方面，武文斌（2015）分析认为区块链技术的应用可以使得银行等金融机构降低操作成本，提高运行效率。杨东、潘曌东（2016）认为区块链技术可以简化银行在单据审核方面的流程，提高结算效率。在票据研究方面，任安军（2016）从理论上分析得出区块链技术下的票据使用可以改善票据市场的监管问题的观点。李哲（2018）基于区块链和云技术构建了电子发票云平台，帮助解决电子发票多次报销、入账困难和保存困难的问题。在股票研究方面，夏新岳（2016）通过分析认为可以运用区块链技术搭建股权交易平台，解决股权信息容易被篡改的问题。邓柯（2018）对区块链的本质做了详细阐述，并根据区块链的特性分别提出了该项技术可以应用的条件及场景，也总结了区块链技术存在的问题和发展前景。通过这些研究可以看出区块链这项新兴技术可以在多个领域被合理使用。

目前区块链技术的应用价值研究更多的在理论方面，在定量和实证研究方面存在不足。这些理论为区块链技术以后的实际应用奠定了坚实的基础，同时金融领域也在寻求区块链技术的进一步发展。

二、信贷业务融资问题的相关研究

20 世纪 30 年代，国外开始出现关于中小企业融资困难问题的研究。哈罗德·麦克米伦（Harold Macmillan，1931）指出，企业融资发展很大程度上受到企业规模的影响。中小企业由于规模小、业务少，经营风险和信用风险偏高而使得银行不愿意为其提供信贷支持。斯蒂格利茨和韦斯（Stiglitz and Weiss，1981）指出信贷双方的信息不对称是中小企业无法及时获得信贷资金的关键因素，解决信息不对称问题是如今中小企业应格外关心的问题。伯杰等（Berger et al.，2000）发现财务透明度是导致中小企业融资难的关键因素之一。康斯坦丁诺斯·斯蒂芬努和卡米拉·罗德里格斯（Con-

stantinos Stephanou and Camila Rodriguez，2008）认为多种成因造成了中小企业融资难的问题，通过选取具有代表性的银行数据，从银行业视角深入分析了中小企业融资难的问题。马泽奥（Mazzeo，2010）从公司内部方面出发深入探讨了中小企业融资难的成因，建议中小企业应该从信息透明度和信贷风险管理等方面完善公司治理。阿卜杜勒萨利赫（Abdulsaleh，2013）通过对比大企业和小企业企业管理者的行为对财务决策的影响，发现企业管理者也是影响中小企业融资的重要因素。在技术应用方面，一些学者（Huang Q et al.，2016）通过总结分析不同融资模式的优缺点，认为 P2P 作为一种新型信贷模式，在一定程度上有效解决了中小企业的融资难题，并详细阐释了该信贷模式下微型和小型企业的纯在线融资模式以及在线和离线相结合的融资模式。最后对如何促进小微企业融资模式健康发展提出了相应的对策和建议。除了技术应用以外，在资源整合角度，还有学者（Yan B et al.，2018）认为互联网金融的出现为中小企业的融资增加了新的信贷路径，介绍了互联网金融应用于中小企业融资模式创新的内容及意义，呼吁政府应加强互联网金融在中小企业信贷融资方面的应用，尤其要专注互联网金融和中小企业融资模式的创新、资源的整合以及效率的提高，从而使信贷资源可以更有效的配置，信贷资金能够得到更合理的流动。

我国中小企业融资难的主要原因一般可以归结为两个方面，一方面是内部自身条件较差，另一方面是外部条件的不友好。

从宏观层面，林毅夫和李永军（2001）基于金融机构发展与中小企业发展的视角，详细分析了我国中小企业融资难的成因，认为应完善中小金融机构对中小企业的信贷支持。赵鹏程（2016）认为金融体系的改革才是解决中小企业融资困难的关键，并分别从体制内和体制外深度剖析了限制中小企业融资的因素。

从中小企业视角，严欣（2018）认为中小企业的财务风险、管理者水平、风险识别能力以及抵押担保风险等是影响银行信贷风险的主要因素。部分学者（Wu and Chen，2019）通过分析中小企业的融资现状，认为现有的融资模式过于简单，渠道较为单一，主要是银行信贷途径，并指出中小企业由于不适合产业发展政策调整和宏观调控，自身发展水平不够高，加之没有专门为中小企业提供信贷服务的相关部门和机构，导致融资困境的出现，呼吁政府部门需要主动为中小企业创建良好的融资环境，金融机构应完善对中小企业的融资服务。

从金融机构视角，方梓行（2018）以贵州仁怀茅台农商银行信贷业务为例，认为大数据技术的使用对银行信贷业务带来了很大的影响，并在信贷业务流程、客户信用评估、信贷风险管理以及授后追踪管理等方面应用大数据技术提出了相关建议。张晓莉（2018）描述了中小企业面临的融资现状，站在银行角度分析了中小企业处于融资困境的原因，并对银行、中小企业以及相关利益方提出了对应的建议。郭仕广（2019）从金融机构的视角，认为商业银行由于信贷审批的烦琐程序，导致信贷成本增加，加之银行对于政府政策的理解和落实不到位，从而不愿意放贷给中小企业。

从信息不对称视角，石天唯和安亚人（2016）基于信息不对称的视角，分析了多家美国中小企业融资模式的信息传递机制，认为融资信息在融资过程中严重不对称，只有双方信息尽量达到对称，才能缓解中小企业融资困难的状况。

以技术应用视角，解秋芳（2018）认为互联网金融的发展为企业信贷业务模式提供了新的盈利和机遇，并分析了互联网大背景下商业银行信贷模式的发展趋势以及面临的挑战，深度剖析了传统信贷业务模式的不足和互联网金融的优势，以此提出商业银行信贷业务转型的建议。王宇伟和李寒舒（2019）通过定量的分析方法从宏微观层面分析了银行占比与企业融资之间的相关性，认为银行业发展程度、市场化进程和公司治理水平等因素在一定程度上可以缓解融资难题。

三、金融区块链与信贷融资的相关研究

随着区块链在金融领域的不断应用，传统的信贷模式也有了一定的创新和突破。格拉德斯坦和克劳斯（Gradstein and Krause，2017）认为区块链技术中的分布式账本可以在中小企业贷款、支付以及消费等领域得到应用，并举例说明了分布式账本技术在政府、企业以及其他相关方面的应用优势及风险。安等（An et al.，2018）认为区块链技术的应用打破了金融垄断并促进了新型的金融创新技术，通过对信贷融资效率的分析，探讨了中小企业在传

统的信贷模式下存在的融资问题，以及 P2P 和电商平台等方式带来的融资缓解。小川宗菜和中西宏明（Hiroaki and Ogawa，2018）认为融资对于中小企业以及个人成功投资至关重要，并提出对于一些经济体而言应该积极利用区块链等金融技术手段来解决企业融资难题。本杰明约瑟和艾丽莎（Benjamin Jessel and Alisa，2018）认为中小企业作为贸易融资缺口的主体，将区块链技术应用于贸易融资中可以直接影响贸易中的信息流。迪卡普里奥和苏珊（DiCaprio Ethem and Susanne，2019）评估了区块链技术在中小企业中的适用性，建议中小企业在使用区块链技术时充分考虑该技术与自身企业的适配性。纳亚克和道古德（Nayak and Dhaugude，2019）从供应链管理的视角具体分析了如何将区块链技术更好地应用到中小企业融资过程中。克里斯托弗迈耶（Christopher Meyer，2020）以波罗海港口企业为案例对象，研究了区块链技术的应用可以实现企业数据的实时访问，体现出区块链技术的优势。

虽然区块链技术在我国的数字加密货币、股票、票据、医疗和电子商务等方面有所应用，但是在金融领域将区块链技术和中小企业的融资信贷相结合的理论研究还尚未完善。区块链技术能够促进中小企业融资的主要原理在于改善了信息不对称的局面，重构信息结构。具体而言，区块链技术特有的去中心化特性可以从根本上克服信息不对称问题（徐小茗、周艺霖，2020；罗开，2021）。除了信息不对称之外，成本收益不匹配、企业缺乏充足抵押物和企业自身财务管理水平差等原因也是导致中小企业融资困难的因素，区块链技术的应用能够帮助金融机构构建智能风控体系和新的金融服务模式，对于银行和中小企业来说，拓宽融资渠道、降低融资成本，能有效解决中小企业的融资难题（郑君宇，2019；周雷等，2020）。

张锐（2016）认为数字化及技术颠覆了传统的人工操作，大大提高了执行效率，降低了人工成本。去中心化这一特点促进了交易数据的公开透明，避免了数据容易被篡改的风险，其还具体分析了区块链技术如何应用于供应链金融、股权融资、跨境电商等领域。赵大伟（2016）认为互联网金融对于传统的信贷模式产生了深远影响，拓宽了中小企业的融资途径，区块链带来的信息透明、信息对称和不可篡改等特性有效解决了中小企业融资难的问题。张荣（2017）通过分析得出利用区块链技术可以有效减少中小企业融资的搜寻成本的结论。白沛东（2018）将区块链技术融入企业信用评估模型中，构建出一种新的评估机制，降低了信用评估的成本以及风险。程冰欣、董亚辉（2018）全面描述了我国中小企业融资现状，对融资难、融资贵的问题进行分析，提出区块链技术在中小企业融资问题解决上的优势，以及对具体如何应用进行了阐释，认为区块链技术可以拓宽融资渠道、降低融资成本。陈福雷和周春良（2019）认为区块链技术的各种特性可以有效真实记录各个环节的数据，方便银行取证，大大缓解了银行与企业信息不对称问题。周达勇和吴瑶（2020）则具体以科技型中小企业为研究对象，有针对性地分析了科技型中小企业出现融资困难问题的成因，认为虽然供应链金融的应用可以在一定程度上帮助这些中小企业融资，但是仍有一些限制因素，而区块链技术的引入与供应链金融的完美结合对于解决此难题提供了新的思路。张一鸣和丁丽萍（2021）对疫情下中小企业如何有效解决融资难题进行分析，提出可以利用区块链技术结合供应链金融模式的融资方式。

综上，目前国内外对于区块链技术的研究主要集中在数字货币、金融风险、信用评估等方面。在解决中小企业融资难题方面，许多学者都关注利用互联网金融来创新融资模式，区块链技术的出现使得银行和中小企业之间的信息更加透明、更加对称，从而增加银行对中小企业放贷的意愿，基于此开展深入研究和应用性推广，具有重要的现实意义。在实例研究方面，现有文献存在着明显缺陷，因此本章在这方面的研究具有深刻的研究意义和实践价值。

第三节 案例背景介绍

一、行业背景介绍

（一）疫情对饮料制造业产业链各环节经营的影响

饮料制造业的上中下游分别为种植、加工与销售，如图 7-3 所示，该产业链的各环节间都存在着一定程度的相互影响，在疫情的影响下，饮料制造业的上中下游各环节间的联系更为紧密。具体的分析如下：

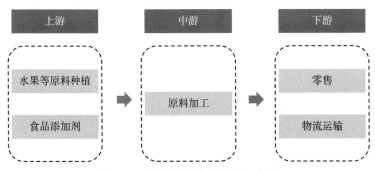

图 7 – 3　饮料制造业产业链示意图

上游与中游的联系更为紧密。一方面，上游企业对于中游企业的依赖性增强，以水果种植企业为例，一般企业会种植两类水果：果汁果与非果汁果，受到疫情影响，许多非果汁果由于人员隔离、地区封控等原因而无法及时销售，企业必须承担这部分损失，此时，果汁果在企业总销售额中所占的比重更加显著，成为影响企业能否实现可持续发展的关键因素；另一方面，由于中游企业往往需要提前将货款预付给上游企业，在疫情影响下货源的不稳定性提高，能否从上游企业获取稳定的货源，成为影响中游企业的资产状况的重要因素。

中游与下游的联系更为紧密。一方面，由于疫情的影响，下游环节的线下零售受到较大冲击，中游企业能否拓展下游经销商，是其能否减少库存、保证业绩的关键；另一方面，疫情加大了产品流通的不确定性，及时的物流运输是保证中游产品不受滞压、高效率销售的必要条件。

对于上游而言，疫情带来的负面影响体现在生产与销售两个环节上，因为疫情直接导致其鲜果品质下降、销售受阻的可能性加大。大部分的上游企业通过“企业＋农民专业合作社＋基地＋农户”的机制进行运营，疫情的隔离等相关政策容易导致农民无法很好地照看果树，使得果实品质下降，再加上物流受阻，销售量很可能减少，致使企业面临着未来是否需要调整种植数量、缩小种植规模的抉择。

对于中游而言，疫情带来的负面影响主要在采购与销售两个环节上，而具体影响的程度因为企业的规模而有所不同。相比于规模大的加工企业，规模小的加工企业由于资金链条短、资金实力较差，在对上游的预付账款的议价以及下游销售渠道的搜寻上都存在一定劣势，企业在疫情下面临的风险较大。

对于下游而言，疫情对线下零售带来的负面影响较大，对于线上零售以及物流行业则带来了一定机遇。一方面，疫情减少了人们出行的频次，线下零售大受冲击；另一方面，由于线上销售得到了更多人的青睐，推动了物流运输的需求量上升，使其有机会更好地发展。

（二）疫情对饮料制造业产业链各环节融资的影响

饮料制造业的上中下游各环节在融资上受到疫情的具体影响是不同的。一方面，上中下游企业本身的经营特点不同；另一方面，从前文分析中可以看出，由于疫情对上中下游在经营上的具体影响是不同的，而经营状况往往与其融资需求及金融机构可开放的融资额度息息相关，由此产业链各环节在融资上受到疫情的影响也会相对应地存在差异。

对于上游企业而言，不仅在生产环节会受到疫情的影响，在销售环节也会受到疫情的冲击，其对于融资的需求较为迫切，然而种植业本身的行业性质又存在着两个问题：一是其经营的周期较长导致还款的压力较大，一般果业种植的周期都要一年左右，只有最终销售完成企业的资金才能够收回，企业的还款能力受到最后环节的影响很大，很有可能由于高估销售状况而导致透支；二是行业中大多是规模较小的小微企业，由于其规模小、财务信息透明度低，导致商业银行的信贷额度普遍较低，若通过互联网信贷等其他渠道筹集资金，往往需要承担较高的风险，所以其原先融资的渠道便受到了较大的限制。虽然疫情使得整体的融资需求得到了提高，但是上游企业的融资需求缺口仍然过大。

对于中游企业而言，由于其采购与销售环节均受到疫情的负面影响，且对于中小企业更为显著，由此引发更显著的融资问题。若其本身在预付账款的议价能力上较弱，那么其预付账款的额度便较高，加上对销售渠道扩展的需要，存在着较大的融资需求，受限于中小企业额度的问题，其融资需求往往也较难以得到满足。

对于下游企业而言，一方面，线上销售与物流速运受到疫情的影响，存在着一定的发展机遇，线上销售平台对产品的宣传、线下物流运输扩大范围后对交通费用的承担也都需要资金的支持，由于扩展的需求也存在融资需要。另一方面，线下零售商受到疫情影响销售受阻，需要面临抢占有限市场份额或者开拓线上业务的抉择，这些往往也都使其有着较高的融资需求。

总结而言，在疫情的影响下，饮料制造业产业链各环节的融资需求都有一定的提升，然而除了下游的线下销售以及物流企业是为了更好发展而进行融资外，其他环节的融资需要都是保障企业持续经营的必要资金需要。然而，受到中小企业规模的限制以及经营业务对中小企业资金流通的限制，其融资需求大多难以得到满足。

二、企业背景介绍

A 企业是本章研究的案例企业，该企业位于陕西省西安市，主营业务为果汁的加工制造。根据企业对经营范围的介绍，结合饮料制造业的产业链构成特征，可知本案例企业位于饮料制造业的中游环节，主要的业务流程如图 7-4 所示，从图中可以看出，其日常业务中占比最大的部分便是对鲜果的加工部分，而这部分并不直接产生效益，因此保证拥有稳定的下游销售商对企业持续经营起到至关重要的作用。

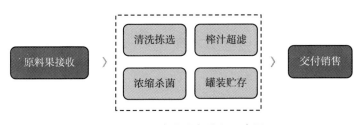

图 7-4　A 企业业务流程示意图

疫情发生后，线下零售业受到一定冲击，一直与 X 公司、Y 公司合作开展线下零售业务的 A 企业也免不了受到牵连，如图 7-5 所示，销售量的减少导致库存商品的积压，2021 年底共有价值 1 575 530.98 元的浓缩苹果清汁积压在仓库中，占资产比重的 12.73%，在保质期有限的情况下如何尽快促进产品的销售成为企业当前面临的关键问题。

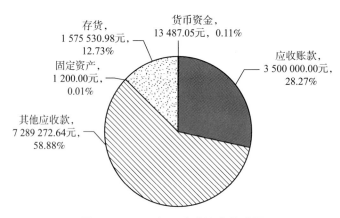

图 7 - 5　2021 年 A 企业资产构成图

对于企业的经营状况，根据企业提供的财务报表数据，该企业 2021 年的营业收入达 2 334 637.07 元人民币，属于营业收入 20 000 万元以下的中小企业。由于其处于产业链的中游环节，需要向上游购买原料向下游销售商品，一直有着较高额度的预付账款和应收账款。从具体的财务数据上来看，如图 7 - 5 所示，案例企业在 2021 年有着 350 万元的应收账款，占资产总额 12 379 490.67 元的 28.27%，其他应收款占资金总额的 58.88%，货币资金和固定资产占比不到 1%，这样的资产结构在融资信贷上无疑有着较大的风险，加上银行对中小企业信贷额度的限制，案例企业在融资上本身便面临着较多的阻碍。

对于案例公司 A 企业而言，一方面由于其在规模上属于中小企业；另一方面由于其在产业链上处于中游环节，会产生额度较高的应收账款，企业的融资问题一直较受公司高层重视，有专门针对融资管理的相关措施。具体的措施可以从融资前、融资后两个时间段来划分，主要由公司的财务结算中心与信息化管理中心共同负责。

A 企业拥有五个职能部门，五个部门中提出融资需求的主要是生产管理中心和营销管理中心，融资需求提出后，融资渠道的筛选、融资风险的控制由信息化管理中心配合财务结算中心进行，最后在税务与资产管理中心进行存档记录。其中融资前后时间段采取的具体措施介绍如下：

融资前：第一，财务结算中心从生产管理中心及营销管理中心了解融资需求，根据融资金额以及资金周转时长选择合适的融资渠道，最大限度地保证资金链正常运作；第二，信息化管理中心及时更新获取目前信贷市场上各银行、金融机构的信贷政策，结合政府颁布的信贷优惠政策，协助财务结算中心选取融资成本最低的融资方式；第三，财务结算中心结合信息化管理中心提供的资料，尽可能选取效率最高的融资方式，例如可全程线上操作的网上信贷平台等，以及时地满足各部门的融资需要。

融资后：一方面，信息化管理中心结合财务结算中心提供的资料，设立风险警戒线，及时跟进企业的财务状况，最大限度地避免还款期限时无力还款的现象发生；另一方面，财务结算中心积极配合提供融资的机构如商业银行了解融资项目的运行状况，以提高自身信誉，保证未来融资额度的同时也有利于对公司还款能力的实时跟进。

在融资前与融资后两个时段共同的融资管理配合下，截至目前，A企业在融资上未出现较大的危机，资金链能够循环有序地流通。然而正如前文所述，企业在疫情的影响下积压了大量存货，此时需要更多的资金来开发线上零售渠道或者拓展更多的线下零售渠道，在融资需求提高的情况下，企业现有的融资额度已经无法满足，如何更好地拓展融资渠道，获取所需资金，是迫在眉睫的问题。

A企业成立时间较短，一直以来积极地跟进行业内先进企业的步伐，在经营管理上不断创新改进。近两年来，在疫情的影响下，许多企业都纷纷通过数字化建设达到简化流程、提高效率的目的，A企业也在2020年底开始着手进行企业数字化建设，通过信息化管理中心对企业各项业务的开展提供支持。目前为止，案例企业已经从三个方面完成了基本的数字化布局。

第一，财务数据库的建立。通过内网与服务器的设立，将企业在采购、生产、销售等环节的相关财务信息都导入服务器中，财务人员在整理账簿时可以进行关键词的搜索，内审人员在核对时也能够通过公式进行匹配，大大提高了财务数据处理效率以及企业内部财务数据的透明度。

第二，产品数据库的建立。通过实时监控仓储情况，对企业半成品、库存商品等的种类、品相等进行线上归档，有效提高企业对产品状况的把控能力，及时清理过期变质产品以节约仓储空间，同时有助于企业科学安排出货产品批次，尽量减少对产成品的浪费，实现效益的最大化。

第三，人力资源数据库的建立。通过对企业员工信息的线上归档，一方面方便绩效统计以制定相应的激励措施；另一方面有助于管理者了解目前企业内的人才结构分布，在招聘的过程中能够更有针对性地选择企业需要的人才，以优化企业的人才结构，提高各部门运行的效率，减少人力资源的浪费。

第四节　疫情对 A 企业传统信贷融资的影响分析

本书拟在本部分重点分析疫情对企业传统信贷融资的影响，具体分为以下六点：信息壁垒高筑，缩减融资供给；信贷风险增加，扩大惜贷危机；风控成本提高，加剧融资风险；业务流程冗杂，降低融资效率；信用担保缺乏，增加融资成本；融资门槛提高，限制融资渠道。

一、信息壁垒高筑，缩减融资供给

由于企业经营不规范、经营信息透明度不高等诸多原因导致的资金供需双方之间信息不对称问题一直是中小企业融资难的重要制约因素。例如 A 企业本身虽然有基本数字化布局，但其产品生产周期较长，例如需等果子成熟等，其产品状况信息并不能很好地反映给银行。受疫情影响，本案例公司所属的中小企业相较于大型企业经济下滑更迅猛，经济状况的不佳极有可能促发本案例公司减少公开财务信息的披露或者选择根本不公开财务信息。信息壁垒高筑将导致银行愈发不相信 A 企业，它需付出更高的风险管理成本以降低信息不对称度，最终导致银行的融资供给被缩减。

如图 7 - 6 和图 7 - 7 所示，受疫情影响，我国宏观经济大幅下行，GDP同比增速于 2020 年达到了 2015 ~ 2020 年近六年来的最低峰——2.30%。其中，大型企业的利润同比增速一直处在一个上下波动的状态，虽然 2020 年的同比增速下降到了 - 0.80%，但它在 2018 年曾下降至 - 1.80%，于 2015 年曾降至 - 10.50%，与中小型企业的利润同比增速相比，状况要好很多。后者自 2016 年开始便不断下滑，更是于疫情影响下达到 2015～2020 年六年来的低谷 - 30.00%、 - 37.40%。

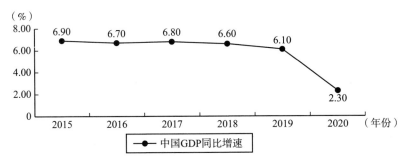

图 7 - 6　2015～2020 年中国 GDP 同比增速情况折线图

资料来源：Wind 数据库，艾瑞咨询研究所。

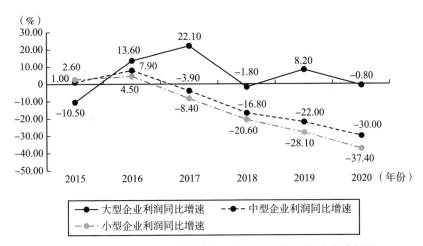

图 7 - 7　2015～2020 年中国大中小型企业利润同比增速对比图

资料来源：Wind 数据库，艾瑞咨询研究所。

其中，居民消费水平的下滑是加重中小型企业经营难度的一大因素。它也导致本案例公司——一家饮料制造业中的中小型企业，订单骤减、存货囤积，根据本案例公司提供的报表数据显示，它于 2021 年共有价值 1 575 530.98 元的浓缩苹果清汁积压在仓库中，占总资产的 12.73%。如图 7-8 所示，2019~2021 年全国居民消费价格指数（CPI）大幅度下降，这意味着全民购买力的下降，经济逐渐转冷。

图 7-8　2015~2021 年全国居民消费价格指数变化趋势图

资料来源：国家统计局．中华人民共和国 2015~2021 年国民经济和社会发展统计公报［EB/OL］. ht-tp：//www. stats. gov. cn/search/s？qt = GDP.

如图 7-9 所示，2015~2019 年社会消费品零售总额同比增长率虽然有

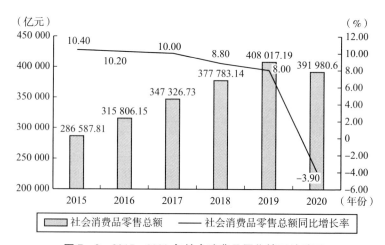

图 7-9　2015~2020 年社会消费品零售情况统计图

资料来源：国家统计局．中华人民共和国 2015~2021 年国民经济和社会发展统计公报［EB/OL］. ht-tp：//www. stats. gov. cn/search/s？qt = GDP.

轻微的下滑趋势，但是增长率一直为正值，社会消费品零售总额是在稳步上升的，但由于2019年底疫情的冲击，2020年的社会消费品零售总额同比增长率近六年来首次骤降为负值，为 - 3.90%，社会消费品零售总额相较去年减少了16 036.59亿元。

本案例公司身处饮料制造业，CPI与社会消费品零售总额的下降说明其销售端面临着巨大的挑战。销售量的减少导致其库存商品被积压，本案例公司于2021年底共有占总资产12.73%，价值1 575 530.98元的浓缩苹果清汁积压在仓库中，无法对外出售，导致本案例公司的流动资金变差，企业维持经营的难度加大。而相关文献表明，流动资金状况不佳极有可能导致企业选择只部分公开财务信息，甚至选择不公开（杜佳，2021）。

据调查显示，疫情初期，将近85%的中小企业出现资金运转不开的情况，其中，34%的中小企业的流动资金只能维持1个月；33%的企业可以维持2个月；18%的企业可以维持3个月。而同时，有67.82%的中小企业选择部分公开财务信息，21.84%的选择完全不公开（杜佳，2021）。在流动资金短缺的情况下，中小企业经营透明度变差。根据本案例公司资产负债表数据，其流动资产为8 606 531.51元，流动负债为2 116 778.78元，流动比率为4.07。通常情况下，流动比率大大高于2说明该企业流动负债有充分保障，同时资源利用效率低下。但是，在评价流动资金情况时，流动资产的构成更为重要。如图7 - 10所示，A企业的流动资产中货币资金占比几乎为零，而应收款项、存货、库存商品等占比较大。应收款项的回收受疫情影响较大。此外，前文提到销售端受到疫情冲击，而销售是存货、库存商品向现金转换的关键，销售水平的下滑将导致存货、库存商品的变现能力变弱。由此可见，虽然本案例公司的流动比率偏高，但是通过对流动比率的分子分析发现，该公司流动资产难以抵偿流动负债，出现资金运转不开的现象。

本案例公司由于流动资金匮乏极有可能降低经营信息透明度，再加上我国无法在政策上做到具有较好的针对性，造成其财务报告缺乏规范，多重因素影响下，信息不对称问题被加重，使得商业银行更难对其资金使用、债务承担等情况进行监督审查，无法直观地了解本案例公司的财务状况等，加剧了商业银行等借款方处于信息劣势方的地位。而本案例公司因为对自身信息了解程度远远高于银行等外部金融机构，无法确保其不会做出追求自身利益最大化的行为，致使商业银行承担较高的信贷风险。针对信息壁垒高筑问题，银行会提高风险管理成本，对贷款需求方，即本案例公司的风险进行更为细致的评估，而在难以大幅度提高利率以对冲成本的情况下，银行只会降低对本案例公司的放贷意愿。

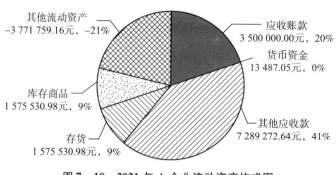

图 7 - 10　2021 年 A 企业流动资产构成图

二、信贷风险增加，扩大惜贷危机

传统信贷模式下，由于中小企业的信息较多且真实性没有保证，银行普遍采取抽查的方式进行发贷后的跟踪调查，此方式成本较低且无法有效管控信贷风险。特别是疫情形势下，制造业、餐饮业等遭受重创，再加上中小企业信息透明度变低，财务数据失真的风险更高。本案例公司属于制造业中的中小企业，这意味着银行会更频繁地跟踪调查，抽查本案例公司更多的信息，本案例公司如果想最终拿到贷款就需不断地递交资料；同时，银行把越多的贷款额度分配给本案例公司，就将面临越大的信贷风险，因此银行往往更愿意将贷款资源分配给其他行业或规模更大的客户，本案例公司则面临银行"惜贷"的困境。

首先，受疫情影响，银行不良贷款增多且制造业相比其他行业，不良贷款率更高。经咨询，中国交通银行为本案例公司贷款业务合作最频繁的银行。其 2019 年行业不良分布如图 7 - 11 所示，制造业的贷款不良率高达 4.11%，排在所有行业中的第二位，远没有交通运输、仓储和邮政业以及建筑业等行业让人"省心"。受疫情影响，截至 2020 年 3 月底，中国交通银行的不良贷款余额达到 1 011 亿元，较上年底增幅达 3.49%，增加了 34 亿元左右。①

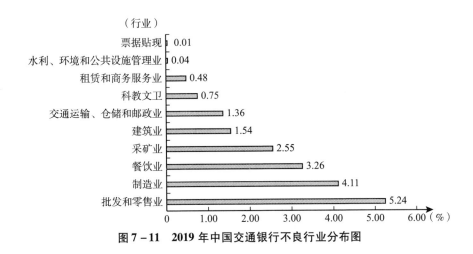

图 7 – 11　2019 年中国交通银行不良行业分布图

其次，本案例公司在疫情下本身的经营状况也在下滑，披露财务信息的意愿减弱，银行获取信息的难度愈高。如今，中小企业遍布各行各业，我国无法在政策上做到具有较好的针对性，由此这些中小企业往往缺少统一的内部财务以及外部审计制度，造成其财务报告缺乏规范，对外界披露的信息偏少，使得商业银行难以对其资金使用、债务承担等情况进行监督审查，无法直观地了解中小企业的财务状况、经营成果、偿债能力、盈利能力、营运能力、贷款动机等。且由于疫情影响，近年来 CPI 与社会消费品零售总额在不断下降，本案例公司销售端面临着巨大的挑战，库存商品被积压。存货的囤积进一步导致本案例公司的流动资金变差，维持经营的难度加大，企业愈发不想将经营状况披露出去。

由此，疫情冲击下，本案例公司行业愈发"不讨喜"，经营状况也在不断下滑。而传统信贷模式下，银行在发放贷款后期，往往采取抽查的模式进行跟踪调查，来管控借贷方贷款后期的贷款资金风险，此模式具有低成本、管控有效性不高等特征。面对本案例公司的行业不良贷款率变高、流动资金

---

① 笔者根据《中国交通银行股份有限公司 2019 年年度报告》整理。

变差等信息，由于传统信贷融资模式下抽查技术的风险管控能力弱，银行可能会加强抽查频率或加大每次的抽查力度，尽力审核查看本案例公司更多的信息，而本案例公司如果想最终拿到贷款就得不断地递交资料；更差的情况是，银行考虑到把越多的贷款额度分配给本案例公司就意味着越高的信贷风险，故可能不愿意继续与本案例公司进行贷款业务往来，而将贷款资源分配给其他行业或规模更大的客户。

三、风控成本提高，加剧融资风险

商业银行与中小企业在风险管理上的不相容主要在于，银行对客户经理风险控制方面的高要求与信贷业务上的低收益的不相容（钱龙，2015）。在疫情的影响下，企业面临原材料不能正常供应、物流渠道不畅、成本压力骤增等突出问题（刘兴国，2020），银行作为信贷供给方会增强对企业信用风险的约束，风险管理上的激励不相容被激化，导致中小企业融资门槛被提高、信贷名额被减少，中小企业面临的融资风险愈来愈高。

在商业银行业的不断改革推进过程中，其增强了针对信用风险的约束，相关机制政策普遍强化，但是与其对应的客户经理的激励政策还存在很多不足，具体表现在实行对新增贷款"零风险"的控制要求、终身制的追究责任等，但是本案例公司这类中小企业的业务收益相比大型企业差之甚远，客户经理在风险管理上的责任与利益上显著不对称，因此可能导致客户经理的业务热情不高，普遍都有着"多贷不如少贷，贷不如不贷"的"惜贷"心理。更甚的是，放贷后，银行需要对借贷公司进行持续的、高效可靠的监督。根据 A 企业与中国交通银行的借款合同可知，放贷后，银行还需密切关注借款人或其关联方是否签署对其经营和财务状况有重大影响的合同、双方是否发生关联交易等，并针对这些事件进行贷款额度的调整、贷款期限的调整及风险的重新定价，形成较高的成本。但是，客户经理缺少相匹配的显性激励机制来控制风险，因此导致很多高风险项目未能及时地筛除，使其对本案例公司产生了信用风险大的一种不良印象。

此外，中国交通银行与本案例公司的贷款合同中写到，借款人经营出现严重困难，或财务状况恶化视为本合同的"提前到期事件"。而在疫情环境下，我国 2020 年 GDP 同比增速大幅度下降，中小企业经营状况波动较大。从需求端来看，本案例公司这类中小型企业的投资、消费、进出口增长暂显乏力，市场信心匮乏。本案例公司的用工、用地、原材料、税收等生产经营成本上升，上下游拖欠问题增多，出现财务状况恶化情况，根据双方签订的贷款合同，贷款很有可能提前到期。

由此，在疫情背景下，本案例公司备受冲击，营业状况较差，收益不如以往可观，供应链断裂的风险增大，极大程度上激化了银行客户经理在风险管理上的激励不相容问题。而风险管理上的激励不相容会导致银行提高对本案例公司的融资门槛，放贷后也可能出现贷款的提前到期，公司的还债压力将增大，融资风险相应提高。

四、业务流程冗杂，降低融资效率

传统金融机构的信贷业务主要还是在线下实现。在业务过程中涉及评估、审核和签约等诸多步骤。而在疫情暴发期间，由于非公审批条件手续复杂、疫情传播责任重大、远程办公难以实现等诸多原因，融资难以线下实现。疫情前后，传统信贷模式下的商业银行贷款流程始终如图 7 - 12 所示。

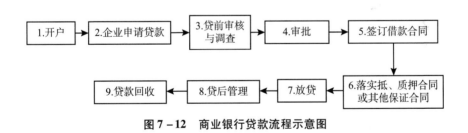

图 7 - 12　商业银行贷款流程示意图

疫情以前，信贷业务程序已然复杂，特别针对包括本案例公司 A 企业在内的大多数中小企业，其办理业务次数不如大型企业多，对银行要求提交的申请材料以及信贷程序不甚熟悉，融资效率大大降低，导致中小企业获得贷款不及时，甚至导致融资的失败。由于全国疫情的暴发，防疫政策更是为信贷业务流程加设了重重关卡，导致很多信贷业务步骤时间被拖长，企业为取得融资需要付出更多的时间成本。

第一，开户。A 企业与银行构建信贷关系，首先要开设资金账户。第二，企业申请贷款。A 企业需提出贷款申请并上交各种审核资料，材料包含企业的营业执照、企业法人身份证等；经营规模、同行业所处水平等；企业近三个月的财务报表、近三年的财务审计报告等。第三，贷前审核与调查。由于此项步骤是获得融资的关键，需要调查的内容繁多、复杂，企业需确保其提供的信息准确、真实，审批时间跨度大。第四，审批。完成贷前审核与调查后审批人员对符合贷款要求的公司进行审批。第五，签订借款合同。审查结束后，若各项要求均在规定标准之内，银行同意放贷，双方签订借款合同。第六，落实抵、质押合同或其他保证合同。借款合同签订完成后，并不意味着企业可以立即获得资金，银行还需约定贷款前提条件，例如抵、质押操作，A 企业需要提供贸易合同、发票等，方可获得资金。第七，放贷。签订借款合同后，银行按合同规定进行放贷，利息从该公司提取之日起核算，同时企业需要严格按合同规定的用途和方式使用资金。第八，贷后管理。贷款发放后，银行需要经常对 A 企业的经营风险进行考量，若风险过大，应立即终止合同。第九，贷款回收。等到贷款到期时，A 企业需要归还贷款本息，合同终止。

贷前审核与调查这道关卡是 A 企业获得融资的关键，其质量优劣直接关系到银行贷款决策。银行需要调查的内容复杂而繁多，包括董事、监事、高级管理人员（董监高）的基本情况，生产经营管理能力，盈利能力，负债真实性的调查等，银行相关人员需实地对各项调查的可靠性进行验证，时间跨度大。而面对疫情这一不可控因素，向银行申请贷款的过程中的一些挑战和难点也在不断深化。银行要实地检验企业的信息真实性，受防疫政策影响，可能会面临重重的申请预约等流程，时间成本将大大增加。

此外，借款合同的签订以及抵、质押合同或其他保证合同的落实同样受疫情影响。借款合同、抵押担保合同根据规定都必须面签，即这些合同的签订、落实都必须在线下完成。而且还要保证银行工作人员、借款人、抵押担保人三方必须本人亲自在场，需要提供身份证原件等证明材料。疫情之下要想让借贷公司、银行、担保方三方线下会面，成功签订各类合同，比以往将需付出更多的时间成本。

由此，贷前审贷以及各项合同签订落实等信贷业务不可避免地会受到影响，银行将会拉长对 A 企业信贷业务的处理时间，同时也使得本案例公司获得贷款的时间跨度更长，或者直接申请失败，使其消耗更多的时间成本，融资效率降低。

五、信用担保缺乏，增加融资成本

在本案例公司得到银行贷款之前，银行会要求其提供抵押担保。提供有效抵押担保是本案例公司获得融资的关键。由于本案例公司行业性质原因，其固定资产占比较小，无法直接将公司内部固定资产直接作为担保物交付给银行，需另外购置，而受疫情形势冲击，本案例公司经济状况不佳，导致厌恶风险的金融机构提高对其的担保物门槛，公司需要付出更多的融资成本来获取有效抵押担保物。

我国商业银行要求贷款应提供有效的抵押担保物，例如公司的产品、产房、生产设备、土地等固定资产。银行较少接受流动资产作为抵押担保物。本章在第三节第二部分"企业背景介绍"中对 A 企业资产的构成情况进行了介绍（见图 7 - 5）。根据公司的财务报表数据，本案例公司的资产构成主要分为五个部分，其他应收款、应收账款、存货、货币资金以及固定资产。其中，其他应收款 7 289 272.64 元，占比最多，占总资产的 58.88%；应收账款 3 500 000.00 元，占总资产的 28.27%；存货 1 575 530.98 元，占比为 12.73%；货币资金 13 487.05 元，占比为 0.11%；固定资产 1 200.00 元，占比最少，仅为 0.01%。由此可见，本案例公司本身不存在能提供给金融机构的有效抵押物，需要付出人力、物力、财力向外部寻求有效的抵押担保物以及第三方担保机构等。而又由于疫情引发的种种制约因素，A 企业需付出比以往更多的资金成本。

首先，受疫情影响，我国宏观经济大幅下行，如图 7 - 6 所示，中国 GDP 同比增速 2020 年大幅下降至 2.30%。其中，相较于大型企业，A 企业所属的中小型企业受影响程度更大。图 7 - 7 统计数据显示，近六年间大型企业的利润同比增速一直处在一个上下波动的状态，虽然 2020 年的同比增速下降到了 - 0.80%，但它在疫情之前的同比增速达到过更低值，如 2018 年的 - 1.80% 和 2015 年的 - 10.50%，且与中小型企业的 - 30.00% 以下相比要高出不少。而中小型企业的利润同比增速自 2016 年开始便不断下滑，更是于 2017 年往后一直处于负增长状态，并在疫情影响下达到 −30.00%、−37.40%，为近六年的最低值，加重了中小型企业的融资难度。

其次，由于 A 企业处于产业链的中游，要向上游公司购买原料，向下游公司销售产品，导致工资的预付账款和应收款项较多。从前文描述的资产结构可知，A 企业总资产构成中，其他应收款和应收账款最多，相加后达到了总资产的 87.15%，而货币资金和固定资产总额不足 1%。这样的资产结构无疑有巨大的融资风险。再加上受疫情冲击，从中小企业利润同比增速等数据可知，A 企业的上下游公司同样会遭受到不同程度的经济下滑，从而影响其应收款项的回收，甚至导致资金链的断裂。

本案例公司的资产规模整体偏小，经济地位偏低，应收款项的不良回收前景无疑对公司经营雪上加霜，这也进一步造成本案例公司行业竞争力不强、生存能力较弱、偿债能力堪忧等诸多问题，种种因素叠加在一起降低了本案例公司的市场信用和担保能力。而企业的贷款信用风险大，则易形成"坏账"，容易成为商业银行的"不良"贷款，且企业抵押品市价的高低，较大程度上反映其融资能力，这与银行的不良贷款率密切相关（马云风，2021）。由此，为减少"坏账"的发生，银行会提高对本案例公司抵押担保的要求，企业融资成本随之增加。而且，企业贷款信用风险的增加，也将意味着它需要消耗更多的货币资金等才能让第三方担保机构愿意为它担保。

综上，受疫情影响，中小企业经济不景气，银行方为降低风险将提高对 A 企业有效抵押物的要求，这对固定资产占比很小的 A 企业无疑是雪上加霜，其将花费更多资金寻求符合贷款供给方要求的抵押物和第三方担保机构，融资成本将大幅上涨。

六、融资门槛提高，限制融资渠道

受疫情影响，包括饮料制造业在内的许多行业发展都受到一定程度的冲击，经营状况不乐观的局面势必会导致其还款能力的下降，提供融资的金融机构为了避免因企业无力还款而导致的损失，普遍通过融资门槛的提升来降低风险。具体采取的措施又根据金融机构的不同而有所差别，大体上可以分为商业银行和民间借贷机构两个部分。

对于商业银行而言，融资门槛的提高主要通过信贷审核的严格化实现。如图 7 - 13 所示，银行信贷审核采取三级审批制，即认定事实、复核政策以及确定贷款。在认定事实环节，银行主要对企业的贷款原因以及用途进行事实核对，同时对企业的经营状况进行考察。通过实地项目考察、账目核对生成对企业还款能力的基本认识，由此考虑是否向企业发放其所申请额度的贷款。疫情过后，银行对于企业贷款项目进行实地核对可能受到防疫政策影响而滞缓，为保障银行自身的利益，减少违约风险对银行的损害，银行不会轻易放弃实地考察环节，由此审核的时长自然被延长。在复核政策环节，银行主要对企业申请的项目与国家或者上级银行的信贷政策进行匹配，考虑该项目是否享受相关的优惠，相关优惠对银行的利益是否会产生影响，疫情过后，银行势必加紧对企业项目与政策优惠匹配程度的核对，尽可能减少自身面临的风险。结合更加严格的事实认定以及政策复核，疫情后银行在最终确定贷款额度、方式、利率以及还款期限上必然也将更加谨慎，甚至还会要求进行后期的跟踪调查和监测。

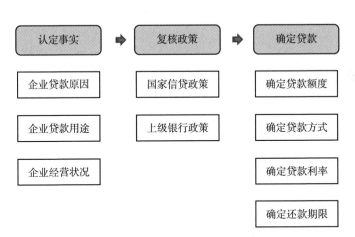

图 7 - 13　银行信贷审核流程示意图

受到商业银行信贷审核严格化的影响，A 企业作为中小企业，又有着较大额度的应收账款，其在面临银行针对经营情况的审核时十分不具优势，在本身信用额度就不高的情况下，仅通过银行信贷这条融资渠道很难满足其融资的需求。

对于民间借贷机构而言，融资门槛的提高主要通过贷款利率的提高来实现。相对于商业银行，民间借贷机构受规模限制，通过信贷业务获取投入产出比较低，因此本身设定的贷款利率便普遍高于银行。在疫情的影响下，民间借贷对贷款人开展线下评估审核受到阻碍，不同于银行可以直接延长审批时长，民间借贷机构往往需要增大业务量来保证运营，一般通过提高利率的方式予以保障，即使是2020年7月政府颁布相关规定约束民间借贷的利率，其约定的也只是按照贷款市场报价利率3.85%的4倍计算的上限（15.4%），也就是说，民间借贷利率在合法范围内可以达到商业银行的4倍，疫情后许多借贷机构都将利率值定到趋近于上限的位置，该值对于大部分企业而言有着较大的还款压力。

在民间借贷利率提高的背景下，A企业本身受到下游销售商销售量下降的影响就积压了较大比例的存货，资金的周转效率下降，其并没有足够的能力支付民间借贷的高额利率，所以其依靠民间借贷渠道来满足融资需求也不现实。

总体而言，由于银行信贷与民间借贷对融资门槛的提高，A企业通过这两类融资渠道进行融资都无法完全满足融资需求，可以说其融资渠道受到了较大的限制，疫情后企业在原先的融资模式下寻找合适的融资渠道的难度大大增加了。

综上所述，疫情冲击下，A公司经济状况受到较大的影响，存在应收款项发生坏账损失、资金链断裂、流动资金短缺等风险，融资需求增加，但同时其传统信贷融资渠道受疫情影响，存在贷款审批率降低、信贷风险变大、融资效率下滑、融资成本提高、融资渠道变窄等问题，融资需求无法得到满足，亟须寻求解决途径。

第五节 疫情下金融区块链对A企业
信贷配置优化路径分析

根据以上分析可知，由于信贷资源配置的低效率，目前我国多数中小企业都面临着融资难、融资贵的问题。对于 A 企业而言，由于公司成立时间短、资质不足且缺乏完善的融资风险管理系统，在融资上面临着较大的困难。

金融区块链，顾名思义，指的是区块链技术在金融领域的应用。区块链技术是一种基于比特币的底层技术，本质其实就是一个去中心化的信任机制。通过在分布式节点共享来集体维护一个可持续生长的数据库，实现信息的安全性和准确性。区块链技术由许多底层技术来支撑，包括去中心化网络结构、共识算法、非对称加密及智能合约等。金融区块链所依托的底层技术有着去中心化、数据公开透明、智能化、不可篡改等特点，通过运用金融区块链技术，可以从多条路径对信贷资源配置进行优化，从而缓解中小企业融资难、融资贵的问题。

本部分的框架图如图 7 – 14 所示。

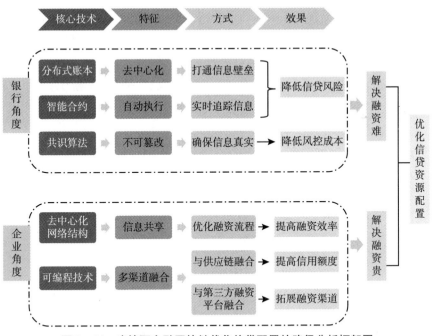

图 7 – 14 疫情下金融区块链优化信贷配置的路径分析框架图

一、去中心化，攻克信息壁垒

疫情下金融区块链优化信贷的步骤一如图 7 - 15 所示。

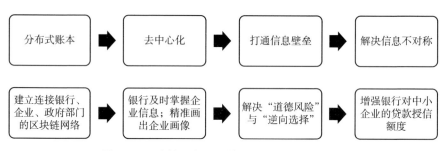

图 7 - 15　疫情下金融区块链优化信贷的步骤一

金融区块链是一种去中心化网络结构。所谓去中心化，是指网络结构中的每一个参与方都拥有相同的权力与责任，而不用依赖某一方（例如银行或者核心企业）或以某一方为中心进行运作。因此，金融区块链中的参与各方可以进行点与点之间的直接交互，数据可以从一个点传输到另一个点而不影响其准确性，这让区块链成为去中心化的分布式账本——交易记账由分散的多个节点共同完成，而且每一个节点记录的都是完整的账目。因此，金融区块链的去中心化特征，使区块链各节点之间同步共享数据成为可能。

在传统的信贷模式中，银行主要通过申报企业主动提供信息、查询信用记录、查询政府部门公开数据等方式确定企业的信用水平，获取企业信息的渠道单一，信息数量少，无法掌握企业的供应链、物流、订单数目、交易数据等信息，存在明显的信息不对称的现象。

如果可以建立一个连接上下游企业、征信机构以及政府等部门的金融区块链网络，银行就可以较为及时地掌握贷款企业的资金信息、经营情况甚至行业的发展前景等大量非结构化的信息，从而缓解金融机构和中小企业之间的信息不对称问题。银行借助区块链技术可以更加便捷、更准确地了解中小企业的财务数据、经营情况、业务情况以及关系网络。在这些新信息的支持下，银行能够画出更精准的企业画像，从而对中小企业的资信状况、抗风险能力做出更准确的评估。信息不对称问题的缓解将会有效增强金融机构对中小企业进行贷款授信的意愿，降低金融机构对中小企业贷款的门槛，最终达到优化信贷资源配置的效果。

A 企业目前的主营业务为浓缩果汁的生产销售，主要产品包括浓缩苹果汁、梨汁、桃汁、果糖、果渣饲料等。A 企业这类果汁公司为了发展，需要向经销商、渠道商铺货，但是下游的经销商和渠道商普遍存在资金不足的问题，如果大量铺货给下游企业，将会产生大量应收账款，由于银行无法实时了解企业的应收账款情况，难免会有发生"坏账"的顾虑，因此不敢贸然贷款给企业。A 企业与当地的 X 银行一直保持着紧密的联系，假如 A 企业与 X 银行某分行以及 A 企业上下游企业共同接入同一个区块链中，那么 X 银行某分行就能对 A 企业的应收账款情况进行实时监控并做出适当干预，从而增强 X 银行某分行对 A 企业进行贷款授信的意愿。

同时，在金融区块链下，用户不需要担心因为将信息储存到区块链中而面临数据泄露的问题。区块链通过机密使用的一组公钥和私钥来保障数据的安全。公钥和私钥成对出现，公钥可以被网络中所有使用者获取，而私钥则仅由用户自身保管，通过这种算法得到的密钥能保证在世界范围内是唯一的，对相关信息的查询或使用必须得到数据信息所有者的私钥授权，区块链信息中也不显示关联用户姓名、用户单位等身份信息，有效保护了客户的隐私。

二、自动执行，降低信贷风险

疫情下金融区块链优化信贷配置的步骤二如图 7 – 16 所示。

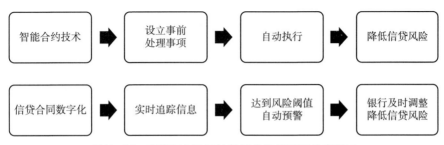

图 7 – 16　疫情下金融区块链优化信贷配置的步骤二

区块链所采用的智能合约技术是一种可以根据条款或合约的相关条件自动执行的程序。与传统的合约执行不同，智能合约技术可以根据事先设定的条件自动执行。在区块链中，各个节点的参与方共同制定该智能合约，以此来明确链上各个节点的权利与义务，并且将事前约定的合约进行数字化，上传至链中。数字化之后的合约就会成为一种可以自动触发且执行的命令。当事前设定的如价格、时期、密匙等条件满足时，会自动触发执行命令，此时，系统就会将该执行命令推送至待验证的区块。各个节点此时会对合约信息进行验证，若超过一定数量的节点对该事项达成共识，就会自动执行，并同时公告给用户。智能合约的特点扩展了区块链的应用范围，使之能够满足不同场景的需求。

传统的信贷模式下，在发放银行贷款的后期，银行普遍采取抽查的模式进行跟踪调查来控制信贷风险。对于银行来说，抽查跟踪对于管控贷款后期的贷款资金风险虽然成本较低，但是相应的对于信贷风险就无法有效管控。再加上这些公司的财务数据不够透明，并且财务信息不规范，账本缺失和财务数据失真时常发生，这加剧了银行发放贷款的风险。通常而言，中小企业的经营数据难以搜寻，因此银行发现给中小企业的贷款资金处于风险当中的时间也会较晚，无法及时采取相应措施。这意味着银行把贷款额度分配给中小企业的部分越大，就面临着越大的信贷风险，因此银行往往更愿意将贷款资源分配给大型企业。

金融区块链能够将银行与企业签订的贷款合同数字化之后写入金融区块链中，运用金融区块链的智能合约技术将贷款合同的条约信息与链上有关企业经营状况的相关信息进行关联。银行可以与企业协商设置智能合约的触发机制，也就是当企业的实际经营状况无法满足触发机制的要求时，区块链会自动释放预警信号。此时，银行就能够及时的与企业协商调整贷款条件，这有效地降低了银行放出贷款无法收回的概率，从而使得银行将更多的信贷资源配置给有大量资金需求的中小企业。

如果 A 企业成功与 X 银行某分行建设一个基于区块链技术的融资平台，X 银行某分行即可获取关于 A 企业全部的公开数据，并且能够对 A 企业的经营情况建立数据监控系统和动态催收系统。A 企业一旦出现订单数下降、库存积压、资金周转率下降等不利情况，X 银行某分行将及时收到预警信息，并可以视情况决定是否调整贷款发放条款或者要求 A 企业提前清偿贷款。通过运用区块链技术可以有效管控银行的信贷风险，增强银行与中小企业之间的紧密联系，减少金融机构对中小企业资金状况的顾虑，缓解金融机构在不同规模企业之间成本支出的不均衡性，从而提高信贷资源配置效率。

三、不可篡改，降低风控成本

疫情下金融区块链优化信贷配置的步骤三如图 7 – 17 所示。

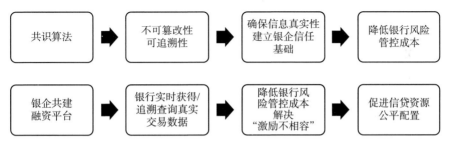

图 7 – 17　疫情下金融区块链优化信贷配置的步骤三

共识算法作为区块链技术的底层算法之一，是一个使区块链网络达成共识的机制。前文提到区块链的运行并不依赖某一个中央权威，因此分散的节点之间就需要一套规则使各个节点达成一致，这就是共识算法发挥作用的地方。具体而言，当某一个节点发出交易请求时，需要系统各节点达成一致协议才能完成交易活动，因此每个节点都储存着关于该交易的一系列信息。由于区块链中相邻区块之间一一对应关联，更改其中任意数据都会形成连锁反应，所以单一的节点难以对数据进行篡改。除此之外，随着时间的推移，所有的区块信息都能按照时间顺序彼此连接，形成可追溯的信息链。数据不可篡改、可追溯的特征对中小企业而言意义重大，因为它们可以完全保证信息数据的真实性，从而建立起银行为中小企业提供融资的信任基础。

在传统的信贷模式下，银行如果想要控制中小企业的信贷风险，需要花费高昂的成本。一方面，中小企业的财务数据没有大型企业规范，账本缺失和财务数据失真现象时有发生；另一方面，中小企业数量众多，银行如果想要持续跟踪其信贷风险状况，需要投入大量成本。因此，银行往往较为重视放贷首期的监测，后期普遍采取抽查的模式进行跟踪调查。但是这样又会使银行面临更高的风险。所以银行不愿意将贷款额度分配给中小型企业，这也是世界范围内信贷资源配置都极不均衡的重要原因之一。

前文提到，利用去中心化网络结构，金融区块链技术可以降低银行获取信息的难度，增加获取信息的广度。随着中小企业生产经营活动的发生，上下游企业信息、合同信息、交易凭证等数据都会被动态记录并永久储存到区块链的对应节点中，银行可以动态地获得企业的一手资料。而且由于区块链有着不可篡改的特征，为银行获取真实信息提供了保障，这样不仅可以帮助银行有效地控制信贷风险，而且大幅减少了控制信贷风险的支出。

以 A 企业为例，假设 A 企业与 X 银行某分行依托金融区块链技术共同建立一个融资平台。A 企业如果之后再去 X 银行某分行办理贷款业务，由于链上信息的真实性和可靠性，银行就可以省去反复核对与校验纸质文件的环节，因为区块链的核心算法可以帮助银行天然地获得对信息的保障。如果将 A 企业以及其下游的经销商、渠道商接入同一个区块链当中，银行就能够通过区块链实时追踪企业订单状态和物流涨停情况，保持对企业库存的动态观察，企业订单的链上凭证也是链上各方对企业信息的担保，这为银行向企业发放贷款提供信任基础，使得银行能够有效管控贷款风险，才敢于放款给 A 企业以及 A 企业的上下游企业。

四、信息共享，提高融资效率

疫情下金融区块链优化信贷配置的步骤四如图 7 – 18 所示。

图 7 – 18 疫情下金融区块链优化信贷配置的步骤四

在区块链采用分布式的网络架构中，每个用户都是系统中的独立节点，且这些节点的权利与义务都是均等的。每个节点发布的信息都能够被其他节点接收到，并且任意一个节点的损坏都不会影响整个区块链系统的运作。在链上储存的所有与交易有关的信息都能够被每个节点读取，对于节点来说，这些信息都是公开可见的。这种分布式的网络结构赋予了所有节点对数据获取、共享、复制的不加限制的权利。这也就使得区块链中的数据具有公开、共享、透明的特征。

在传统的信贷模式下，完成一笔信贷贷款业务需要经过申请、受理与审核等步骤，在这些步骤中，企业需要到银行实地提交多次资料，由于银行的流程审核复杂，不仅非常耗时而且具有一定的成本。与大型企业的融资需求相比，中小企业往往需求时间较短、需求量小，但是需求频率高且紧急。相比之下，融资流程的烦琐和复杂的特点将更加影响中小企业获得贷款的效率。这与中小企业的融资需求十分不匹配，进而更加抑制中小企业的实际信贷需求。

金融区块链所有节点都能查询、共享、复制和同步相关数据，有着数据公开透明的特点，企业可以将获取贷款的相关资料与银行的节点进行共享。银行可以借助金融区块链技术将中小企业的信息汇集成信用数据库，省去企业频繁递交资料的环节和商业银行委派专员对企业进行风险评估、尽职调查的环节，简化了繁复的申请、调查、审批等贷款流程，不仅减少了信息加工处理的成本，而且提高了放贷和审贷的效率。借助金融区块链信息共享的特点可以优化中小企业的融资流程，提高融资效率，从而降低其无法获得资金的可能。对于中小企业来说，其资金周转更高速，成本更低廉的债务资本无疑是企业发展中不断涌入的活水，能有效帮助中小企业更加茁壮地成长。依托区块链技术建立起信用数据库有巨大的现实意义。

如今，A 企业申请银行贷款时需要频繁到 X 银行进行相关业务的办理，除此之外，X 银行也要实地审批 A 企业递交的信息，并且在后续的贷后管理中也需不断实地探访企业情况。在疫情时期，由于企业生产经营受到打击，实际盈利能力下降，银行会对信贷申请进行更严格的筛选。如果 A 企业利用金融区块链，将企业贷款所需提供的各项信息共享至链上，就可以省去多个实地的环节，有效降低财务人员"跑业务"的频率。同时，链上也会有上下游企业和第三方提供的 A 企业的业务信息和其他信息，这也能够提高 X 银行的审贷效率，不仅减少了人力成本与时间成本，而且能为当地的防疫做出贡献。

五、渠道融合，创新融资模式

疫情下金融区块链优化信贷配置的步骤五如图 7 - 19 所示。

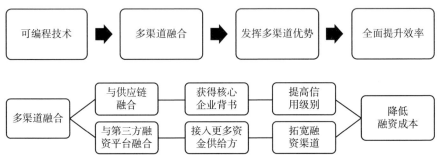

图 7 - 19　疫情下金融区块链优化信贷配置的步骤五

区块链作为一个可以多方参与的去中心化的共享信息库，有着可编程技术的支持，该技术极大地拓展了区块链的应用场景和应用范围。因此，区块链能够满足不同场景的业务需求。这意味着金融区块链可以和其他的技术或者渠道联合，通过金融区块链特有的优势克服其他融资方式的局限，更好地解决信贷资源配置低效的问题。

（一）与供应链金融结合，提高信用级别

供应链金融主要是通过整合供应链上所有企业的商流、信息流、物流及资金流等，利用核心企业的信用背书和担保，为链条上规模小、信用额度不足的企业提供较多的融资机会，在供应链中核心企业的信用担保下，中小企业可以将应收账款、知识产权、存货等动产作为抵押物向银行贷款，这能够加强产业与金融的相互贯通，提高整个产业链条的整体效率，最终实现整个产业链的高质量发展。但传统的供应链金融存在两个问题：第一，整个链条过分依赖核心企业。一旦核心企业出现信用危机和资金问题，那么链上的中小企业便会面临资金链断裂的风险。第二，供应链金融涉及多方参与者且交易行为复杂多变，各方参与者之间面临很大的信用问题，极易导致整体关系破裂。

金融区块链与供应链相结合能够实现资金流、信息流和物流相结合，对企业的融资方式进行创新，主要是利用核心企业的信用背书，通过整合供应链上所有企业的商流、信息流、物流及资金流等，为链条上所有中下游企业进行融资。区块链模式有着去中心化的特征，区块链中的企业之间是一种非线性的关系，每一个企业都是一个节点，都可以和银行之间产生直接的联系。与此同时，由于区块链技术系统具有不可篡改性、可追溯性、透明性和安全性等特点，使区块链中的企业可以传递信任，与供应链金融系统进行融合时，有利于优质企业闲置的银行信用额度得以释放发挥，使整个链条更加通畅，同时，也能提高链上非核心企业的信用额度，从而强化了上下游企业的融资能力。

A 企业处于供应链中游，由于规模小、成立时间短，进行债权融资难免遇到困难。若 A 企业获得供应链中核心企业的背书，其信用级别、信贷额度等指标会相应得到优化，从而助力发展。在金融区块链与供应链结合的模式下，A 企业一方面可以获得核心企业的担保，获得更高信用额度；另一方面，又能不完全依赖核心企业，拥有自己的信用体系，即使核心企业资金周转出现问题，A 企业也不会因此遭遇资金不足危机。

（二）与第三方融资平台结合，扩宽融资渠道

在我国，以银行为主的间接融资一直是资本市场上资金供给的主导方，直接融资因受到信息获取、资金安全性等问题的限制而发展滞后。发展直接融资可以调动社会资源，连接资金的供需两端。由上文的分析可知，对于小企业而言，从金融机构直接借款难度大、成本高，而民间借贷的费用更是高昂。对中小企业来说，财务信息和经营状况不透明程度较高，且公开信息的可信度差，社会没有渠道获得有效信息，使得中小企业几乎无法获得直接融资。因此中小企业急需新方法来解决融资渠道单一的问题。区块链技术可以与第三方投融资服务平台结合，为第三方投融资的转型提供机会。

区块链技术的运用为出现一个对接供需双方的第三方投融资服务平台提供了可能。一方面，金融区块链数据公开透明的特征使得资金的需求方与资金的盈余方被连接了起来；另一方面，智能合约技术使得几乎所有类型的金融交易都可以改造成在区块链上进行，包括股票、私募股权、众筹、债券和其他类型的金融衍生品，如期货、期权等。于是更多的金融机构、投资者、企业将被吸纳进来，社会中的闲散资金能够在这一平台内流转，从而被高效利用。这意味着不同的资金供给和盈利需求可以通过这一渠道更好地与企业差异化的资金需求形成对接，从而解决中小企业的融资问题。

A 企业的融资架构以债务融资为主，作为一个正在快速发展中的企业，A 企业的资金需求量巨大，如果依托于区块链技术的第三方融资平台成功落地并得到推广，那么第三方较为丰富的融资产品能够使其有机会获得成本更低的资金，其财务费用等支出将会下降。并且第三方融资平台通过获取区块链上 A 企业的各项数据和信息，能够针对 A 企业的资金需求和企业特征推出适合 A 企业的融资产品，这使得 A 企业能够有更多的渠道获取资金，资金流压力将大大减小。

第六节　信贷配置优化助力企业高质量发展分析

当前中小企业高质量发展意义重大。党的十九大提出中国经济已经进入高质量发展阶段；党的十九届五中全会也强调，坚持把经济发展的着力点放在实体经济上，而中小企业正是实体经济的重要载体。因此，促进我国经济高质量发展的关键之处在于推动实体经济的高质量发展，而经济的高质量发展必然要求中小企业高质量发展得以实现。黄速建（2018）提出高质量发展要求企业实现由粗放式发展向质量效率型可持续发展的转型。企业的高质量发展，尤其是中小企业的高质量发展受宏观经济政策和环境的影响较大，同时因为企业自身的微观特征不同，也会对企业的高质量发展产生一定影响。宏观经济环境层面，主要影响因素有政府补贴政策（陈昭和刘映曼，2019）、环境制约（郭涛和孙玉阳，2021）、税收政策（杨林和沈春蕾，2021）、市场分割机制（吕越等，2021）等；微观企业自身层面，主要影响因素有资产金融化程度（田梓青，2020）、内部控制（张广胜和孟茂源，2020）、股权结构安排（范玉仙和张占军，2021）等。

然而无论是宏观层面还是微观层面，融资问题都是制约中小企业实现高质量发展的主要因素。通过前文的分析，可知区块链技术的应用可以有效解决企业融资难题，促使信贷资源配置得到优化，企业融资问题有了广泛的解法。融资困难得以解决，企业可以更及时地完善自身战略规划，制定符合自身行业的发展战略，找到更适合自身的发展方向，积极寻求创新变革，以实际行动来实现企业自身的高质量发展。具体而言，区块链打破了融资约束，关于企业如何实现高质量发展，本书将从以下四个方面展开分析。

（一）动态适应环境，增强组织韧性

近年来，全球经济普遍进入低增速周期；新技术的快速发展也使得企业在商业竞争中普遍面临高度的不确定性；新冠肺炎疫情暴发、乌克兰局势的叠加，使得企业普遍意识到组织的脆弱性。在新时代，高质量发展不仅要求企业关注短期的经营效率，还必须塑造长期的组织韧性。

融资问题即是影响企业动态适应能力的一大约束。融资困难带来的"挤出效应"可能迫使企业在遭遇危机时选择更为保守和短线的应对策略，在落后策略的指导下，企业难以破局甚至会陷入失败。不确定的商业环境要求企业不断进行变革和创新，而拥有充足稳定的现金流则给予企业改变的底气。和过往的效率逻辑不同，塑造组织韧性需要包容冗余的逻辑。从前，企业在资源配置中往往要求"严丝合缝"，但这种配置方式将未来的变化置于盲区，以至于走到稍有不慎满盘皆输的局面。高效高质的融资环境能使企业有条不紊地筹备第二方案，给企业提供充足的资源支持，从而大大提高企业灵活应对突发事件的能力。

在大环境不友好的情况下，企业更易选择金融市场套利机制从而不利于经济的高质量发展，这也是组织韧性缺失的一种体现。受到金融市场套利机制的影响，企业内部会调整投资决策的优先顺序，改变信贷资源的配置路径，将原来的管理重心从传统的生产经营领域向能够带来更多短暂收益的金融投资领域转移，从而不注重开发新市场、提高产品质量、加强技术研发投入等，这些最终会影响企业改善经营管理制度的积极性。

在"黑天鹅"事件①漫天"飞"的不确定时代，高质量企业应当具备一定的抗风险能力。融资渠道的拓宽使得企业能够动态适应商业环境，最终实现增强组织韧性的目标，走向高质量发展道路。

（二）保障研发投入，提升创新能力

融资存在困难的中小企业会因为资金不足而容易错失研发良机，降低企业创新水平。融资困难主要是由信息不对称带来的，创新研发所需的保密性又进一步加剧了信息不对称化程度，同时也增加了外部投资者的投资溢价，使得研发投入的融资资金受到限制。此外，受到研发资金限制的企业会被迫舍弃循序渐进的创新模式，转向选择投入少、周期短、风险低、回报快的项目，逐渐拉低企业产业价值链，"低端化"的价值模式会大幅降低企业的研发投入产出率，从而减少研发创新次数，削弱创新平均倾向。融资约束还具有一定的规模效应，公司规模越小，外部约束越强，这对中小企业更为不利。

结合本章案例，陕西省果业科研实力不俗，国家苹果产业技术创新体系60%的岗位科学家出自陕西省②，近年来，陕西省有几十个具有自主知识产权的果树新优品种通过审定，但也存在新品种推而不广、果树苗木良莠不齐、农资投入各行其是、栽培模式五花八门的问题。而追踪这些问题的根源，还是归结到资金链紧张。由于资金不够充足，创新成果得不到有效推广，使得资金回流速度减慢，影响下一轮融资进程，进而影响企业的持续创新；资金不足也束缚了创新的空间，很多创新只能在传统知识领域里浅尝辄止，高投入、长周期的创新因缺乏资金支持往往无疾而终。区块链技术的应用能在一定程度上解决融资难题，更为本公司带去科研资金，加大科研投入力度，创造出更优质的果树优新品种，提高创新能力。

---

① 黑天鹅事件，英文为"black swan" incidents，指非常难以预测，且不寻常的事件，通常会引起市场连锁负面反应甚至颠覆。

② 魏延安：对推动我国事业高质量发展 10 个问题的思考 [N]. 南方农村报，2021 - 09 - 16.

（三）着眼长效布局，实现持续发展

所谓的高质量企业，一个最核心的标准应该是可持续盈利目标得以实现，能够在比较长期的范围内实现可持续增长，具体到果汁行业，当本公司的产品做得更精致的时候，无论经济周期如何波动，企业都可以在市场竞争中获得一些优势，可以让自己公司的利润长期增长下去。区块链技术的应用打破了信息不对称的僵局，使得信息流动起来，也在一定程度上打通了中小企业的信息壁垒，使得更多的企业可以掌握更全面的市场信息以及自身信息，着手于未来的战略计划、营销策划、产品定位、物流运输，各个环节衔接更加紧密，能够全面增强企业的市场竞争力，提升企业的可持续发展能力。

此外，区块链带动融资难问题的解决也使得企业的抗风险能力增强，这有助于促进企业长效可持续发展。特别是在新冠肺炎疫情袭来乃至疫情防控常态化这一特殊历史阶段中，中小企业本就微薄的抗风险能力受到了巨大挑战，融资难度进一步升级。区块链利用先进的理论实践知识扭转了这一局面，为中小企业搭建了更为高效率、高质量的融资平台，这不仅大大提升了中小企业的抗风险能力，甚至为中小企业带来了后发先制式的优势。能把握住这一机遇，顺应信息化变革趋势的中小企业或成疫情下的最大赢家。

区块链能带动企业的高质量创新前文已有提及，但同时，高质量创新也是中小企业可持续发展的动力。因为有了充足的资金来源，企业研发投入会随之提升，研发周期也能达到预期水平，这有利于更长期、更高端的创新繁育，同时也是促进企业从"粗放型"转向"集约型"发展的完美契机。整体高质量发展促进机制如图 7 - 20 所示，这种转型更贴合我国从"制造大国"转向"智造大国"的发展路径，有助于企业形成核心竞争力，从而保证企业在全球化竞争的激烈浪潮中仍保有一席之地。

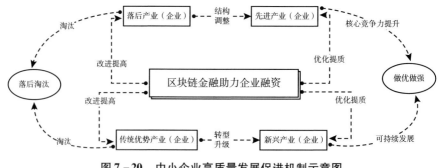

图 7 - 20　中小企业高质量发展促进机制示意图

第七节　结论与启示

（一）金融区块链模式是时代之选择

中小企业是国民经济的组成细胞，是促进中国特色社会主义市场经济蓬勃发展的重要载体，中小企业平稳健康发展也是实现我国"大众创业、万众创新"目标过程中不可或缺的一环。但与此同时，承载着增加就业、发展实业、科技创新等使命的中小企业，在实现自身经营发展方面其实有着天然的劣势，其中最为凸显的劣势便是融资需求难以得到及时、有效的满足。近年来，随着中国老龄化程度的加剧，"人口红利"持续减弱，中国市场上的劳动力、资金、原材料、土地和资源环境成本正在不断攀升，中小企业面临着从"劳动密集型"向"资金密集型""技术密集型"转型的迫切需求，这进一步加重了中小企业"融资难"的困境。

抗风险能力本就弱的中小企业又逢新冠肺炎疫情暴发，处境雪上加霜。资金链断裂的压力扑面而来，中小企业迫切需要一个高效率、低成本且能隔绝疫情的融资方式，在这一背景下，金融区块链模式成为时代的选择。

（二）金融区块链模式独具天然优势

"区块链"技术虽然尚未渗透到日常生活的方方面面，但寻根溯源的话，其实早在互联网方兴未艾之时，它便以"比特币"之名席卷网络，一时风头无两。区块链的技术特性与金融领域的行业属性有着天然的匹配性，具体到解决中小企业融资难问题上，更是有不可多得的好处。这具体体现在以下几个方面：

第一，通过数字加密，区块链能够实现在没有第三方金融机构参与下的货币交易，降低银行等金融机构的操作成本，这大大提高了交易效率和交易安全度，也正好符合疫情期间零接触的融资需求。

第二，区块链技术是发行数字货币的基础架构，通过发行数字货币，发行和流通的成本显著降低。这在有效降低中小企业的融资成本方面优势尽显。

第三，区块链技术的发展能够有效降低交易风险，并促进新的经济体系形成。适当的信息共享和有效的信息保密不仅能够降低信息不对称带来的交易成本，还能够真正实现互联网互联互通的特性，破除"信息茧房"①效应。

第四，区块链在信息的收集与挖掘方面可以同大数据技术相结合，从而为企业提供更具多元化的融资途径，实现更具意义的资源整合，在促进中小企业融资模式的创新、信贷资源的有效配置方面起到不可替代的作用。

（三）金融区块链模式对案例企业意义非凡

本书案例企业属于较为典型的中小型企业。在疫情和我国经济发展大环境下，案例企业不可避免地面临着中小型企业共同面临的"融资难"问题。且经过案例研究，案例企业所属行业为饮料制造业，细分属于饮料制造的中游企业，对其而言，要想把握住疫情带来的发展机遇，进一步扩大产业规模，往往需要通过融资获取更多的基础资金，此时如何最大限度地降低融资成本，对实现发展目标十分关键。与此同时，其上下游子公司普遍存在着融资渠道较单一、应收账款金额大、营运资金占比较小的问题，这给公司促进资金周转方面带来了不小的压力。寻求更方便快捷的融资方式，对案例企业而言刻不容缓。

从前文的分析可以看出，案例公司原本的融资风险管理模式尚不完善，

---

① 信息茧房是指人们所关注的信息领域会习惯性地被自己的兴趣引导，从而将自己的生活桎梏于蚕茧一般的"茧房"中的现象。

主要存在着过度依赖总公司、融资渠道单一、金融机构介入加深困难、信用危机这四个方面的问题。而"区块链＋供应链金融"模式在促进融资资源整合、实现融资渠道多样化、减少金融机构介入、解决信用危机四个方面都发挥着重大作用。故"区块链＋供应链金融"模式对促进案例企业走出"融资难"的困境意义非凡。

第八章

研究结论与政策建议

第一节 研究结论

金融区块链与资本市场的交叉研究是当前宏微观研究的热点问题之一。同时，考察金融区块链政策实施的经济后果，对缓解融资难、融资贵，提升金融服务实体经济，促进高质量发展具有重要现实意义。但遗憾的是，当前研究多聚焦于个案和定性层面，导致学术界对金融区块链政策实施的经济后果尚不清晰。为此，本书将研究设置在地方政府搭建"区块链＋融资平台"场景下，运用机器学习等技术手段，考察金融区块链政策的实施对我国上市公司的影响。本书研究结论有以下几点：

第一，关系借贷易滋生金融腐败、授信不公问题，导致信贷错配，融资难、融资贵问题持续加重。那么，金融区块链催生出的新型融资模式能否缓解上述难题？当前研究仍停留在定性层面，且关系借贷与金融区块链数据披露有限。本书将研究设置在地方政府搭建金融区块链平台场景下，运用新闻共现性分析构建关系借贷指标，从关系借贷视角考察金融区块链对信贷配置效率的影响、机制和经济后果。研究发现：地方政府搭建金融区块链缓解了辖区内企业的融资约束。金融区块链搭建后，相对于关系借贷企业，非关系借贷企业面临的融资约束更低。影响机制分析表明，一方面，相对未在金融区块链辖区的企业，在金融区块链辖区的企业的违规行为更少、内部控制质量更好、代理成本更小；另一方面，相对未在金融区块链辖区的企业，在金融区块链辖区的企业的会计信息披露质量、股票流动性更好。研究表明，金融区块链主要通过监管机制与信息机制两个渠道影响企业信贷配置。此外，经济后果分析表明，金融区块链的信贷配置优化作用有助于企业投资效率和公司价值的提升。本书在理论上拓展区块链与财务的交叉研究，实践上为金融科技更好助力经济发展提供政策依据。

第二，如何有效降低企业的财务杠杆率是促进经济健康发展的关键。金融区块链作为新型金融服务模式能否优化资本结构？本书以 2018 年开始我国城市分批次试点金融区块链为背景，以 2007～2020 年沪深两市 A 股上市公司为样本，构建多时点双重差分模型检验金融区块链对企业财务杠杆率的影响。研究发现，金融区块链有助于企业降低财务杠杆率，降杠杆作用在大规模企业、研发投入较大的企业及东部地区企业更显著。机制分析表明，金融区块链通过降低融资约束、提升企业价值促进银行信贷资源的合理配置及企业的股权融资从而有效降低财务杠杆率。本书研究丰富了金融区块链经济后果的研究文献，对企业优化资本结构及供给侧结构性降杠杆提供了经验证据。

第三，企业作为我国研发活动的主体，在实体经济中发挥着重要作用，但企业创新往往面临严重的融资约束，在此背景下，金融区块链近几年在企业融资领域得到应用。本书以金融区块链为切入点，选取 2007～2020 年沪深两市 A 股上市公司为研究样本，构建多时点双重差分模型检验金融区块链对企业创新的影响。研究发现，金融区块链有助于企业创新，而且这种效应在高资产负债率、低业务复杂度和有薪酬激励的企业中更加显著。基于作用路径的检验发现，金融区块链通过缓解企业的融资约束以及提高信息透明度，从而促进企业创新。本书揭示了金融区块链对企业创新的影响及作用机理，提供了金融区块链影响企业创新的直接证据。

第四，随着数字经济的迅速发展，区块链技术在金融领域的应用也逐渐走进人们的视野。自 2018 年以来，我国通过推进建设供应链区块链金融平台、跨境贸易区块链平台等政策，使得金融区块链实现业务落地。基于此，本书以金融区块链的应用为切入点，采用多时点双重差分法检验金融区块链对企业会计稳健性的影响。研究发现，金融区块链应用会显著降低企业的会计稳健性水平，并且这种效应主要集中在国有控股、低成长性、杠杆水平较高的企业。基于作用路径的检验发现，金融区块链缓解了企业面临的融资约束、促使管理层改变融资决策，从而导致会计稳健性降低。本书揭示了金融区块链降低会计稳健性的作用机理，并为金融区块链的经济后果提供直接证据。

第五，本书通过检验地方政府实施金融区块链政策对政府隐性债务风险金融化转移的影响，以分析金融科技究竟是金融稳定的"保护盾"还是"扰动器"。研究发现，金融区块链政策的实施显著抑制而非加速了政府隐性债务风险金融化转移。其作用渠道是提高了区域金融发展水平、降低了地方政府的机会主义倾向，最终抑制了政府隐性债务风险金融化转移。在异质性讨论中，本书发现金融区块链对政府隐性债务风险外溢的抑制作用在银行分支机构多、城投债信用利差高与地方城镇化水平低的样本中更为显著。本书研究为金融区块链在促进区域金融发展、抑制机会主义行为方面的作用补充了微观证据，为金融科技助力金融服务稳步发展提供了理论依据。

第六，中小企业作为我国国民经济发展和保持就业稳定的基石，新冠肺炎疫情暴发后面临巨大的生存危机，其对资金的迫切需求普遍得不到满足，研究中小企业的融资难题有极大的现实意义。因此，本书聚焦中小企业，探究如何将区块链运用到企业的信贷和融资领域上，从而助力其长效高质量发展。A 企业是一家饮料制造公司，处于饮料制造业的中游环节，其主营业务是对鲜果进行加工制造。结合疫情的冲击，本书分析了 A 企业在传统信贷模式下因银企间信息不对称、银行风险管理困难、信贷业务流程复杂、缺乏有效抵押物和融资渠道受限这五个方面的影响而面临融资困境。接下来，根据区块链去中心化、自动执行、不可篡改、信息共享和多渠道融合的特点，梳理出金融区块链在疫情下与 A 企业融资相结合解决案例公司融资困境的内部机制。最后，分析了 A 企业在信贷配置优化后如何通过动态适应环境、保障其研发投入以及着眼长效布局来实现企业的高质量发展，为企业未来发展做出展望。

第二节　政策建议

本书研究有以下政策建议。

第一，针对金融区块链与企业信贷配置，本书的研究在政策层面具有重要的启示作用，切合当前我国大力发展金融科技的背景，有助于从信贷配置角度评估金融区块链影响金融的实现方式的政策效果。首先，由于信息不对称问题的存在，传统金融工具的使用在进行信贷配置的过程中，不可避免地会面临严重的逆向选择和道德风险问题，导致配置效率低下。而区块链技术在金融领域的应用，可以提升配置过程中信息的真实性与透明度，在提升信息可信度的同时降低了信息的获取成本，提升决策者的决策效率，并可在一定程度上建立一种去中心化的信任机制，从而优化信贷配置效率。其次，区块链的使用增加了企业操纵或伪造信息的成本，同时提升了监管部门对企业违规行为的监管水平，从而可以大大减少公司管理者的机会主义行为，进一步提升了公司治理水平，如降低公司的盈余管理、提升公司内部控制质量等，进而有助于消除信贷中的违规腐败现象。最后，在国家大力发展金融科技的背景下，应该进一步加大区块链普及。而作为一种新兴技术，金融区块链在数据存储、规模扩展、管理成本以及如何与传统的业务相结合方面还存在一定问题，因此相关部门和企业应当提前做好金融区块链制度准备，以更好地应对挑战。

第二，针对金融区块链与企业资本结构，本书的研究结论有以下政策启示：首先，金融区块链有助于企业优化资本结构，推动数字经济高质量发展。政府应及时总结经验，加快金融区块链试点工作进程，助力涉企信用信息真实共享。加强技术研发，不断推动区块链技术的创新发展与应用落地。依托区块链赋能金融，促进银行业的转型升级。金融区块链能够缓解银企之间的信息不对称，降低银行信贷风险。激励银行构建金融区块链基础设施，为企业提供融资服务。督促银行等金融机构通过完善内部治理等，消除所有权歧视，合理配置信贷资源。加强政策引导，避免银行出现行业性限贷、抽贷、断贷的情况。其次，金融区块链可缓解企业融资困境、提高企业业绩。企业应抓住机遇，以开放的心态积极运用金融区块链。客观评估自身情况，认真考察投资环境，将资金投放在稳收益的项目以提高价值创造能力。清理不良资产提高资金使用效率，不断增加资金积累。提高公司治理能力和彰显公司竞争优势，吸引资本市场的资金投入。充分认识高杠杆带来的债务危机，发挥主观能动性促进自身的转型升级。最后，持续改善营商环境，建立健全监督体系。降低金融区块链服务门槛，关注中小企业需求，让广大市场主体切实感受到融资便利性的提升、融资成本的下降。在加大对区块链布局的同时，注意防范金融风险。根据区块链的特点强化监管手段，提高区块链系统的安全防护能力和用户隐私保护水平。加强风险预警、防控机制的建设，采用市场化、法治化方式消除风险隐患。与时俱进，动态调整以适应区块链的多元化创新发展。

第三，针对金融区块链与企业创新，本书研究结论具有以下启示意义：首先，金融区块链对于企业和国家经济的长远发展有重要作用。2020年7月，习近平总书记在企业家座谈会上强调，"努力把企业打造成强大的创新主体"，[①] 但企业的创新活动往往受到融资约束和公司治理的双重困扰，本书研究结论表明，金融区块链可以通过降低融资约束和缓解代理问题从而提高企业的创新水平，进而有益于企业的长远发展。而企业是我国研发活动的主体，在我国实体经济中发挥着重要作用，所以金融区块链对国家经济的长远发展也有重要作用。其次，政府作为政策供给者，在金融区块链技术的推广过程中，需要加强监管力度和完善相关的制度。尽管金融区块链技术具有分布式记账、匿名性等特点，但在数据隐私保护上仍面临巨大挑战，以及在企业融资场景的应用方面仍没有明确的制度引导，这些问题需要政府寻求相应措施去解决。最后，企业作为政策的实施者，在获取外部融资和创新投入的过程中要充分发挥主观能动性。如何利用好金融区块链技术获得外部融资，企业需要从自身入手，比如引进相关的人才和设备等。而且我国整体融资供给是有限的，虽然金融区块链给企业提供了更便捷、成本更低的融资渠道，但其主要作用是提供一种融资渠道，而不能增加整体的融资供给，所以融资供给方最终的落脚点还是在企业自身的经营状况是否良好，以及企业未来的发展状况如何。

第四，针对金融区块链与企业会计稳健性，本书的研究结论具有以下启示意义：首先，理论层面，本书的研究结论进一步丰富了金融区块链经济后果方面的研究。已有的文献更多地关注区块链与金融业结合应用的理论框

---

① 习近平：在企业家座谈会上的讲话（2020年7月21日）［EB/OL］.民主与法制网，ht-tp：//www.mzyfz.com/html/2330/2021－12－28/content－1549000.html，2021－12－28.

架，但对于其经济后果检验的相关研究仍然较少。本书启示政策制定者从微观层面全面审视金融区块链应用的经济后果，从中探析政策推进与变革方向，让技术更好地为企业经营乃至国家经济发展服务。其次，研究发现金融区块链能够改变企业所处的经营环境与管理层的融资决策方向。本书研究结论表明，金融区块链有助于"解绑"企业融资约束，这对于企业成长无疑是一个机会。同时，金融区块链的推进对企业管理层的心理预期产生影响，加剧管理层为了通过更优的短期业绩满足债权人心理偏好的动机。尽管辩证地看，会计稳健性对于企业发展具有正反两方面作用，但披露更可靠、更真实的会计信息的初衷不可违背。因此，金融区块链应用带来的企业会计稳健性水平的降低与会计信息质量的改变需要企业管理层、政策制定者等各方密切关注。

第五，针对金融区块链与政府隐性债务风险金融化转移，本书的研究结论具有以下启示意义：首先，地方政府作为政策制定者，可结合财政实际，多措并举，鼓励金融区块链政策落地，有序推进金融区块链平台的构建。本书结论表明，金融区块链通过提升区域金融发展水平并约束地方政府机会主义行为有效抑制了政府隐性债务风险转化为金融风险。因此，推行金融区块链或可实现金融科技发展与维护金融稳定的双赢。地方政府应制定利好金融科技创新政策，完善信息与网络基础设施建设，营造良好金融科技环境，有序引导并支持社会资本进入金融科技研发、创新与应用领域，为金融科技赋能金融稳定打下坚实基础。同时，加强监管部门对金融科技的理解深度，鼓励在金融科技变革中积极作为，巩固金融风险防范意识，并进一步完善与智能合约相关的法律规范，为金融科技维护金融稳定"保驾护航"。其次，银行作为关键行动者，应苦练内功，重视区块链底层技术创新，在拓宽市场广度过程中做到"趋利避害"。商业银行作为金融区块链政策的重要载体，具体实施效果很大程度上取决于银行对金融科技的理解深度，各银行应重视创新人才缺口症结，加大优秀人才培养力度，壮大自身区块链研发力量，推动自主创新体系建设，以期不断突破区块链核心技术，更好地实现金融区块链提升效益。同时，本书研究结果表明，金融区块链对政府隐性债务风险金融化转移的抑制作用在分支机构多的银行中更为显著，因此，商业银行在拓宽市场广度时应充分考量目标城市的金融科技发展水平，避免因"外来者劣势"而受到本土歧视，成为财政风险溢出的"受害者"。

第六，针对金融区块链政策实施的案例分析，本书的研究结论具有以下启示意义：首先，中小企业是国民经济的组成细胞，是促进中国特色社会主义市场经济蓬勃发展的重要载体，中小企业平稳健康发展也是实现我国"大众创业、万众创新"目标过程中不可或缺的一环。但与此同时，承载着增加就业、发展实业、科技创新等使命的中小企业，在实现自身经营发展方面其实有着天然的劣势，其中最为凸显的劣势便是融资需求难以得到及时有效的满足。本案例分析在理论上丰富了金融区块链在信贷配置应用中的相关研究以及企业通过合理配置信贷资源助力自身高质量发展方面的相关研究。在实践上，有助于梳理危机情形下企业面临的困境，引起社会对寻找解决中小企业融资困境的方案和范式的思考，警醒中小企业保持适当的冗余和资本来应对疫情等一些未知的风险所带来的冲击。其次，区块链的核心是去中心化与无边界化，而金融区块链也正是在这一核心基础上进行资本运作。然而除了去中心化与无边界化这两个特点外，"区块链＋互联网""区块链＋大数据"等都是区块链理论不断拓展的边界。关注区块链前沿理论的发展有助于完善金融区块链相关理论，也有助于相关理论的进一步深入研究。最后，区块链的有效应用离不开中小企业数智基础设施的建设配合，故要想更进一步探究区块链如何连接企业内外部融资运作，需要更深一步挖掘中小企业内部数智的进程，这也是促进本书研究应用到实际的重要一步。

参 考 文 献

[1] 白俊，孟庆玺，申艳艳. 外资银行进入促进了本土企业创新吗？
[J]. 会计研究, 2018 (11): 50 - 55.

[2] 邓柯. 区块链技术的实质、落地条件和应用前景 [J]. 深圳大学学报 (人文社科版), 2018 (4): 53 - 61.

[3] 魏凯琳，高启耀. 大数据供应链时代企业信息安全的公共治理 [J]. 云南社会科学, 2018 (1): 50 - 56.

[4] 庄伊婷，朱欣雅. 基于区块链技术的社会资源合力养老新模式 [J]. 金融经济, 2019 (10): 25 - 27.

[5] 蔡恒进，郭震. 供应链金融服务新型框架探讨：区块链 + 大数据 [J]. 理论探讨, 2019 (2): 96 - 103.

[6] 蔡庆丰，陈熠辉，林焜. 信贷资源可得性与企业创新：激励还是抑制？——基于银行网点数据和金融地理结构的微观证据 [J]. 经济研究, 2020 (10): 124 - 140.

[7] 常健，罗伟恒. 论区块链技术下我国互联网金融法律的制度演化 [J]. 北京行政学院学报, 2018 (6): 80 - 88.

[8] 陈海俊，张倩. 区块链技术在财资与贸易金融领域的应用前景 [J]. 清华金融评论, 2017 (3): 89 - 92.

[9] 程博，熊婷，殷俊明. 他山之石或可攻玉：税制绿色化对企业创新的溢出效应 [J]. 会计研究, 2021 (6): 176 - 188.

[10] 戴雨晴，李心合. 管理层权力制衡强度与资本结构调整速度——基于债务约束效应视角 [J]. 经济管理, 2021 (4): 173 - 190.

[11] 邓路，刘瑞琪，廖明情. 宏观环境、所有制与公司超额银行借款 [J]. 管理世界, 2016 (9): 149 - 160.

[12] 邓明. 企业所得税有效税率与资本结构 [J]. 经济管理, 2019

（9）：175 - 190.

［13］翟胜宝，许浩然，唐玮，高康，曹蕾．银行关联与企业创新——基于我国制造业上市公司的经验证据 ［J］．会计研究，2018 （7）：50 - 56.

［14］丁剑平，陆晓琴，胡昊．汇率对企业杠杆率影响的机理与效应：来自中国企业的证据 ［J］．世界经济，2020 （10）：74 - 96.

［15］杜颖洁，杜兴强．银企关系、政治联系与银行借款——基于中国民营上市公司的经验证据 ［J］．当代财经，2013 （2）：108 - 118.

［16］方军雄，褚剑，陈诗婷．股价崩盘风险与审计意见类型的调整 ［J］．中国会计评论，2016 （3）：317 - 344.

［17］冯文芳，申风平．区块链：对传统金融的颠覆 ［J］．甘肃社会科学，2017 （5）：244 - 249.

［18］付明卫，叶静怡，孟俣希，雷震．国产化率保护对自主创新的影响——来自中国风电制造业的证据 ［J］．经济研究，2015 （2）：118 - 131.

［19］龚强，班铭媛，张一林．区块链、企业数字化与供应链金融创新 ［J］．管理世界，2021 （2）：22 - 34.

［20］管考磊．公司成长性、审计质量与会计稳健性——来自中国上市公司的经验证据 ［J］．会计与经济研究，2014 （5）：55 - 67.

［21］郭菊娥，陈辰．区块链技术驱动供应链金融发展创新研究 ［J］．西安交通大学学报（社会科学版），2020 （3）：46 - 54.

［22］韩俊华，周全，王宏昌．大数据时代科技与金融融合风险及区块链技术监管 ［J］．科学管理研究，2019 （1）：90 - 93.

［23］郝项超，张宏亮．政治关联关系、官员背景及其对民营企业银行贷款的影响 ［J］．财贸经济，2011 （4）：55 - 61.

［24］何韧，刘兵勇，王婧婧．银企关系、制度环境与中小微企业信贷可得性 ［J］．金融研究，2012 （11）：103 - 115.

［25］黄锐．金融区块链技术的监管研究 ［J］．学术论坛，2016 （10）：53 - 59.

［26］江轩宇．政府放权与国有企业创新——基于地方国企金字塔结构视角的研究 ［J］．管理世界，2016 （9）：120 - 135.

［27］姜爱华，费堃桀．政府采购、高管政府任职经历对企业创新的影

响 [J]. 会计研究，2021 (9)：150 –159.

[28] 焦瑾璞，孙天琦，黄亭亭，汪天都. 数字货币与普惠金融发展 [J]. 金融监管研究，2015 (7)：19 –35.

[29] 焦通，申德荣，聂铁铮，寇月，李晓华，于戈. 区块链数据库： 一种可查询且防篡改的数据库 [J]. 软件学报，2019 (9)：2671 –2685.

[30] 解维敏，方红星. 金融发展、融资约束与企业研发投入 [J]. 金融研究，2011 (5)：171 –183.

[31] 靳庆鲁，侯青川，李刚，谢亚茜. 放松卖空管制、公司投资决策与期权价值 [J]. 经济研究，2015 (10)：76 –88.

[32] 鞠晓生，卢荻，虞义华. 融资约束、营运资本管理与企业创新可持续性 [J]. 经济研究，2013 (1)：4 –16.

[33] 黎文靖，郑曼妮. 实质性创新还是策略性创新？——宏观产业政策对微观企业创新的影响 [J]. 经济研究，2016 (4)：60 –73.

[34] 李富有，孙晨辉. 经济增长受企业寻租及非正规金融的影响研究——基于金融管制的分析 [J]. 经济科学，2012 (4)：5 –13.

[35] 李建军，李俊成. "一带一路" 倡议，企业信贷融资增进效应与异质性 [J]. 世界经济，2020 (2)：3 –24.

[36] 李健，朱士超，李永武. 基于综合集成方法论的区块链驱动下供应链金融决策研究 [J]. 管理评论，2020 (7)：302 –314.

[37] 李淼焱，何利辉，李靖. 区块链技术对金融体系的冲击、塑形及风险分析 [J]. 宏观经济管理，2017 (6)：50 –55.

[38] 李善民，刘智. 上市公司资本结构影响因素述评 [J]. 会计研究，2003 (8)：31 –35.

[39] 李心合，王亚星，叶玲. 债务异质性假说与资本结构选择理论的新解释 [J]. 会计研究，2014 (12)：3 –10.

[40] 李兴伟. 中关村科技金融创新的举措、问题及对策 [J]. 证券市场导报，2011 (1)：58 –62.

[41] 李勇建，陈婷. 区块链赋能供应链：挑战、实施路径与展望 [J]. 南开管理评论，2021 (5)：192 –201.

[42] 李哲，黄静，孙健. 企业创新新颖度与审计收费——基于上市公

司专利分类数据的证据［J］. 会计研究，2020（8）：178 – 192.

［43］梁洪，张晓玫. 区块链与银行的融合能否破解中小企业融资困境？［J］. 当代经济管理，2020（5）：91 – 97.

［44］梁若冰，王群群. 地方债管理体制改革与企业融资困境缓解［J］. 经济研究，2021（4）：60 – 76.

［45］林毅夫，李永军. 中小金融机构发展与中小企业融资［J］. 经济研究，2001（1）：10 – 18.

［46］刘定华，李金泽. 关于信用证欺诈例外的若干问题研究［J］. 中国法学，2002（3）：107 – 119.

［47］刘锦怡，刘纯阳. 数字普惠金融的农村减贫效应：效果与机制［J］. 财经论丛，2020（1）：43 – 53.

［48］刘满凤，赵珑. 互联网金融视角下小微企业融资约束问题的破解［J］. 管理评论，2019（3）：41 – 51.

［49］刘彤. 信用证结算中银行审核单据的法律问题探讨［J］. 经济经纬，1999（5）：72 – 74.

［50］刘行，赵健宇. 税收激励与企业创新——基于增值税转型改革的"准自然实验"［J］. 会计研究，2019（9）：43 – 49.

［51］刘耀宗，刘云恒. 基于区块链的 RFID 大数据安全溯源模型［J］. 计算机科学，2018（2）：367 – 368.

［52］陆正飞，辛宇. 上市公司资本结构主要影响因素之实证研究［J］. 会计研究，1998（8）：36 – 39.

［53］吕越，罗伟，刘斌. 异质性企业与全球价值链嵌入：基于效率和融资的视角［J］. 世界经济，2015（8）：29 – 55.

［54］马毅. 大数据发展下集群融资创新环境治理研究［J］. 经济体制改革，2014（5）：129 – 133.

［55］毛新述. 中国上市公司盈余稳健性研究［M］. 北京：经济科学出版社，2009：192 – 227.

［56］南旭光，孟卫东. 信贷融资中审批腐败与支付腐败比较研究［J］. 华东经济管理，2009（1）：127 – 131.

［57］潘爱玲，凌润泽，李彬. 供应链金融如何服务实体经济——基于

资本结构调整的微观证据 [J]. 经济管理, 2021 (8): 41 - 55.

[58] 潘红波, 夏新平, 余明桂. 政府干预、政治关联与地方国有企业并购 [J]. 经济研究, 2008 (4): 43 - 54.

[59] 彭红枫, 张韦华, 张晓. 银行关系、政治关联与信贷资源配置效率——基于我国上市公司的实证分析 [J]. 当代经济科学, 2014 (5): 52 - 60.

[60] 饶品贵, 姜国华. 货币政策、信贷资源配置与企业业绩 [J]. 管理世界, 2013 (3): 12 - 22.

[61] 任碧云, 王雨秋. 包容性金融发展与农村居民贫困减缓——基于全要素生产率视角的分析 [J]. 经济理论与经济管理, 2019 (10): 45 - 56.

[62] 邵宇. 区块链技术对金融监管的挑战 [J]. 上海政法学院学报: 法治论丛, 2017 (4): 35 - 45.

[63] 宋华, 杨雨东, 陶铮. 区块链在企业融资中的应用: 文献综述与知识框架 [J/OL]. 南开管理评论, 2021: 1 - 19.

[64] 孙光国, 赵健宇. 产权性质差异、管理层过度自信与会计稳健性 [J]. 会计研究, 2014 (5): 52 - 58.

[65] 孙增乐. 基于区块链的共享物流信息平台研究 [D]. 浙江理工大学, 2019.

[66] 万良勇, 查媛媛, 饶静. 实体企业金融化与企业创新产出——有调节的中介效应 [J]. 会计研究, 2020 (11): 98 - 111.

[67] 王朝阳, 张雪兰, 包慧娜. 经济政策不确定性与企业资本结构动态调整及稳杠杆 [J]. 中国工业经济, 2018 (12): 134 - 151.

[68] 王红建, 杨筝, 阮刚铭, 曹瑜强. 放松利率管制、过度负债与债务期限结构 [J]. 金融研究, 2018 (2): 100 - 117.

[69] 王继业, 高灵超, 董爱强, 郭少勇, 陈晖, 魏欣. 基于区块链的数据安全共享网络体系研究 [J]. 计算机研究与发展, 2017 (4): 742 - 749.

[70] 王嘉鑫, 汪芸倩, 张龙平. 利率管制松绑、企业会计信息披露质量与融资约束 [J]. 经济管理, 2020 (4): 139 - 157.

[71] 王嘉鑫. 强制性内部控制审计、企业创新与经济增长 [J]. 会计研究, 2020 (5): 166 – 177.

[72] 王晓亮, 邓可斌. 董事会非正式层级会提升资本结构决策效率吗? [J]. 会计研究, 2020 (8): 77 – 90.

[73] 温军, 冯根福, 刘志勇. 异质债务、企业规模与 R&D 投入 [J]. 金融研究, 2011 (1): 167 – 181.

[74] 温忠麟, 叶宝娟. 中介效应分析: 方法和模型发展 [J]. 心理科学进展, 2014 (5): 731 – 745.

[75] 翁舟杰. 关系型贷款, 市场结构与小额贷款公司使命漂移 [J]. 管理科学学报, 2018 (4): 102 – 113.

[76] 巫岑, 黎文飞, 唐清泉. 产业政策与企业资本结构调整速度 [J]. 金融研究, 2019 (4): 92 – 110.

[77] 肖泽忠, 邹宏. 中国上市公司资本结构的影响因素和股权融资偏好 [J]. 经济研究, 2008 (6): 119 – 134.

[78] 谢平, 陆磊. 资源配置和产出效应: 金融腐败的宏观经济成本 [J]. 经济研究, 2003 (11): 3 – 13.

[79] 徐昕, 沈红波. 银行贷款的监督效应与盈余稳健性——来自中国上市公司的经验证据 [J]. 金融研究, 2010 (2): 102 – 111.

[80] 徐欣, 唐清泉. 财务分析师跟踪与企业 R&D 活动——来自中国证券市场的研究 [J]. 金融研究, 2010 (12): 173 – 189.

[81] 徐悦, 刘运国, 蔡贵龙. 高管薪酬粘性与企业创新 [J]. 会计研究, 2018 (7): 43 – 49.

[82] 徐忠, 邹传伟. 区块链能做什么、不能做什么? [J]. 金融研究, 2018 (11): 1 – 16.

[83] 许浩然, 张敏, 林逸子. 多个 "大债权人" 与会计稳健性 [J]. 会计研究, 2021 (1): 55 – 66.

[84] 薛有志, 吴超, 周杰. 代理成本、信息不对称与 IPO 前媒体报道 [J]. 管理科学, 2014 (5): 80 – 90.

[85] 杨丹, 王宁, 叶建明. 会计稳健性与上市公司投资行为——基于资产减值角度的实证分析 [J]. 会计研究, 2011 (3): 27 – 33.

［86］ 杨华军.会计稳健性研究述评［J］.会计研究，2007（1）：82－88.

［87］ 杨玉龙.发审委校友关系会否扭曲 IPO 资源配置［J］.财贸经济，2018（7）：98－114.

［88］ 尹志超，吴雨，甘犁.金融可得性、金融市场参与和家庭资产选择［J］.经济研究，2015（3）：87－99.

［89］ 余明桂，范蕊，钟慧洁.中国产业政策与企业技术创新［J］.中国工业经济，2016（12）：5－22.

［90］ 余明桂，钟慧洁，范蕊.民营化、融资约束与企业创新——来自中国工业企业的证据［J］.金融研究，2019（4）：75－91.

［91］ 俞俊利，金鑫.政府治理、关系网络与资源配置效率［J］.中南财经政法大学学报，2019（3）：55－63.

［92］ 袁康，邓阳立.道德风险视域下的金融科技应用及其规制——以证券市场为例［J］.证券市场导报，2019（7）：13－19.

［93］ 战明华，王晓君，应诚炜.利率控制、银行信贷配给行为变异与上市公司的融资约束［J］.经济学（季刊），2013（3）：1255－1276.

［94］ 张博，韩亚东，李广众.高管团队内部治理与企业资本结构调整——基于非 CEO 高管独立性的视角［J］.金融研究，2021（2）：153－170.

［95］ 张敦力，李琳.会计稳健性的经济后果研究述评［J］.会计研究，2011（7）：19－23.

［96］ 张号栋，尹志超，彭嫦燕.金融普惠和京津冀城镇居民失业——基于中国家庭金融调查数据的实证研究［J］.经济与管理研究，2017（2）：61－71.

［97］ 张金鑫，王逸.会计稳健性与公司融资约束——基于两类稳健性视角的研究［J］.会计研究，2013（9）：44－50.

［98］ 张路.博弈视角下区块链驱动供应链金融创新研究［J］.经济问题，2019（4）：48－54.

［99］ 张琦，郑瑶，孔东民.地区环境治理压力、高管经历与企业环保投资——一项基于《环境空气质量标准（2012）》的准自然实验［J］.经济研究，2019（6）：183－198.

［100］张晓玫，潘玲．我国银行业市场结构与中小企业关系型贷款
［J］．金融研究，2013（6）：133－145．

［101］张晓玫，梁洪，蒋昊然．区块链金融模式与小微企业信贷配给
［J］．上海金融，2016（7）：35－40．

［102］张璇，刘贝贝，汪婷，李春涛．信贷寻租、融资约束与企业创
新［J］．经济研究，2017（5）：161－174．

［103］张艳伟．微信平台中信息共享行为的影响因素研究［D］．北京
邮电大学，2015．

［104］张叶青，陆瑶，李乐芸．大数据应用对中国企业市场价值的影
响——来自中国上市公司年报文本分析的证据［J］．经济研究，2021（12）：
42－59．

［105］张兆国，刘永丽，谈多娇．管理者背景特征与会计稳健性——
来自中国上市公司的经验证据［J］．会计研究，2011（7）：11－18．

［106］甄红线，王三法，王晓洪．公司债特殊条款、债券评级与会计
稳健性［J］．会计研究，2019（10）：42－49．

［107］钟宇翔，吕怀立，李婉丽．管理层短视、会计稳健性与企业创
新抑制［J］．南开管理评论，2017（6）：163－177．

［108］周冬华，黄佳，赵玉洁．员工持股计划与企业创新［J］．会计研
究，2019（3）：63－70．

［109］周泽将，杜兴强．税收负担、会计稳健性与薪酬业绩敏感度
［J］．金融研究，2012（10）：167－179．

［110］朱冰，张晓亮，郑晓佳．多个大股东与企业创新［J］．管理世
界，2018（7）：151－165．

［111］朱茶芬，李志文．国家控股对会计稳健性的影响研究［J］．会计
研究，2008（5）：38－45．

［112］朱娟．区块链金融消费者权益保护：实验性规制的路径［J］．南
京社会科学，2018（12）：100－105．

［113］朱晓武．区块链技术驱动的商业模式创新：DIPNET 案例研究
［J］．管理评论，2019（7）：65－74．

［114］祝继高，岳衡，饶品贵．地方政府财政压力与银行信贷资源配

置效率——基于我国城市商业银行的研究证据 [J]. 金融研究, 2020 (1): 88 - 109.

[115] 祝继高, 韩非池, 陆正飞. 产业政策、银行关联与企业债务融资——基于 A 股上市公司的实证研究 [J]. 金融研究, 2015 (3): 176 - 191.

[116] 祝继高. 会计稳健性与债权人利益保护——基于银行与上市公司关于贷款的法律诉讼的研究 [J]. 会计研究, 2011 (5): 50 - 57.

[117] 白彦锋, 鲁书伶. 财政层级改革与企业创新——基于"省直管县"改革的准自然实验 [J]. 中央财经大学学报, 2021 (11): 12 - 23.

[118] 蔡利, 段康. 政府审计对地方政府债务治理的效应研究 [J]. 审计研究, 2022 (2): 31 - 42.

[119] 曹春方, 马连福, 沈小秀. 财政压力、晋升压力、官员任期与地方国企过度投资 [J]. 经济学 (季刊), 2014 (4): 1415 - 1436.

[120] 陈红, 郭亮. 金融科技风险产生缘由、负面效应及其防范体系构建 [J]. 改革, 2020 (3): 63 - 73.

[121] 陈文川, 杨野, 白佳明, 余应敏. 债务审计对地方政府债务风险的影响——基于 2008 ~ 2016 年省级面板数据的实证检验 [J]. 审计研究, 2019 (4): 29 - 38.

[122] 范剑勇, 莫家伟. 地方债务、土地市场与地区工业增长 [J]. 经济研究, 2014 (1): 41 - 55.

[123] 伏润民, 缪小林, 高跃光. 地方政府债务风险对金融系统的空间外溢效应 [J]. 财贸经济, 2017 (9): 31 - 47.

[124] 顾海峰, 卞雨晨. 数字金融会影响银行系统性风险吗?——基于中国上市银行的证据 [J]. 中国软科学, 2022 (2): 32 - 43.

[125] 郭敏, 宋寒凝. 地方政府债务构成规模及风险测算研究 [J]. 经济与管理评论, 2020 (1): 73 - 86.

[126] 郭玉清, 姜晓妮, 刘俊现. 体制压力下的城投债扩张机制研究——基于治理转型视角 [J]. 现代财经 (天津财经大学学报), 2021 (5): 3 - 18.

[127] 黄昱然, 卢志强, 李志斌. 地方政府债务与区域金融差异的经济增长效应研究——基于非线性面板平滑转换回归 PSTR 模型 [J]. 当代经济科学, 2018 (3): 1 - 12.

[128] 纪志宏, 周黎安, 王鹏, 赵鹰妍. 地方官员晋升激励与银行信贷——来自中国城市商业银行的经验证据 [J]. 金融研究, 2014 (1): 1 - 15.

[129] 李一花, 亓艳萍. 地区财政能力、引资竞争与地方债规模研究 [J]. 当代财经, 2017 (1): 27 - 39.

[130] 李永友, 张帆. 垂直财政不平衡的形成机制与激励效应 [J]. 管理世界, 2019 (7): 43 - 59.

[131] 刘昶. 政府性基金收入预决算偏离问题研究 [J]. 当代财经, 2021 (2): 38 - 48.

[132] 刘红忠, 茅灵杰, 许友传. 地方政府融资平台融资结构演变的多重博弈 [J]. 复旦学报 (社会科学版), 2019 (4): 125 - 136.

[133] 毛锐, 刘楠楠, 刘蓉. 地方政府债务扩张与系统性金融风险的触发机制 [J]. 中国工业经济, 2018 (4): 19 - 38.

[134] 牛霖琳, 洪智武, 陈国进. 地方政府债务隐忧及其风险传导——基于国债收益率与城投债利差的分析 [J]. 经济研究, 2016 (11): 83 - 95.

[135] 钱先航, 曹廷求, 李维安. 晋升压力、官员任期与城市商业银行的贷款行为 [J]. 经济研究, 2011 (12): 72 - 85.

[136] 沈丽, 刘媛, 刘华军, 李文君. 地方政府债务风险的空间溢出及其解释——基于关系数据的研究 [J]. 财政研究, 2019 (3): 79 - 92.

[137] 宋寒亮. 风险化解目标下互联网金融监管机制创新研究 [J]. 大连理工大学学报 (社会科学版), 2022 (2): 105 - 114.

[138] 王道平, 刘杨婧卓, 徐宇轩, 刘琳琳. 金融科技、宏观审慎监管与我国银行系统性风险 [J]. 财贸经济, 2022 (4): 71 - 84.

[139] 王永钦, 陈映辉, 杜巨澜. 软预算约束与中国地方政府债务违约风险: 来自金融市场的证据 [J]. 经济研究, 2016 (11): 96 - 109.

[140] 吴盼文, 曹协和, 肖毅, 李兴发, 鄢斗, 卢孔标, 郭凯, 丁攀, 徐璐, 王守贞. 我国政府性债务扩张对金融稳定的影响——基于隐性债务视角 [J]. 金融研究, 2013 (12): 59 - 71.

[141] 肖璞, 刘轶, 杨苏梅. 相互关联性、风险溢出与系统重要性银行识别 [J]. 金融研究, 2012 (12): 96 - 106.

[142] 谢平，邹传伟. 金融危机后有关金融监管改革的理论综述 [J]. 金融研究，2010 (2)：1 – 17.

[143] 徐家杰. 对分税制改革以来我国地方政府债务规模的估计——以浙豫疆三省区为例 [J]. 经济理论与经济管理，2014 (9)：15 – 25.

[144] 杨东. 监管科技：金融科技的监管挑战与维度建构 [J]. 中国社会科学，2018 (5)：69 – 91.

[145] 余靖雯，王敏，郭凯明. 土地财政还是土地金融？——地方政府基础设施建设融资模式研究 [J]. 经济科学，2019 (1)：69 – 81.

[146] 张甜，曹廷求. 地方财政风险金融化：来自城商行的证据 [J]. 财贸经济，2022 (4)：21 – 35.

[147] 赵领娣，张磊. 财政分权、晋升激励与地方政府的人力资本投资 [J]. 中央财经大学学报，2013 (7)：13 – 19.

[148] 赵文举，张曾莲. 地方政府债务风险会加剧区域性金融风险聚集吗？[J]. 当代财经，2021 (6)：38 – 50.

[149] 周黎安. 晋升博弈中政府官员的激励与合作——兼论我国地方保护主义和重复建设问题长期存在的原因 [J]. 经济研究，2004 (6)：33 – 40.

[150] 祝继高，岳衡，饶品贵. 地方政府财政压力与银行信贷资源配置效率——基于我国城市商业银行的研究证据 [J]. 金融研究，2020 (1)：88 – 109.

[151] 庄佳强，陈志勇. 城镇化进程中的地方政府财政风险——基于三类融资模式的比较分析 [J]. 中南财经政法大学学报，2017 (1)：33 – 40.

[152] 庄毓敏，张祎. 流动性覆盖率监管会影响货币政策传导效率吗？——来自中国银行业的证据 [J]. 金融研究，2021 (11)：1 – 21.

[153] 卜泽阳，李志远，徐铭遥. 开发区政策、供应链参与和企业融资约束 [J]. 经济研究，2021 (10)：88 – 104.

[154] 陈彪，罗鹏飞，杨金强. 银税互动、融资约束与小微企业投融资 [J]. 经济研究，2021 (12)：77 – 93.

[155] 冯珊珊，李永梅. 区块链技术在供应链金融信用风险管理中的应用研究 [J]. 征信，2022 (2)：59 – 65.

[156] 冯彦明，张达. 基于区块链技术的供应链金融融资模式优化研

究 [J]. 农村金融研究, 2022 (1): 50 - 58.

[157] 龚强, 班铭媛, 张一林. 区块链、企业数字化与供应链金融创新 [J]. 管理世界, 2021 (2): 22 - 34 + 3.

[158] 苟琴, 黄益平, 刘晓光. 银行信贷配置真的存在所有制歧视吗? [J]. 管理世界, 2014 (1): 16 - 26.

[159] 顾澜. "区块链 + 互联网" 在金融领域的应用及其前景分析 [J]. 中国商论, 2022 (2): 81 - 83.

[160] 郭文强, 李嫔. 区块链与供应链: 技术融合与优化研究 [J]. 牡丹江师范学院学报 (自然科学版), 2022 (1): 36 - 40.

[161] 黄锐. 金融区块链技术的监管研究 [J]. 学术论坛, 2016 (10): 53 - 59.

[162] 黄益平, 邱晗. 大科技信贷: 一个新的信用风险管理框架 [J]. 管理世界, 2021 (2): 12 - 21 + 50 + 2 + 16.

[163] 黄运康. 从代码到法律: 区块链平台数字竞争规则的建构 [J/OL]. 重庆大学学报 (社会科学版): 1 - 14, http://kns. cnki. net/kcms/ detail/50. 1023. C. 20220309. 1022. 002. html, 2022 - 11 - 23.

[164] 雷君. 供应链金融运作模式及融资模式分析 [J]. 财会学习, 2017 (24): 202 + 204.

[165] 李静宇. 区块链加持下的供应链金融, 中小微企业融资难依然是一大难题 [J]. 中国储运, 2022 (2): 42 - 43.

[166] 李阳, 于滨铜. "区块链 + 农村金融" 何以赋能精准扶贫与乡村振兴: 功能、机制与效应 [J]. 社会科学, 2020 (7): 63 - 73.

[167] 刘刚, 朱林森. 基于区块链技术的供应链金融创新发展研究 [J]. 吉林化工学院学报, 2021 (12): 81 - 86.

[168] 卢奇, 吴洁, 王晶. 基于区块链的农产品供应链优化对策研究 [J]. 商业经济研究, 2022 (3): 141 - 144.

[169] 邱菊. 破解融资难题促进农业产业化龙头企业健康发展 [N]. 沈阳日报, 2022, 3.

[170] 汤黎明, 罗茜. 后疫情时代下完善我国小微企业信用融资制度的对策建议 [J]. 价格理论与实践, 2021 (9): 133 - 136.

［171］田双龙，冯彦明，张达. 我国中小企业融资问题研究［J］. 当代县域经济，2022（3）：85 - 87.

［172］汪涛，李惠青. 金融区块链 + 产业链融资破解中小企业融资困境［J］. 北方经贸，2021（12）：92 - 94.

［173］王群，李馥娟，倪雪莉，夏玲玲，王振力，梁广俊. 区块链共识算法及应用研究［J］. 计算机科学与探索，2022，16（06）：1214 - 1242.

［174］徐飞. 银行信贷与企业创新困境［J］. 中国工业经济，2019（1）：119 - 136.

［175］周耿，阮东喆，范从来. 信息不对称下信贷市场的惜贷与挤出效应［J］. 金融论坛，2021（1）：25 - 36.

［176］朱嘉瑶，刘啸，刘洋，薛卓晶，宝勿力呼. 大数据时代旅游企业的自律和他律——区块链智能合约［J］. 资源开发与市场，2022，38（4）：385 - 390.

［177］朱军，李建强，陈昌兵. 金融供需摩擦、信贷结构与最优财政援助政策［J］. 经济研究，2020（9）：58 - 73.

［178］Allen，F.，J. Qian，M. Qian. Law，Finance，and Economic Growth in China［J］. *Journal of Financial Economics*，2005，77（1）：57 - 116.

［179］Anderson，M. C.，R. D. Banker.，S. Ravindran. Value Implications of Investments in Information Technology［J］. *Management Science*，2006，52（9）：1359 - 1376.

［180］Ante，L.，P. Sandner，and I. Fiedler. Blockchain - Based ICOs：Pure Hype or the Dawn of a New Era of Startup Financing?［J］. *Journal of Risk and Financial Management*，2018，11（4）：80.

［181］Behr，P.，A. Entzian，A. Güttler. How do Lending Relationships Affect Access to Credit and Loan Conditions in Microlending?［J］. *Journal of Banking & Finance*，2011，35（8）：2169 - 2178.

［182］Bennardo，A.，M. Pagano，and S. Piccolo. Multiple Bank Lending，Creditor Rights，and Information Sharing［J］. *Review of Finance*，2015，19

(2): 519 – 570.

[183] Berger, A. N. , G. F. Udell. Small Business Credit Availability and Relationship Lending: The Importance of Bank Organisational Structure [J]. *The Economic Journal*, 2002, 477 (112): 32 – 53.

[184] Bharadwaj, A. A Resource – Based Perspective on Information Technology Capability and Firm Performance: An Empirical Investigation [J]. *MIS Quarterly*, 2000, 24 (1): 169 – 196.

[185] Bhatt, G. D. , and V. Grover. Types of Information Technology Capabilities and their Role in Competitive Advantage: An Empirical Study [J]. *Journal of Management Information Systems*, 2005, 22 (2): 253 – 277.

[186] Brazel, J. , and C. Agoglia. An Examination of Auditor Planning Judgements in a Complex Accounting Information System Environment [J]. *Contemporary Accounting Research*, 2007, 24 (4): 1059 – 1083.

[187] Brown, J. R. , S. M. Fazzari, and B. C. Petersen. Financing Innovation and Growth: Cash Flow, External Equity, and the 1990s R&D Boom [J]. *Journal of Finance*, 2009, 64 (1): 151 – 185.

[188] Cai, J. , R. A. Walkling, K. Yang. The Price of Street Friends: Social Networks, Informed Trading, and Shareholder Costs [J]. *Journal of Financial and Quantitative Analysis*, 2016, 51: 801 – 837.

[189] Caprio, L. , M. Faccio, J. J. McConnell. Sheltering Corporate Assets from Political Extraction [J]. *Journal of Law, Economics, and Organization*, 2013, 29: 332 – 354.

[190] Chen, C. , J. H. Lim, and T. C. Stratopoulos. IT Capability and a Firm's Ability to Recover from Losses: Evidence from the Economic Downturn of the Early 2000s [J]. *Journal of Information Systems*, 2011, 25 (2): 117 – 144.

[191] Cohen, L. , A. Frazzini, C. Malloy. Sell – Side School Ties [J]. *Journal of Finance*, 2010, 65: 1409 – 1437.

[192] Cohen, L. , A. Frazzini, C. Malloy. The Small World of Investing: Board Connections and Mutual Fund Returns [J]. *Journal of Political Economy*,

2008，116：951－979.

［193］De，Mitri，S.，G. Gobbi，E. Sette. *Relationship Lending in a Financial Turmoil* ［R］. 2010. Working Paper.

［194］Demirguc－Kunt，A.，and L. Klapper. Measuring Financial Inclusion：Explaining Variation in Use of Financial Services across and within Countries ［J］. *Brookings Papers on Economic Activity*，2013（1）：279－340.

［195］Djankov，S.，C. McLiesh，A. Shleifer. Private Credit in 129 Countries ［J］. *Journal of Financial Economics*，2007，84（2）：299－329.

［196］Doblas－Madrid，A.，and R. Minetti. Sharing Information in the Credit Market：Contract－Level Evidence from US Firms ［J］. *Journal of Financial Economics*，2013，109（1）：198－223.

［197］Engelberg，J.，P. Gao，C. A. Parsons. The Price of a CEO's Rolodex ［J］. *Review of Financial Studies*，2013，26：79－114.

［198］Eyal，I. Blockchain Technology：Transforming Libertarian Cryptocurrency Dreams to Finance and Banking Realities ［J］. *Computer*，2017，50（9）：38－49.

［199］Fama，E. F.，French，K. R. Testing Trade－Off and Pecking Order Predictions About Dividends and Debt ［J］. *Review of Financial Studies*，2002，15（1）：1－33.

［200］Fazzari，S.，R. Glenn，and B. Petersen. Financing Constraints and Corporate Investment ［J］. *Brookings Papers on Economic Activity*，1988，1：141－195.

［201］Fracassi，C. Corporate Finance Policies and Social Networks ［J］. *Management Science*，2017，63：2420－2438.

［202］Fracassi，C. G. Tate. External Networking and Internal Firm Governance ［J］. *Journal of Finance*，2012，67：153－194.

［203］Fungáčová，Z.，A. Kochanova，L. Weill. Does Money Buy Credit？Firm－Level Evidence on Bribery and Bank Debt ［J］. *World Development*，2015，68：308－322.

［204］Hadlock，C.，and J. Pierce. New Evidence on Measuring Financial

Constraints: Moving Beyond the KZ Index [J]. *Review of Financial Studies*, 2010, 23 (5): 1909 – 1940.

[205] Hauswald, R., and R. Marquez. Information Technology and Financial Services Competition [J]. *Review of Financial Studies*, 2003, 16 (3): 921 – 948.

[206] Hong, R. U. Government Credit, a Double – Edged Sword: Evidence from the China Development Bank [J]. *Journal of Finance*, 2018, 73 (1): 275 – 316.

[207] Hsu, P., X. Tian, and Y. Xu. Financial Development and Innovation: Cross-country Evidence [J]. *Journal of Financial Economics*, 2014, 112 (1): 116 – 135.

[208] Hwang, B., S. Kim. It Pays to Have Friends [J]. *Journal of Financial Economics*, 2009, 93: 138 – 158.

[209] Hwang, B., S. Kim. *Social Ties and Earnings Management* [R]. Working Paper, 2012.

[210] Ishii, J., Y. H. Xuan. Acquirer – Target Social Ties and Merger Outcomes [J]. *Journal of Financial Economics*, 2014, 112: 344 – 363.

[211] Jaffee, D. M., T. Russell. Imperfect Information, Uncertainty, and Credit Rationing [J]. *The Quarterly Journal of Economics*, 1976, 90 (4): 651 – 666.

[212] Jang, H., and J. Lee. An Empirical Study on Modeling and Prediction of Bitcoin Prices with Bayesian Neural Networks Based on Blockchain Information [J]. *Ieee Access*, 2017 (6): 5427 – 5437.

[213] Juan, L., B. Osma, F. Penalva. Accounting Conservatism and Firm Investment Efficiency [J]. *Journal of Accounting and Economics*, 2015, 61 (1): 231 – 238.

[214] Kim, J. B., B. Y. Song, and T. C. Stratopoulos. Does Information Technology Reputation Affect Bank Loan Terms? [J]. *The Accounting Review*, 2018, 93 (3): 185 – 211.

[215] Kobelsky, K. W., V. J. Richardson, R. E. Smith, and R. W.

Zmud. Determinants and Consequences of Firm Information Technology Budgets [J]. *The Accounting Review*, 2008, 83 (4): 957 – 995.

[216] Kohli, R., and V. Grover. Business Value of IT: An Essay on Expanding Research Directions to Keep up with the times [J]. *Journal of the Association for Information Systems*, 2008, 9 (1): 23 – 39.

[217] Lemieux, V. L. Trusting Records: Is Blockchain Technology the Answer? [J]. *Records Management Journal*, 2016, 26 (2): 110 – 139.

[218] Lewis, R., McPartland, J., Ranjan, R. Blockchain and Financial Market Innovation [J]. *Economic Perspectives*, 2017, 41 (7): 1 – 17.

[219] Liberti, J., J. Sturgess, and A. Sutherland. *Economics of Voluntary Information Sharing* [R]. Working Paper, 2017.

[220] Lim, J. H., T. C. Stratopoulos, and T. S. Wirjanto. Sustainability of a Firm's Reputation for IT Capability: The Role of Senior IT Executives [J]. *Journal of Management Information Systems*, 2013, 30 (1): 59 – 98.

[221] L. W. Cong, Zhiguo, H. *Blockchain Disruption and Smart Contracts* [R]. NBER Working Paper, 2018.

[222] Myers, S., N. Majluf. Corporate Financing and Investment Decisions When Firms Have Information that Investors do not Have [J]. *Journal of Financial Economics*, 1984, 13 (2): 187 – 221.

[223] Owen, R., C. M. A. Bhaird, J. Hussain, and T. Botelho. Blockchain and Other Innovations in Entrepreneurial Finance: Implications for Future Policy [J]. *Strategic Change*, 2019, 28 (1): 5 – 8.

[224] Pagano, M., and T. Jappelli. Information Sharing in Credit Markets [J]. *Journal of Finance*, 1993, 48 (5): 1693 – 1718.

[225] Peria, M. S. M., S. Singh. *The Impact of Credit Information Sharing Reforms on Firm Financing* [M]. The World Bank, 2014.

[226] Petersen, M. A., R. G. Rajan. The Effect of Credit Market Competition on Lending Relationships [J]. *The Quarterly Journal of Economics*, 1995, 110 (2): 407 – 443.

[227] Petersen, M., N. Hackius, and B. See. Mapping the Aera of Oppor-

tunities: Blockchain in Supply Chain and Logistics [J]. *Information Technology*, 2018, 60 (5 – 6): 263 – 271.

[228] Rindova, V. P. The Image Cascade and the Formation of Corporate Reputations [J]. *Corporate Reputation Review*, 1997, 2 (1): 188 – 194.

[229] Rindova, V. P. , I. O. Williamson, A. P. Petkova, and J. M. Sever. Being Good or Being Known: An Empirical Examination of the Dimensions, Antecedents, and Consequences of Organizational Reputation [J]. *The Academy of Management Journal*, 2005, 48 (6): 1033 – 1049.

[230] Roberts, P. W. , and G. R. Dowling. Corporate Reputation and Sustained Superior Financial Performance [J]. *Strategic Management Journal*, 2002, 23 (12): 1077 – 1093.

[231] Ross L. Watts. Conservatism in Accounting Part I: Explanations and Implications [J]. *Accounting Horizons*, 2003, 17 (3): 207 – 221.

[232] Sharpe, S. Asymmetric Information, Bank Lending, and Implicit Contracts: A Stylized Model of Customer Relationships [J]. *Journal of Finance*, 1990, 45 (4): 1069 – 1087.

[233] Spithoven, A. Theory and Reality of Cryptocurrency Governance [J]. *Journal of Economic Issues*, 2019, 53 (2): 385 – 393.

[234] Stratopoulos, T. C. , and J. H. Lim. IT Innovation Persistence: An Oxymoron? [J]. *Communications of the ACM*, 2010, 53 (5): 142 – 146.

[235] Sutherland, A. Does Credit Reporting Lead to a Decline in Relationship Lending? Evidence from Information Sharing Technology [J]. *Journal of Accounting and Economics*, 2018, 66 (1): 123 – 141.

[236] Treleaven, P. , Brown, R. G. , D. Yang. Blockchain Technology in Finance [J]. *Computer*, 2017, 50 (9): 14 – 17.

[237] Tse, D. , B. Zhang, Y. Yang, C. Cheng, and H. Mu. *Blockchain Application in Food Supply Information Security* [C]. IEEE, 2017: 1357 – 1361.

[238] V. V. Nikolaev. Debt Covenants and Accounting Conservatism [J]. *Journal of Accounting Research*, 2010, 48 (1): 51 – 89.

[239] Walch, A. Open – Source Operational Risk: Should Public Block-

chains Serve as Financial Market Infrastructures? [J]. *Handbook of Blockchain Digital Finance & Inclusion*, 2018 (2): 243 – 269.

[240] Walker, K. A Systematic Review of the Corporate Reputation Literature: Definition, Measurement, and Theory [J]. *Corporate Reputation Review*, 2010, 12 (4): 357 – 387.

[241] Wang, R., Lin, Z., Luo, H. Blockchain, Bank Credit and SME Financing [J]. *Quality & Quantity*, 2019, 53 (3): 1127 – 1140.

[242] Aaron M, Rivadeneyra F, Sohal S. *Fintech: Is This Time Different? A Framework for Assessing Risks and Opportunities for Central Banks* [R]. Discussion Papers, 2017,

[243] Anagnostopoulos I. Fintech and Regtech: Impact on Regulators and Banks [J]. *Journal of Economics and Business*, 2018, 100: 7 – 25.

[244] Balakrishnan K, George E D, Ertan A, Scobie H. Economic Consequences of Mandatory Auditor Reporting to Bank Supervisors [J]. *Journal of Accounting & Economics*, 2021.

[245] Bonis R D, Stacchini M. Does Government Debt Affect Bank Credit [J]. *International Finance*, 2013, 16 (3): 289 – 310.

[246] Financial Stability Implications from Fin Tech Supervisory and Regulatory Issues that Merit Authorities' Attention [J]. *Financial Regulation Research*, 2017.

[247] Gennaiol N, Martin A, Rossi S. Sovereign Default, Domestic Banks and Financial Institutions [J]. *The Journal of Finance*, 2014, 69 (2): 819 – 866.

[248] Huang C, Ho K C. Does Lawyer Executives Affect Stock Price Crash Risk? [J]. *Corporate Governance An International Review*, 2022.

[249] Huang H C, Fang W S, Miller S M. Does Financial Development Volatility Affect Industrial Growth Volatility [J]. *International Review of Economics & Finance*, 2014, 29 (1): 307 – 320.

[250] Lee I, Shin Y J. Fintech: Ecosystem, Business Models, Investment Decisions, and Challenges [J]. *Business Horizons*, 2018, 61 (1): 35 – 46.

[251] Li H, Zhou L A. Political Turnover and Economic Performance: the Incentive Role of Personnel Control in China [J]. *Journal of Public Economics*, 2005, 89 (9): 1743 – 1762.

[252] Oet M V, Bianco T, Gramlich D. SAFE: An Early Warning System for Systemic Banking Risk [J]. *Journal of Banking & Finance*, 2013, 37 (11): 4510 – 4533.

[253] Rajan R, Zingales L. Financial Dependence and Growth [J]. *American Economic Review*, 1998, 88 (3): 559 – 586.

[254] Reinhart C M, Rogoff K S. From Financial Crash to Debt Crisis [J]. *American Economic Review*, 2011, 101 (5): 1676 – 1706.

[255] Wurgler J. Financial Markets and the Allocation of Capital [J]. *Journal of Financial Economics*, 2000, 58 (1 – 2): 187 – 214.

[256] Zamani E D, Giaglis G M, Chang Y. With a Little Help from the Miners: Distributed Ledger Technology and Market Disintermediation [J]. *Industrial Management & Data Systems*, 2018, 118: 637 – 652.

[257] Zhou W, Arner D W, Buckley R P. Regulating FinTech in China: From Permissive to Balanced [M]. *Handbook of Blockchain Digital Finance & Inclusion*, 2018, 2: 45 – 64.

[258] Abdulaziz Abdulsaleh. Small and Medium – Sized Enterprises Financing: A Review of Literature [J]. *International Journal of Business and Management*, 2013, 8 (14).

[259] Blach Joanna. Innovation in SMEs and Financing Mix [J]. *Journal of Risk and Financial Management*, 2020, 13 (9).

[260] Hofmann Erik. Supply chain management and activity-based costing: Current status and directions for the future [J]. *International Journal of Physical Distribution & Logistics Management*, 2017, 47 (8).

[261] Liang Kaier. The Impact of Internet Finance on Small and Medium-sized Enterprises [J]. *Financing in the Context of Big Data*. E3S Web of Conferences, 2021, 235.

[262] Nagayya D. SME Financing in the Emerging Scenario [J]. SEDME

(*Small Enterprises Development*, *Management & Extension Journal*), 2007, 34 (2).

[263] Roman Beck. Governance in the Blockchain Economy: A Framework and Research Agenda [J]. *Journal of the Association for Information Systems*, 2018, 19 (10).